普通高等教育“十二五”应用型本科规划教材·

大学生学习与心理指导

中国高等教育学会　组织编写
主　编　徐国立
副主编　连成叶　游容华　林巧明

中国人民大学出版社
·北京·

前 言

学习有两种含义：一种是狭义的学习，即学业学习；一种是广义的学习，即适应性学习。广义的学习是指通过教授或体验而获得知识、技术、态度或价值的过程。通过学习进而影响可量度稳定的行为变化，更准确一点来说，就是建立新的精神结构或审视过去的精神结构。本书取名为《大学生学习与心理指导》，意在强调这种广义的学习对大学生心理所产生的影响和变化。

一项以全国 12.6 万大学生为对象的调查显示，20.3%的人有明显的心理障碍。尽管如此，只有极少数学生接受了心理方面的专业性帮助，而绝大部分并没有真正认识到这一问题，这在一定程度上说明了该项任务的紧迫性、必要性和艰巨性。大学生因心理问题休学、退学的情况不断增多，自杀、凶杀等一些反常或恶性事件不时见诸报端。一个个血淋淋的事实在不断警示我们：大学生，一个看似轻松、事实上却承担着巨大压力（学业、生活、情感、就业等多方面）的群体，他们需要重新面对自我，开始新一轮的学习。

从当前我国高校的普遍情况来看，大学生学会生存、学会生活是个系统工程。学校、家庭和社会都要密切配合起来，共同努力。“大学生学习与心理指导”课程的开设，对普及学习知识、教会大学生进行生活的调节有一定的帮助，这也是本书编写的初衷所在。本书作者均是福州外语外贸学院的一线教师，他们从事大学生学习与心理指导工作多年，具有扎实的学习与心理学理论基础和丰富的教学经验。书中针对大学生在认知、情绪、意志等心理过程和人格、能力等个性心理中表现出来的发展特点以及在学习、生活、人际关系、恋爱、网络等多种实践中遇到的困惑进行了讲解。本书列举了大量案例，在剖析案例的过程中提出对问题进行识别、预防和矫正的方法，进一步说明大学生如何在日常生活的各个方面来增进自身的健康水平，具有一定的实用性和可操作性。

本书可以作为高等院校学习与心理指导方面的通识教育教材，也适合作为大学生提高自身学习与心理素质的指导手册和自学用书。由于编者水平有限，加上时间仓促，书中不足之处在所难免，真诚希望广大读者及专家同行提出宝贵意见，以便我们不断加以完善。

编者

2014 年 5 月

目 录

第一章　学习有方　呵护心灵

第一节　大学生的学习与认知活动

一、大学学习的酸甜苦辣

大学是人一生中非常关键的阶段，大学是一次拥有较高的可塑性、集中精力充实自我的成长历程，大学是可以置身其中学习为人处世之道的理想环境。大学生在这期间离开家庭生活，学习独立参与团体和社会生活，追逐自己的理想、兴趣，学习处理生活中和学习中遇到的各种问题，学习合理支配属于自己的时间，学会重新建构自己的知识框架，在学习理论的同时亲身实践。

案例聚焦

小林是某高校审计专业大学一年级新生。她高考失利，由于父亲的强势，她被迫选择了父亲让她选的审计专业。开学几个星期后，她在努力尝试过后，觉得自己根本没有办法喜欢上这个专业。她自述从小就对数字不敏感，即使自己的手机号码，也要一两个月后才会记住，小学开始数学就不好，语文是班上第一，数学却时常不及格。喜欢看文史类的书，看过一遍后，就可以记住百分之六七十。她想转专业，但一跟父亲提起转专业，就必然发生争吵，她害怕争吵，面对父亲的强势，她只能屈服，继续学下去。但她对自己能学好审计专业缺乏信心，另外想到毕业后要从事与审计相关的工作，一辈子要和数字打交道，她就觉得非常压抑，觉得人生没有光明，但假如不从事与审计相关的工作，自己这么痛苦用心地学四年，又觉得很不值。因此整个人感觉非常迷茫、焦虑，对周围的事物积极性不高，漠不关心，觉得跟同学也很难深入交往，处于一种被动的学习状态。

分析点评

案例中小林的遭遇是很多大学生会遇到的——所学专业非自己喜欢的专业，因此，产生学习动机不明确、学习动力不足、进而觉得人生迷茫的困惑。

在学习过程中，最为重要的其实不是学习的内容，而是保证学习能够顺利、持久进行的计划与相关的心理准备。要始终保持学习的动力，就要力求在不断学习的过程中产生幸福感。案例中的小林，假如实在没有能力改变父亲，那就要做好接受事实的心理准备，虽然都说兴趣是第一老师，但兴趣并不是我们要不要做一件事的前提。事实上有时我们做不好某件事情，用没有兴趣作为我们的挡箭牌。能够坚持把一件事做好，时间长了，也许就喜欢上它了。小林同学可以一方面带着伤痛继续上路，抱着一种好奇的心理，努力寻找学习所读专业带来的成就感与自我突破，比如，一次自己以为完不成的作业，但最终自己完成了，一次以为不及格的考试，但最终通过了……把每一次的上课都当成探险，带着一种好奇，看看会有什么新的发现。另一方面，可以在完成专业学习的同时，继续拓展自己的兴趣所在，可以是自学，可以是去旁听，现在网络资源也非常丰富，只要自己愿意，总有办法学到自己想学的东西。

锦囊妙计

1. 20 个节省时间的方法

有人说进行时间管理就好像抛鸡蛋，你要不停地把手中的一个鸡蛋换成另一个，还要使得所有的鸡蛋都不落到地上。要做好抛鸡蛋的动作，需要耐心、毅力、练习和计划。进行良好的时间管理，同样需要这些品质。当鸡蛋越来越多，情况越来越糟的时候，你要有能力控制局面，把握好间隔和规律——这正是时间管理的内容。下面总结了 20 个节省时间的方法，同学们可根据需要选用它们：

（1）对目标、任务、会议等事件分别按优先级进行排序。

（2）从优先级最高的事物着手。

（3）和拖延做斗争，如果事情重要，从现在开始做。

（4）把大的、艰难的任务细分为小的、容易的部分。

（5）为自己创造一小时的宁静，哪怕这需要很强的意志力，或者有时不起作用。

（6）找到一个隐蔽的地方，如图书馆或空闲的教室。

（7）当你有重要的事情要处理时，学会对别人说“不”。

（8）学会委派别人做事。

（9）归纳相似的事情，把它们放在一起处理。

（10）减少例行事务，它们不值得花费过多时间。缩短低价值的事件。抛开没有价值的信件和文书工作。委派别人完成、减少或推迟优先级很低的任务。

（11）避免完美主义。

（12）避免做出过多许诺。

（13）不要把时间表排得满满的，为自己留下一定机动时间应付突发事件。

（14）设置时间限制。例如，做某些决定时，不应超过 3 分钟。

（15）聚精会神地做手头的事情。

（16）处理重要事情时，使用大块的时间。

（17）迅速处理困难的事情，等待和拖延不会使它们变容易。

（18）文书工作争取只处理一次。

（19）在行动以前，彻底地思索整件工作。

（20）第一次就做好。

2. 时间管理的“四象限”法

“四象限”法是美国的管理学家科维提出的一个时间管理的理论，把工作按照重要和紧急两个不同的程度进行了划分，分为四个象限，如图 1—1 所示。

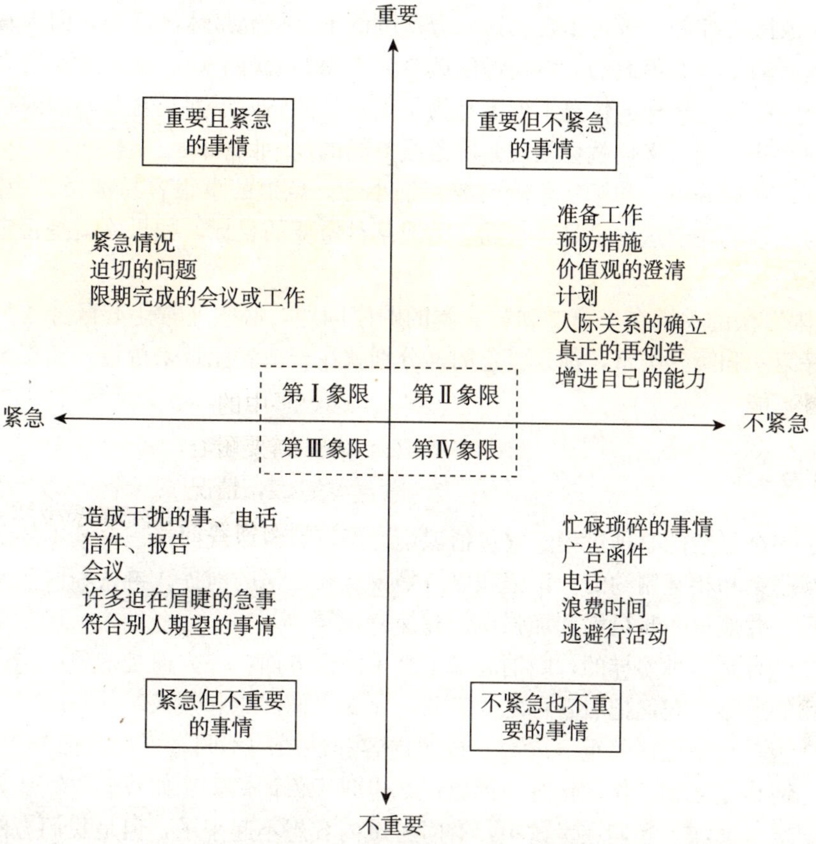

图 1—1　四象限图

（1）第一象限是重要且紧急的事情。诸如应付难缠的客户、准时完成工作、住院开刀等。很多重要但不紧急的事（即第二象限的事）都是因为缺乏有效的工作计划而转变成为第一象限的事。这也是传统思维状态下的管理者的通常状况，就是“忙”。

（2）第二象限是重要但不紧急的事情。主要是与生活品质有关，包括长期的规划、问题的发掘与预防、参加培训、向上级提出问题处理的建议等事项。

荒废这个领域将使第一象限日益扩大，使我们陷入更大的压力，在危机中疲于应付。反之，多投入一些时间在第二象限有利于提高实践能力，缩小第一象限的范围。做好事先的规划、准备与预防措施，很多急事将无从产生。这个领域的事情不会对我们造成催促力量，所以必须主动去做，这是发挥个人领导力的领域。这更是传统低效管理者与高效卓越管理者的重要区别标志，建议管理者要把 80%的精力投入到该象限的工作，以使第一象限的“急”事无限变少，不再瞎“忙”。

(3) 第三象限是紧急但不重要的事情。电话、会议、突来访客都属于这一类。

表面看似第一象限，因为迫切的呼声会让我们产生“这件事很重要”的错觉——实际上就算重要也是对别人而言。我们花很多时间在这个里面打转，自以为是在第一象限，其实不过是在满足别人的期望与标准。

(4) 第四象限属于不紧急也不重要的事情。阅读令人上瘾的无聊小说、观看毫无内容的电视节目、在办公室聊天等。我们往往在第一、第三象限来回奔走，忙得焦头烂额，不得不到第四象限去疗养一番再出发。这部分范围倒不见得都是休闲活动，因为真正有创造意义的休闲活动是很有价值的。然而像阅读令人上瘾的无聊小说、观看毫无内容的电视节目、在办公室聊天，这样的休息不但不是为了走更长的路，反而是对身心的毁损，刚开始时也许有滋有味，到后来你就会发现其实是很空虚的。

请注意，在划分第一和第三象限时要特别小心，急迫的事很容易被误认为重要的事。其实二者的区别就在于这件事是否有助于完成某种重要的目标，如果答案是否定的，便应归入第三象限。

“四象限”法的关键在于第二和第三类的顺序问题，必须非常小心区分。另外，也要注意划分好第一和第三类事，都是紧急的，分别就在于前者能带来价值，实现某种重要目标，而后者不能。

二、学习与记忆

记忆是一个复杂的心理过程，它包括识记、保持、再认或回忆三个基本环节。这三个环节是相互联系和相互制约的。识记和保持是再认和回忆的前提，再认和回忆又是识记和保持的结果，并能进一步巩固和加强识记和保持。

记忆的内容是多种多样的，归纳起来不外乎两个方面：一方面是抽象的词；另一方面是有关事物的形象。我们把后者称之为表象，比如人们回想起熟人时，头脑里会呈现出熟人的音容样貌，它是记忆的重要内容。按照内容和性质的不同，可把记忆分为形象记忆、词语记忆、情绪记忆和动作记忆等。形象记忆也叫表象记忆。比如我们对家乡景物的回忆属于形象记忆。又如，我们在考试中，有时考试内容想不起来了，但是我们力图回忆考试内容在笔记本的哪一页、那一页的哪一个地方，这样，通过形象记忆就可以把过去记的内容再现出来。词语记忆也称为逻辑记忆，是以概念、判断、推理等形式为内容的记忆，如数、理、化的公式、公理、定理、定律等。情绪记忆是以体验过的情绪或情感为内容的记忆，如有的人不敢一个人待在黑暗的地方，处在那样的环境中会惊恐万状，毛骨悚然。为什么会这样，他们也说不出原因来，这就是情绪记忆。动作记忆是以做过的运动或动作作为内容的记忆。如一个人幼年时学会打乒乓球，之后没有机会再打，成年后重操球拍，虽然开始会感到生疏，但同不会打乒乓球的人相比还是不一样。写字、绘画、打拳、游泳和骑车等，均依靠动作记忆。

我们学过的知识要想保留在大脑中，一般要通过瞬时记忆、短时记忆和长时记忆三个阶段来实现记忆过程。

第一个阶段是瞬时记忆，它也叫感觉记忆，其特点是将信息以感觉储存的形式被“登记”到大脑中，它具有鲜明的形象性，保持的时间很短，大约为0.25～2秒，它的容量比短时记忆要大，它的内容一旦受到特别的注意，就转入短时记忆，如果没有受到注意，很快就会消失。瞬时记忆最典型的例子是视觉后像，看电影的时候，人们之所以能将一系列断续出现的画面看成连续的，就是由于视觉后像的存在。

第二个阶段是短时记忆，它的保持时间在1分钟以内。如学生上课边听边做笔记，医生边询问患者的病情边写病历，打字员边看文稿边打字。短时记忆有以下一些特点，一是从功能上看，短时记忆是操作性的，有时也称作工作性记忆。也就是说，这时记忆某事物，是为了对该事物进行操作。人的大多数活动都是多环节而又连续性的，如果没有短时记忆则无法进行。二是从容量上看，短时记忆的容量为7±2组块。凡在经验中形成密切联系的若干项目，均可以作为一个单元，心理学上称此单元为组块。三是从编码上看，短时记忆对于字母、字词和句子这些言语信息来说倾向于听觉编码，对于大量的非言语材料，视觉编码也许更为重要。

第三个阶段是长时记忆，它是指保持时间在1分钟以上至数十年的记忆。长时记忆对信息主要是进行语义编码。如呈现一个词单：狗—桌子—狼—楼房—椅子—茅舍—猫。当回忆词单时，人们往往打乱原来的顺序，将狗—狼—猫、桌子—椅子、楼房—茅舍分别联系在一起，即按意义加以整理、归类、储存和提取。人的长时记忆多经语言加工，其编码方式也有听觉和视觉编码的情况。

衡量记忆力水平的高低，通常是从记得快慢、正确与否、储存时间长短、能否顺利提取等四个方面来考察，这也就是记忆力的四个品质。培养记忆力需要从这四个方面下手。一是记忆的敏捷性：记得快慢。二是记忆的精确性：记得准确与否。三是记忆的持久性：记得是否牢固。四是记忆的备用性：提取记忆中信息的快慢。一个人要想自己的记忆发展得好，就要在记忆中培养记得快、准、牢，并且能在该用的时候顺利提取出来的品质。

首先，对于任何一个事物，只有打算记住，才能真正记得住。如果没有预定的目的和任务，即使多次见过的事和物，也会熟视无睹，想不起来，写不出来。所以在识记之初，识记的目的和任务要明确。如19世纪捷克著名的教育家夸美纽斯强调的："除了很好地理解了的东西以外，决不能强迫去熟记任何东西。"这是因为，所谓理解，就是借助于已经掌握的知识去消化新的知识，并使之成为自己知识结构的一个有机组成部分。这就好比在已经站立牢固的一排拦河木桩中间，又加进了一根新的木桩。由于这根新木桩与原来的一排木桩连在一起，就很稳固，没有被理解的识记材料，则犹如一根孤零零的木桩，与别的木桩没有联系，就很容易被时光的洪水冲走。因此要在理解的基础上记忆。理解是最基本的、最有效的记忆办法。

其次，还要提高对记忆的兴趣。一般地说，在其他条件相同的情况下，凡是能够引起兴趣的事物，就容易记住，也能长久保持。当然，为了提高记忆的兴趣，首先要有记忆的愿望，有时还得向自己下达记忆的命令，一旦对某件事物产生了强烈的愿望，兴趣也就会随之而来，它会使大脑的信息接收区形成优势兴奋中心，以热情的态度"欢迎"信息对号入座。

最后，合理组织复习。复习是学习之母，学习任何材料之后，开始都会有遗忘，这是正常现象。只有经过复习才能避免遗忘，巩固记忆。如何科学有效地复习呢？首先，要及时复习。研究表明，遗忘的进程是先快后慢，遗忘材料的数量是先多后少，尤其是学习新东西过后的20分钟内是遗忘最快的时候。所以针对遗忘的规律，我们必须在未遗忘之前进行复习。即复习开始时，间隔时间要短，复习次数要多些。以后间隔时间可逐渐加长，复习次数逐渐减少。及时复习，可以使知识有一个比较高的保持量，随着时间的推移，知识的保持量下降的幅度渐慢。由于开始时有一个比较高的保持量，学习起来就显得轻松自如。其次，还要经常复习，因为每复习一次，都会获得一次巩固记忆、加深理解和增添体会的机会。再次，复习时要全面和重点相结合，以点带面地复习。

三、学习与思维

智慧来源于知识，又高于知识，它引导直觉的能力超强。知识如同银行里储蓄的钱财，在我们需要的时候可以用它来购买智慧。但智慧的作用却远远高于知识，知识只是智慧的一个特例而已。我们的大脑有个运行机制叫做“选择性输入”，即他们只能听到自己喜欢听的，只能看到自己喜欢看的。其实这样的特征未必就是100%的缺陷，很多时候，它对我们来说甚至属于“自我保护功能”。然而，对于一个努力发展自己心智的人来说，“选择性输入”就是个可怕的敌人了。

古往今来，凡有成就者多是心胸开放，虚心好学的人。一个想要进入智慧殿堂的人首先要学会放弃骄傲，他要像孩子一样，不带一丝成见，因为任何偏见都会妨碍我们获取智慧。自作聪明的结果就是搬起石头砸自己的脚，它们封锁了通向真理的道路。每天我们都会有意无意地接受并在大脑灰质细胞中储存大量的信息，而大量信息是以潜意识的形态存在，我们甚至无法有意识地调出。要想学有所成，一是必须有意地往我们的大脑里输入各种大量信息，二是必须经常整理已经输入大脑的信息，尽量让他们有序地排列起来，在我们需要提取时可以便捷地提取出来。

（一）学会合理用脑

解决大学生中存在的种种用脑问题，找到合理用脑的方法是关键。“合理用脑”是因人而异的，每个人都可以根据自己的实际情况找出适合自己的用脑方法。下面介绍几个合理用脑的原则。

1. 勤于用脑

古语云：“业精于勤，荒于嬉。”用脑的原理也是如此。科学研究证实，人的大脑在正常情况下大约只有10%在工作，脑的各个功能区都有很大的潜力可挖。科学研究证明长期坚持脑运动，勤于用脑，脑神经根会萌发出更多的新生脑细胞，而且这些脑细胞会变得更加粗壮、树突会变得更丰满，其脑部血管会始终处于舒张状态，给大脑更多的营养和氧气。

2. 有规律地生活

（1）采用正确的方法消除疲劳。很多人常用抽烟、喝咖啡等兴奋大脑的措施来振奋自己或以意志来强迫自己战胜疲劳，继续学习，或者在自己身体不适的情况下勉强学习。实际上这样做会加重心理疲劳，加重细胞损伤，对机体十分有害。医学研究表明，只有改善细胞的生理过程，才能促进细胞疲劳的恢复。因此，正确的做法是通过增加营养和睡眠来消除学习疲劳。

（2）养成有规律的睡眠习惯。现在有不少大学生习惯晚睡晚起，经常到凌晨才上床睡觉，到了早上上课时间还没睡醒，严重影响了听课的效率。良好的作息习惯可以保证学生每天有充沛的精力投入到学习生活中。充足的睡眠是保证大脑工作的重要因素，因为长时间的工作，使大脑皮层神经细胞疲劳，充足的睡眠会消除这种疲劳，恢复脑力。要养成按时就寝、按时起床的良好习惯，不仅需要学生个人的努力，还需要室友之间的相互配合。我们提倡室友之间要多多体谅他人的感受，这样不仅能够保证每天高质量的睡眠，而且有助于协调好室友之间的人际关系。

（3）交替用脑、动静相依。左、右大脑交替使用，均衡发展对人的全面发展意义重大。著名的科学家爱因斯坦是左右脑均衡发展的典型例子，他热爱科学和音乐，左右脑并用，取得了惊人的成就。有些学生在学习的时候习惯于听音乐，这也可以起到激发右脑活动的效果，但要注意的是，此时播放的音乐必须是古典音乐、轻音乐或梵唱等，因为有歌词的歌曲、演讲录音带或新闻报道反而会干扰右脑，有害无益。

（4）做适当的体育锻炼。首先，体育锻炼可以通过改善大脑的血液循环增加脑部的氧气供给，迅速消除大脑的疲劳。科学研究表明，大脑需氧量占人体总需氧量的20%—25%，所以缺氧对大脑影响很大。适当的体育活动，可以使心脏输出更多的含氧血液，全身微血管开放，从而使大脑得到充足的氧和养料，迅速解除在学习过程中产生的疲劳。其次，在运动过程中，大脑会释放出一种叫“内啡肽”的物质，使人产生轻松、愉快的感觉，平时生活中有规律的运动可以使人保持一个愉快的心理状态。第三，适当的体育运动还可以增强大脑的记忆力。运动往往能体现出一个人的肌肉力量、反应和协调能力，运动过程也是人脑锻炼这几项能力的过程。运动后，大脑皮层的兴趣区和抑制区会发生转换，使大脑兴奋地工作，记忆力达到最佳状态。考试期间，适当的运动可使复习备考和理解能力提高，所以，考试期间无需有意回避体育运动。

（5）掌握自己的“最佳用脑时间”。有的学生习惯于早睡早起，属于“百灵鸟”型，他们可以充分利用早上的时间去完成比较复杂的学习任务；有的学生属于“猫头鹰”型，当其他同学都睡去的时候，他们精力最充沛，那么他们就可以将主要的学习时间安排在晚上，早上好好睡觉。当然，这种方式要谨慎采用，因为毕竟在课堂上通过教师讲课还是能比较高效地掌握知识的，如果衡量下来发现晚上学习的效率并不是非常高，还是不要采用这种方式为好。

（二）学会记笔记

最简单的整理已经输入大脑的信息，尽量让他们有序地排列起来的方法就是记笔记法。懒得记笔记的人，通常都是聪明人。正因为他们聪明，觉得自己的记忆力不错，完全听得懂，所以就觉得没有必要记录下来。其实，记笔记并不仅仅是因为当时“听不懂”才记下来以便过后消化的。我们学习的过程与牛“反刍”的过程非常相似。有些时候我们做不到一下子理解一个知识点的方方面面，而是在一段时间过后，才发现过去对它并不完全理解。还有些时候，我们会在很久之后发现，过去的理解完全是驴唇不对马嘴，或者驴唇对马嘴——反正怎样都不对。遇到这样的时候，记笔记的好处就不言而喻了。

迈克尔·海特（托马斯尼尔森出版社的CEO）认为，在任何情况下，无论是听课，参加会议，或者是进行研讨，记笔记都起码有这样几个好处：

（1）可以使自己保持参与状态。

（2）提供一个完整的捕捉灵感、疑惑的机制。

（3）可以用来与其他参与者沟通、讨论正确的信息。

在记笔记的时候，可以借助一些符号来简化书写，例如：方括号“[]”标注为要做的事。圆括号“()”标注为指派给他人的事情。星号“*”标注为重要的事情。问号“?”标注为下一步要研究或是询问的事情。

充分利用笔记，使其发挥真正作用。一般来说，那些记完笔记就马上复习的人要比那些不复习的人收获更大。当你来到教室准备上课，或者当你带着问题来到教室时，尽量不要在课前的几分钟里无所事事、胡思乱想。利用这几分钟复习一遍笔记，这样既能“温故而知新”，又能加强记忆。

（三）学会考试

考试最终只有两个化身，要么是通行证，要么是拦路虎。没有人喜欢拦路虎，所以有的人会惧怕考试，讨厌考试，或者嘲弄考试。

热爱考试的理由也很简单，因为它是通行证，它意味着机会，没有此通行证就无法获得的机会。热爱考试的你，肯定有动力为了它做很多准备。首先要弄清楚这个考试对你的分量。对你很重要，那就要下苦功。很重要的考试，就是那些终将对你来讲成为通行证的考试，比如研究生入学考试，比如公务员考试，比如雅思、托福。其实，很少有什么考试考验你的智商，本质上来看，谁准备得更久，准备得更充分，谁就更可能胜出。

最好大一就开始准备这些对你的将来非常重要的考试。如果经济上并不那么紧张，就尽量报个辅导班，去听听课。如果没条件去上课，互联网也是个好东西，只要你有阅读能力，只要你会用搜索引擎，总是可以找到很多有用的信息。花上一个月左右，谁都可以做到对某个考试相当地了解。

而后，就是想办法搜集资料。什么真题，题库，以及其他的参考书。多问别人，但是在提问之前，一定要尽量自己找答案，实在找不着了，记下来。最好提前整理好所有要问的问题，方便自己，也方便别人。如果你问的都是随处可以获得答案的问题，别人也懒得帮你。

准备考试最好的方法就是做题。只不过，不要被动做题。做每道题都要认真。每道题，都肯定对应着某个学习难点。一道题做错了，就是一定有哪个学习难点没搞清楚，赶紧记下来，之后要全面补习。就算做对了，也要看看其他选项，想想都针对哪些常见错误？做题的时候没有整理习惯的人，在任何考试中都不可能拿到高级通行证。边做题边整理还不够，还要经常找时间重新审视自己的记录。

如果你是个完美主义者，总是想更上一层，那还有一个终极技巧——把你学会的东西教给别人。教是最好的方法。清楚明了地表述那些你自以为了解的东西并不像想象得那么容易。有的时候，你没能给别人讲清楚，可能是你自己没想明白。更多的时候，被教者的提问，往往会令你发现你的想法还有很多不全面的地方。教别人等于自己学，只有学好的人才可能教会别人。另外，随着时间的推移，你在知识上不吝共享的经历，最终会让你明白这是最好的助人为乐的方法，并且会获得尊重。

（四）学习与潜能激发

1. 思想和行动必须紧密地结合

人类与其他生物最大的不同，就是人类有思想，有创造性。一个人今天所处的环境和人生境遇一定都是他过去创造性活动的结果。人的思维方式决定人的创造性活动。我们“想什么”才能得到什么，不“想”就不可能得到。因此，所有能力、成就和财富的秘密就在于我们的思维方式。我们想要做成一件事情，必须先具备相关能力，只有能力具备，才能成功。但是，我们无法运用自身不具备的能力，所以获得成功的唯一方式就是认识并发挥自身的能力。人们总是忽略自身的潜能。一个人要想重新认识自己，就要意识到自身潜能的存在。而要意识到自身潜能的存在，就要知道，一切能力都源于自己的内心世界。虽然每个人的内心世界都不可触摸，但都的确存在，而且蕴藏着强大的力量。

在生活中，我们之所以会陷入困境，主要源于混乱的思想和不知道自己真正的兴趣所在。为了摆脱困境，我们必须在杂乱无章中找到内在的规律，并依据这些规律调整自己。因此，清晰的思维和精神洞察力具有不可估量的价值，它们可以让人们的所有思考过程、甚至思想本身都做到有章可依。无目的的努力让很多人浪费了太多的时间和想法；如果他们能树立一些明确的目标，再得到适当的指引，就能创造奇迹。你要想创造出生命的奇迹，必须将精力集中于一个明确的思想，排除一切杂念，并持之以恒。集中精力的过程就好像通过放大镜观察物体一样：当物体不在焦点上时，影像就不够清晰，看起来一片模糊；可是一旦对准焦点，影像就会变得十分清晰。这个例子说明了专注力的力量。除非你能专注于你眼前的目标，否则你的未来就会黯淡无光、毫无意义！

要想在学习这件事上成功，关键就是思想和行动必须紧密地结合。在脑海中想象一个成功的愿景图像，越清晰真实越好，在这个愿景的引导下决定自己的方向，立即行动，做你此时此刻力所能及的事情，全力以赴，不遗余力。

你的进步只会来自于不断地自我超越，而超越自我就是对目前该做的事情精益求精，把自己的能力发挥到极致。社会的进步正是源于所有超越自我者的共同努力。

如果在一天里，你实现了今天的目标，你就度过了成功的一天。如果每天都是成功的，你就肯定能够成长起来。面对眼花缭乱的世事和纷繁复杂的人际关系，我们很难弄清此间的种种因缘际会。所以，请做好各种小事情。总之，你每天都要全力以赴，不遗余力地过好每一天。

不过，你不能因此过度操劳，凡事都要有个“度”。你不能把全部的时间都花在工作上，更不能奢望在最短的时间里完成最多的工作。你不需要在今天去做明天的工作，也不必在一天之内完成一周的工作。做多做少并不是衡量成功与否的标尺，行动的效率才是最有意义的标准。如果你的每次行动都是高效的，那么你的一生必将是成功的一生。

2. 每天都以高效率的方式把当天的事情做完

接下来的问题是你有可能把每件事都做成功吗？你当然能够做到这一点。当你的脑海中闪现着清晰的图像、当你把全部的信念和决心投入到每次行动时，这些行动就能变得强大而高效。

许多人就是因为把精神力量和个人行动拆分开来，结果失败了。他们在某个时间、某个地点做着某一件事，而大脑却在思考另一个时间、另一个地方所发生的完全不相干的一件事情。因此，他们的行动本身是低效的，也就不可能成功。但是如果你能把所有的力量都集中到每次行动上，那么无论这些工作多么平凡，你都能获得成功；而每次成功都会为你开启通向更大成功的通道。这样一来，你不但会持续靠近自己的目标物，而目标物也会朝你走来，并且你们靠近的速度会越来越快。

最终的成功是此前每一次成功的积累。追求丰富多彩的生活，是宇宙万物与生俱来的天性；所以，当一个人开始朝向富足的生活前进时，更多的人和事将情不自禁地依附他、追随他，从而让他的行动更加高效。要相信我们自己，坚信自己正在进步、正在获得更多的财富。让这种信心注入、渗透到我们的每一个行动中，这样我们就能把“不断进步”的印象留给与我们交往的每一个人。

人类的心灵有一条规律——意识决定潜意识。心理学家和精神专家指出，当意识转化为潜意识时，会在大脑皮层留下生理印记。一旦你的潜意识接受了某种观念，它就会立刻开始实践这种观念。它召唤无穷的生命潜力和圆满智慧，运用你过去生命中学习到的全部知识和信息去实现目标。有时你会突然发现所有的困难都有了解决方案，有时则会等上一两天，不过它肯定是从不食言的。

第二节　大学生常见学习障碍

大学生常见的学习障碍主要表现在学习心态和目标不适应。心态方面，新生从高中时备受关注的佼佼者到大学里的普通一员。优越感的丧失和学习失去了原有的支撑点使得很多新生感到空虚和无聊，甚至开始在浑浑噩噩中度日。学习目标方面，大学与高中具有显著的不同。高中学习的目标很明确，在高考中取得高分。进入大学，很多新生不明确学习的目标和意义，又没有自主学习的能力。由此产生的压力感和无力感成为新生的难题。

一、常见的学习困扰及其原因

案例聚焦

吴明（化名），男，19 岁，福建厦门人，出生于普通商人家庭，某大学国际贸易专业一年级新生，入学不到三个月。性格内向，平时与舍友以及其他同学交流不多，除了打篮球没有特殊业余爱好或运动偏好，无恋爱史。

主诉和个人陈述：近一个多月来因学习问题感到焦虑、自卑，伴有入睡困难。开学后发现高等数学这门课很难学，做题的效率不高。为了学好这门课几乎把所有的时间都花在了看书和做习题上，可还是没有起色。于是产生了不论自己再怎么努力，都学不好的想法。对自己产生了怀疑，感到越来越焦虑和自卑。最近上高等数学课的时候会总是无法集中注意力，有时甚至完全听不懂老师讲课的内容，下课以后感觉呼吸沉重，全身乏力，上其他课程则无这些症状。特别是最近遇到不会做的问题时会非常烦躁，担心期末考试会挂科。近一个月偶尔会有入睡困难，此外没有其他躯体不适。

分析点评

该来访者在努力学习高数而不见起色的情况下，对自己的学习乃至自己本身缺乏自信，产生抑郁、焦虑和自卑心理。实际上，在抑郁、自卑情绪状态下，人的思维会变得既缓慢又狭窄，对负面信息的关注会多于对正面信息的关注，同时焦虑情绪会让人变得易激惹，一点小事对他而言，可能被解读为严重刺激。来访者在咨询师的帮助下明白了自己的心理症结所在，用实际行动降低了对考试挂科的恐惧与焦虑，克服了学习无助感：第一，把书本上的知识弄懂，把习题弄懂，以不变应万变，这是基础。第二，通过老师和同学的帮助，把该课程前 3～5 年的试卷弄到手，各个攻破。第三，以人为本。老师一般是不会太为难学生的，事先跟老师沟通，把自己的情况跟老师说明一下，请老师多指导。同时咨询老师鼓励来访者挖掘、发现自己比较擅长的科目及其他优势，提高自我效能感，多和同学交流，提升自信。

（一）克服学习动力缺乏

1. 学习动力缺乏主要表现

（1）尽力逃避学习。不愿上课；上课无精打采，不能积极思维；无成就感，无抱负和期望。

（2）缺乏学习的自尊心和自信心。不相信自己有学好的潜力，学不好也不会感到丢面子。

（3）容易分心。学习动力缺少会使注意力差，不能专心听课，不能集中思考，兴趣容易转移，学习肤浅，易受各种内外因素的干扰，满足于一知半解。

（4）厌倦、冷漠。学习动力缺乏常会导致厌倦情绪，对学习冷漠、畏缩。

（5）缺乏正确的学习策略和方法。学习动力缺乏者不会主动地寻找适合自己的灵活变通的学习策略和方法，因而常常难以适应新的学习情境。

2. 增强学习动力的对策

（1）增强社会责任感，树立合理的价值观念。

（2）提高对学习意义的认识，端正学习态度，努力培养求知欲望和专业兴趣。

（3）设置适当的学习目标，使学习有明确的努力方向，制订切实可行的学习计划，以便科学合理地利用时间和分配精力。

（4）加强自制力训练，努力抵御外部干扰，增强学习的自觉性和主动性。

（5）运用“自我强化法”对自己的学习计划实施情况进行自我监督，自我奖惩。

（二）保持适当学习动机

1. 学习动机不当主要表现

（1）缺乏动机或动机强度过弱。大学生不能专注于学习，学习行为不容易发生，即使发生也不能维持。

（2）学习动机过强。常表现为成就动机过强，干什么事都迫切期待成功，都期望比别人做得好，不能容忍任何失败。

2. 缺乏动机或动机强度过弱调适对策

（1）正确认识学习的目的和意义。明确学习的目的和意义，是提高学习动机的重要条件之一。摆脱学习无用论、学得好不如嫁得好等错误思想的消极影响，不要认为学不学无所谓，混张文凭就行。而要深刻认识到学习乃是自己将来的安身立命之本，大学的目标不是吃喝玩乐，潇洒走一回。学好专业，提升自身能力才是大学最根本的目标。只有这样，才能从内心重视学习，提高学习的积极性。

（2）调整心态，转换角色，积极适应大学学习的特点。大学学习有着自身的特点和要求，大学生要尽快熟悉大学学习的特点，培养学习的独立性和自主性，从高中生的角色过渡到大学生的角色中，尽快融入大学学习生活中去。

（3）培养和保持对所学专业的学习兴趣。兴趣是最好的老师，对自己所学专业有浓厚的兴趣是推动学习的强大动力。首先要认识自己所学专业的意义和价值，其次，要学以致用，理论联系实际，加强实践。

（4）改进学习方法，提高学习效率与学业自我效能感。学业自我效能感就是指大学生对自己能够又快又好学习自己专业的一种信念。掌握科学的学习方法，提高学习的自信，使得学习卓有成效，才会激发学习的积极性。

3. 学习动机过强调适对策

（1）正确认识自我。人贵有自知之明，大学生要学会正确认识自己，客观评价自己，既不要妄自菲薄，也不宜好高骛远。立足实际，脚踏实地去学习，方可以稳步前进。

（2）正确对待奖惩。学习应注重过程，注重自己知识的积累，能力的提高，而不要把奖励和荣誉看得过重。这样就可以拥有一颗平常心去学习，而不会为一时的荣辱得失而争得死去活来。

（3）正确对待外部压力。家长都望子成龙，望女成凤，希望自己的子女学习优秀，学有所成，这是很普遍的现象，但大学生不要因此背上沉重的包袱。只要自己踏踏实实去学，尽自己最大努力，就可以问心无愧。

（三）避免学习焦虑与学习疲劳

1. 学习焦虑

（1）学习焦虑主要表现：学习中心理压力太大，情绪压抑；怀疑自己的学习能力，总担心自己学习不好，对可能取得的考试成绩顾虑重重，信心不足，忧虑过度，以至寝食不安；夸大学习中存在的困难，造成心理上的不安。

（2）学习焦虑调适方法：正确认识和评价自己的能力，确立切合自身的抱负和期望；增强自信的毅力，不怕困难和失败；保持适度的自尊心，降低对胜败的敏感度；保持情绪的稳定；掌握最适合自己、切实有效的学习方法。

2. 学习疲劳

（1）学习疲劳主要表现：生理疲劳，如肌肉麻木、痉挛、眼睛发痛发胀、腰酸背痛、动作不准确、打瞌睡；心理疲劳，如感觉器官活动能力降低、注意力涣散、思维迟钝、情绪躁动、忧郁、厌烦、易怒、学习效率下降。

（2）学习疲劳调适方法：学会科学用脑，注意劳逸结合，了解自己的生物节律，创设良好的学习环境。

二、常见的考试困扰及其原因

（一）常见的考试困扰

（1）感觉好多东西没复习完，没时间了，产生急迫感，进而焦虑加剧。

（2）担心自己临场不能正常发挥。

（3）担心考不好丢面子，丢家长的脸。

（4）复习时，没办法坐住，复习效率低下；考试时，注意力没办法集中，碰到很熟悉的题目却怎么也想不起来。

（5）出现考试焦虑。

（6）自己比别人用功，花的时间多，成绩反不如别人，内心不平衡，愤愤不平。

（二）应对这些困扰的办法

1. 分析原因

分析清楚自己产生考试困扰的原因，对症下药。造成考试困扰既有客观因素，也有主观因素。

（1）主观因素主要有：

一是个性气质特点。敏感、易焦虑、过于内向、缺乏安全感和自信心、做事追求完美的学生在考试前后容易出现考试困扰。

二是考试经验。某次考试失败的经历负面刺激比较大，没有及时处理，可能留下了心理阴影。

三是对考试过度评价。把考试的成败与自己的成败联系起来，认为考试失败了，就是自己人生失败了。

四是对考试外在价值的过分重视。考试成绩与大学生学业荣誉（如奖学金），政治前途（如入党），学业前途（如研究生保送）等密切相关。因而，大学生会对考试成绩看重，特别是学业成绩优异的大学生，恐惧考试失败的心理压力更大，更容易出现考试困扰。

（2）客观因素主要有：

一是考试本身。如考试的重要性、难易程度、竞争程度等。越是重要的考试，越容易产生考试困扰；题目越难，越容易产生考试困扰；竞争程度越激烈，越容易引发考试困扰。

二是学业期望。一般而言，学业期望越高的学生，对学习投入的精力越多，越看重学业成绩，因而对考试失败的恐惧越高，越容易产生考试困扰；而那些学业期望较低的学生，满足于六十分，一般不会产生考试困扰；而当学业期望较低的学生面临学业失败时，也可能会激发其考试困扰。

三是知识掌握程度。我们经常说："难者不会，会者不难"，考试的难易是相对的，如果上课不认真，下课不复习，推崇考前一周效应，临阵磨枪，匆忙上阵，面对考题，感到任务太难，自然会出现考试困扰。

四是考试压力的传递。学生间的相互影响也会造成考试困扰。如一些学生将考研作为自己重要的人生目标，考前以发誓言、写战书等方式激励自己的斗志，人为制造紧张气氛，使部分学生感到考研失败可耻，整天笼罩在失败的恐惧之中。

2. 做出调节

对应以上的分析，找出自己出现考试困扰的真正原因，针对性地做以下调节：

（1）正确评价自我，端正对考试的认识。考试只是一种检验的手段，不是衡量学习质量的唯一标准，对考试结果要正确对待，不以一次成败论英雄；确立恰当的学业期望，结合自己的实力，给自己定可行的目标。

（2）充分的复习准备。80%的人考试困扰是由复习准备不充分引起的，因此牢固掌握复习内容是克服考试困扰的王牌。

（3）培养良好的心理素质，树立自信心。人的心理是对客观现实的主观反映，但人绝不是消极被动地接受现实的影响，主观的积极状态可以减弱和消除消极的影响。考试中要正确对待考场中的各种因素对自己情绪的影响，树立自信心，不怀疑自己的能力，充分发挥主体优势，消除不必要的顾虑和担忧。

（4）考试前要有充足的休息，学会放松。包括生活规律的重新调整，做些喜爱的运动，使自己的身心放松，进入一种“假消极状态”。心理学家认为这种“假消极状态”最有利于激发人的心理潜能，有利于发挥自己的水平。学习一些短时间内让自己放松的技巧。

（5）进行考前心理辅导。敏感、焦虑、抗挫折能力差、有心理障碍，自我调节困难的同学可以找校咨询中心老师进行有针对性的心理辅导，以缓解心理压力，客观认识自己，提高心理素质，增强自我心理调整能力，提高考试技巧，有效化解外来压力，发挥出应有的水平。

三、提高学习效率与成果的办法

（一）把值得做的事情做得更好

每一天，我们都要做许多事情，有些事做了半天之后，才发现实际上根本没必要去做。事分轻重缓急，价值也分大小，我们的内心一定要存有一把标尺，衡量一下哪些事值得我们去做，哪些事不值得我们去做。只有“选择你所爱的，爱你所选择的”，才会激发自己的激情与才能，才能把事情做好。

不值得做的事，我们通常不会尽自己的全力去做，做了也不会有什么好的结局。事实上，马虎和敷衍都是在浪费时间和资源。与其这样，还不如做自己认为值得去做的事情，无论感情上再怎样难以割舍，也不要虚耗自己的生命。这样想想就不会忽略掉那些必须要做的事情了。有时，不值得做的事却像鸡肋一样“食之无味，弃之可惜”，令人犹豫不决，不放弃又不会用心去做，如何对待这种事就值得我们好好想一想。

不过，这样想问题的人又有几个呢？有的人忙忙碌碌一辈子，回头一看才发现自己整天都在瞎忙，一生都在碌碌无为中度过。究竟什么样的事情才值得做呢？这就需要我们用自己心里的那把尺子去衡量了。通常来讲，人们心里的尺子会有以下三种。

首先，不同的价值观决定了每个人看事情的角度是不同的。政治家愿意在参政议政上花费时间与金钱，但商人就认为这是不值得做的事情。

其次，人与人的个性不同。内向的人更愿意老老实实地做研究，他们会认为四处跑业务是很难的事情，只要做好研究就行了。

最后，社会地位与职业不同。当你是一名技术员的时候，技术工作就是你值得做的事；可当你升入管理层，技术工作就不是你值得做的事了。

一个没有明确价值观的人也许会说，做点事情总比什么都不做要好。其实，与其将一件事做得乱七八糟，还不如不做。原本珍贵的时间可以用来认真思考自己的人生，并努力规划未来的人生之路，但却被浪费在了不值得做的小事上，实在是浪费生命。

对任何人都一样，你的梦想就是最值得你去做的事情，找到梦想，就尽全力去实现它，把值得做的事情做得更好。

（二）学会管理你的能量，而不是时间

我们大多数人都用延长工作时间的方法来应对日益繁重的工作任务，这不可避免地会影响到我们的身体、心理和情绪。相信在考试前几周甚至一周突击复习准备考试的同学都有这种体会。值得注意的是，如果把自己的发条越拧越紧，后面肯定就是要崩溃了。延长工作时间之所以不可取，是因为时间是一种有限的资源。相比之下，能量则不同。物理学将能量（energy）定义为工作时可以使用的潜在能力，对于人类来说，能量主要来自四个源泉——身体、情绪、思想和精神，通过形成特定的习惯，以上每个源泉都能为人类系统地增加并定时补充能量。

（1）好身体产生高能量。间或休息一下来补充能量能够提高和稳定绩效。休息的质量比时间更为重要。如果你能养成定时放下手头工作休息的习惯，真正做到张弛有度，那么你就有可能在短时间内（甚至是几分钟内）得到很好的恢复。

（2）好情绪提高能量的质量。大多数人都发现，当自己情绪愉快的时候，往往就是效率最高的时候。我们可能会惊奇地发现，一旦自己不在这种状态，我们的效率就不理想。不管外部压力有多大，人们只要控制好自己的情绪，就可以提高能量的质量。

当面对严酷的要求和意外的挑战时，我们就容易情绪低落，常常在一日内数度产生“战斗还是逃避”的想法，而且动不动就会发脾气、不耐烦，整天忧心忡忡，没有安全感。这种思想状态会耗尽人的能量，在人际交往中制造摩擦。这种“战斗还是逃避”的情绪还让人无法进行清醒和理性的内省。做深呼吸就可以解决这个问题。慢慢地呼气，持续5～6秒，你会感到身心有所放松和恢复，“战斗还是逃避”的反应也消失无踪。西田富士夫（Fujio Nishida）是索尼欧洲分公司总裁，他有个习惯，每当遇到难事，他就会点上一支烟——每天至少2～3次，但其余的时候他并不吸烟。当他知道这种深呼吸的方法后，结果立竿见影，西田发现，自己不再需要香烟了。我们的结论是，吸烟并不能让压力得到释放，真正起作用的是深呼吸所带来的放松。

我们还可以学着换一种方式来讲述自己生活中发生的事件，以此来培养积极的情绪。通常，身处冲突旋涡中的人会把自己看成是受害者，遇到难题就怨天尤人。但是，在某种

特定情形下发生的事实是一回事，我们如何解读这些事实又是另外一回事，认识到这两者之间的差异是非常重要的。自己可以选择不同的角度来看待某个特定的事件，而叙述这一事件的方式也会对自己的情绪产生重大影响。最有效的方法是通过三种新的“透镜”来看待这种情形，而不是以受害者的眼光去看世界。

例如，透过反向透镜看一看，他们就会自问：“冲突中的另一方会怎么说？在怎样的情况下他会这样说？”透过长焦透镜看，他们会问：“半年后，我将会如何看待这一情况？”透过广角透镜看，他们会问自己：“且不论这个问题结果如何，我能从中学到些什么？会取得怎样的进步？”每一个透镜都能帮助我们有意识地培养更为积极的情绪。

（3）集中思想可以加强能量。许多人认为，如果有一大堆任务摆在面前，就必须同时着手处理，但实际上，这种做法会降低工作效率。一心多用的代价是高昂的。如果你能在90～120分钟内集中全部精力去做一件事，然后好好地休息一下，接着再全力投入下一项活动，那么你的效率就会高得多。我们将这类工作时段安排称为“亚昼夜节律的冲刺”（ultradian sprints）。

调动思想能量的另一种方法是系统地专注于能够带来最长远优势的活动。人们对于极具挑战性的工作，往往不是干脆避而远之，就是到了最后关头才匆忙上阵，除非事先特意为它安排好时间。一个最有效的习惯是每天晚上确定出第二天最重要的挑战，把它作为次日早晨的首要任务。

（4）精神追求可以激发能量。当人们的日常工作和活动与他们最为珍视的、能够赋予他们成就感和目的感的东西相一致时，他们的精神能量就会发挥作用。如果他们正在做的工作对他们真的很重要，他们通常就会感到精力充沛、注意力集中，并能够持之以恒地坚持下去。生活意义和目的的追求也是能量的潜在源泉。为了从精神中获取能量，人们需要理清优先事项，并以此为准在三个方面制定习惯：做自己最擅长和最喜欢的工作；有意识地为生活中最重要的领域分配时间和精力，认真工作，关心家庭、健康和他人；在日常行为中奉行自己的核心价值观。

在发掘自己最拿手和最喜欢做的事情时，你要意识到这两者并不一定是彼此重合的。做你非常擅长的工作时，你可能会得到许多好评，但你却无法从中获得真正的享受。反过来，有些事情是你特别想做的，但你也许并没那方面的天分，你若想在那些事上获得成功，就得付出远远超于常人的能量。第二个方面的习惯是把时间和精力投入到对你至关重要的事项中。在这点上，人们再次表现出矛盾性——口头上说的是一回事，实际上做的又是另外一回事。制定习惯有助于消除这种矛盾。第三个方面的习惯，是在日常行为中奉行自己的核心价值观，这对于许多人来说是个挑战。大多数人每天奔波忙碌、行色匆匆，很少能静下心来问问自己，我们的立场是什么？我们想成为什么样的人？结果是，我们总是听任外界的要求来支配自己的行动。

只要在这三方面形成良好习惯，人们在生活中就更加能体会到有序、满足和幸福的感觉。这些感觉本身就是获得充沛能量的源泉，并且能推动人们持之以恒地遵循在其他能量层面上制定的习惯。假如一个人能够调动自己全方位的能量，一心一意地投入到每天的学习和工作中。这样效率和价值才都会提升。

四、考试焦虑的消除

案例聚焦

西西（化名），女，普通本科大三学生。来访时间为全国大学生英语四级考试的前一天晚上。自述对这次考试感觉发慌，而且以前也有重要考试前紧张发慌的经历。担心考试不过，害怕考场紧张、出错。学习紧张时有时头痛，遇到不开心的事情也会头痛。考场中别人有意无意的言语也会影响自己的情绪，进而不能正常答题。

在此次考试前几天的复习中，有一次同学提问相关考试问题她没答上来，但别的同学答上了，而且还说了句："这是最简单的，练习题上的，还能不会呀?"使她觉得压力很大，信心更加不足。最近几天，寝室同学之间出现矛盾，自述这些都会影响到考试。由此可见，西西是一个情绪敏感的学生。自述在中学的一次考试中晕倒并且吐了，感觉那次考试非常不理想，之后在考试中出现焦虑的现象就很严重。

分析点评

考试焦虑，是指因考试压力过大而引发的系列异常生理心理现象，包括考前焦虑，临场焦虑（晕考）及考后焦虑紧张。焦虑是一种复合性状态，包括焦虑反应，过度焦虑和焦虑症等三个由轻到重的层次。焦虑反应是人们对一些即将到来的紧张事件进行适应时，在主观上产生的紧张、不安、着急等期待性情绪状态。焦虑症是神经症的一种，主要特点是紧张、不安等症状比较严重，但对产生这些不适的原因很不明确。考试焦虑介于两者之间，属于过度焦虑，其特点是焦虑已明显地影响到正常学习和生活，但患者对引起焦虑的原因十分明确，考试一旦解除，多能迅速恢复。

任何人处于关键的时刻，都会出现心率增快、肌肉紧张、轻度手抖、轻度兴奋的现象。绝大多数考生在临考前会出现一定程度的紧张或焦虑，这属于焦虑反应，是正常现象。适度紧张可以维持考生的兴奋性，增强学习的积极性和自觉性，提高注意力和反应速度等，在复习考试以及考试过程中，维持一定程度的紧张是有必要的。但是，考试焦虑与学习效率并非都是正相关关系，如图 1—2 所示。

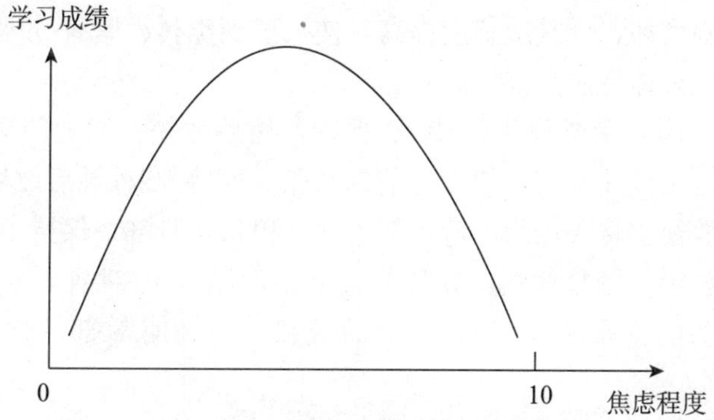

图 1—2　耶克斯—多德森定律示意

焦虑程度与学习成绩呈“倒U形曲线”，即焦虑水平过低、动机过弱，不能激起学习的积极性，学习效率在一定范围内随着焦虑的增强而提高，但过强的动机表现为高度焦虑和紧张，反而引起学习效率的降低。这一现象被称为“耶克斯—多德森定律”。

面对考试焦虑，最关键的是要改善认知方式和学会心理放松技巧，以达到自助。坚决杜绝用“完了，我糟糕透顶了……”这类消极语言暗示自己。消除大脑中错误信息，如“没有考好，老师会另眼相看”、“爸爸、妈妈会受不了”等，不应过于顾虑失败的后果，应该用“我努力了，我问心无愧”、“我能成功”等话语宽慰放松自己。其次，不要被一两次考试失败或一两科考试失误所吓倒，不要以偏概全，认为自己不行而丧失信心。再次，适当减轻周围环境的压力。心理学家研究表明，在中等强度的外界压力下，一个人的学习，工作效率最好。压力过低或过高都会有负面影响。

锦囊妙计

下面介绍几种心理放松方法，以供自助。

1. 深呼吸缓解法

紧张焦虑会导致呼吸不由自主地加快，从而导致“过度呼吸”。急促的过度呼吸会引起一些生理变化，如心跳频率和强度的增加，分泌肾上腺激素增加，唾液分泌减少，恶心呕吐，肌肉抽搐等。这些变化都是来自自我调节的神经系统的反应，也就是说，你无法通过意识直接控制这些生理变化。所以，当你在焦虑紧张时，想通过意志让自己不冒汗、不心慌是十分困难的。你能做的一种最简单、最有效的努力就是控制呼吸。通过呼吸缓解焦虑。

具体做法是：保持坐姿，身体向后靠并挺直松开束腰的皮带或衣物，将双掌轻轻放在肚脐上，要求五指并拢，掌心向下。先用鼻子慢慢地吸足一口气，大约数四个节拍，然后慢慢吐气，也用四个节拍，每次连续做4～10分钟即可。也可以闭上眼睛做，边做深呼吸边想象一些美好的情景，效果会更好。除了在安静的环境中进行深呼吸外，也可以在看电视时、走路时、临考前去做。

2. 肌肉放松法

紧张焦虑会导致二氧化碳和氧气在血液中比例失调，从而改变血液的酸性，引起钙在肌肉和神经中的急剧增加，令其敏感度提高，使人感到颤抖、紧张。因此，肌肉松弛法有利于缓解肌肉紧张。具体做法是：

（1）头部放松。用力紧皱眉头保持10秒钟，然后放松；用力闭紧双眼，保持10秒钟，然后放松；用舌头抵住上腭，使舌头前部紧张，保持10秒钟后放松。

（2）颈部肌肉放松。将头用力下弯，努力使下巴抵达胸部，保持10秒钟，然后放松。

（3）腹部肌肉放松。绷紧双腿，并膝伸直上抬，保持10秒钟，然后放松；将双脚向前绷紧，体会小腿部的紧张感10秒钟，然后放松……还有肩部、臀部、胸部等肌肉的放松。

以上的放松，是指努力体会肌肉结束紧张后的舒适、松弛的感觉，比如热、酸、软等感觉。可以在早晨醒来和夜晚睡觉前各做一遍。

3. 想象放松法

人的想象具有暗示、补充、预见功能。考试前通过对一些广阔的、宁静的、舒缓的画面或场景的想象，达到放松身心的目的。这些画面和场景可以是田园风光、海上日出、轻舟飘荡……

第三节　大学生学习技巧与能力的培养

一、正确认识大学的学习

进入大学之后，学习的内容和形式都发生了很大的变化。联合国教科文组织把大学生的主要任务界定为“四个学会”，即学会做事、学会做人、学会与人相处、学会学习。要想成为一名合格的大学生，为将来走上社会奠定良好的基础，成为社会需要的人才，就需要通过各种途径，利用各种内外部资源不断充实和完善自己。

（一）培养自学能力

本科教育的最根本在于培养学生的自学能力。理论上讲，本科毕业之后，学生应该有能力自学自己需要的任何科目。自学能力的基础技能是阅读理解能力。检索能力是建立在相当熟练的阅读能力之上的能力。文字是人类区别于其他动物的最根本标准之一，人类拥有了文字之后，拥有了最佳的知识积累经验共享手段。但是，每个人在出生的那一刹那，实际上与其他的动物是站在几乎同样的起点上，然后要用相当长的时间通过枯燥的学习和反复的实践才能获得文字运用能力，成长为真正意义上的人。写作能力在自学能力中占据着重要的地位。这里说的只是写作能力中的最基本的一种：写出简捷、有效、朴素、准确、具体的说明性说理性文章的能力。

实践能力是自学能力最终能够转化为真正价值的根本。很多人都慨叹，工作之后才知道什么真正有用，真是“书到用时方恨少”。不过，一个人不是很懒惰的话，那什么时候开始学都不晚，知道自己需要的是什么，真正的学习才开始。

自学能力的打造就是从你认真对待它开始，它就像你的恋人一样，你对它好，它才对你好。完全靠自己学一样东西吧，管它是什么。并且一定要学好，学到比相当数量的人都好，如果你真的做到这个地步，那，你不仅已经是一个完整的人，还是一个相当优秀的人。

（二）了解学习的进程

所有的学习过程从进展方式上来看都是类似的，学习的时候，进展和时间之间的关系可以肯定不是线性的（在你确实努力的前提下），而是曲线的。那个曲线实际上更可能是阶梯状的——有的时候，你会很长时间没有一点点进展，但是某一刻开始感觉突飞猛进；而后，就又是长长的一段所谓的“平台期”。事实上，在任何一个阶段，总是有一段时间进展缓慢，许久过后，所谓量变到质变的效果才会出现，才可能有突飞猛进的感觉。

当然，更多的时候，那个曲线应该是一个螺旋上升的曲线。打个比方，就有点儿像华尔兹那样，先进两步再退一步。如果，你把时间和进展之间的关系仅仅理解为纯粹的线性关系，那你最终根本不可能达到你所满意的进展。

（三）正确对待老师

首先，不要因为讨厌老师而拒绝学习。按照正态分布的规律来看，在某一个阶段里，你必然只能遇到一个最好的老师，以及许多平庸的老师，和那么一两个甚至可能令人生恨的老师。难道你就应该只认真学那个你认为是最好的老师教的那门课程么？这么做明显是荒谬的。

其次，不应该过分依赖老师。要求老师敬业是非常合理的，但要求老师负责并不是天经地义的，事实上，即便是最好的老师，也只不过能做到他能做好的那一部分——尽最大努力去教好。要明白“做得最好”和“教得最好”往往根本不是一回事。还需要补充的是，无论是哪一位老师，都有出错的时候。如果发现老师讲得不对，相信他确实不是故意的。要以平常心看待老师课堂上的错误，可以在课后跟老师提出来，进行探讨。

第三，用自己的学习结果衡量老师往往并不正确。很多人都用自己的学习效果来衡量老师，以及老师讲授的学习方法和内容。这个貌似比较合理。但是，问题在于，老师之于学生，往往正如医生之于患者。有些时候，医生可以手到病除；但是另外一种情况同样非常常见：患者的病是否可以根治，不是医生可以决定的——患者可能得的是绝症，或者患者能够康复的前提条件是他要积极配合治疗。

最后要强调的是，很多时候，老师讲得是否精彩，实际上与学生本身有极大的关系。不得不承认确实有些老师非常不入流，但是，正如我们去书店买书一样，怎么可能买回来的每本书都最精彩呢？就算那些精彩的书中，又怎么可能一字千金、字字珠玑呢？事实上，买回来的书里哪怕有一句话给我们带来惊喜，带来思考，带来改变，就已经值回书价了。所以，有些时候，要注意自己的心态。

二、了解、使用学习策略

（一）确定自己学习偏爱及其优势的起点

请同学们做本章后的心理测验 MBTI 性格类型测试，可以得出四个字母，这就是自己所对应的 MBTI 性格类型。该项测试总共有四对字母。第一对字母是“E”和“I”，这表明你是从人们那里（E 代表外向）还是从观念那里（I 代表内向）获得能量。如果你是外向者（E），你就倾向于喜欢活动和变化。你喜欢短时间精力充沛地与人合作，而不喜欢独自一个人长期工作。因此，你喜欢别人打断你的工作，而当你必须超时集中精力工作时，便容易失去耐心。作为一个外向者，通常你能够完成老师布置的学习任务。但问题是，你的学习速度太快，可能会马上失去兴趣，这样就不会透彻地思考问题，也不会坚持到底；另一方面，如果你是一个内向者（I），你便可以在不受干扰的安静地方独自工作，而且可以长时间集中在一个题目上面。你更喜欢为自己树立标准，而不是揣摩“导师的意图”。虽然你倾向于一项任务不完成便不罢休，但你可能在一项任务的细节上面耗时过多，直到你超过完成任务的最后期限。

第二对字母“S”和“N”涉及你首先注意到并喜欢使用的信息的种类。如果你是一个“S”（感觉者），便意味着你是通过自己的感觉——包括味觉、触觉、嗅觉、听觉和知觉来了解周围的。在这种情况下，通过动手或使用多种感官，你的学习能取得最大的收获。因为你的思想定位于现在，你就首先需要了解一项任务的根本原因，然后方可开始行动。或许你更喜欢从事实用的、现实的、目标性很强的工作，而不太喜欢承担理论性的、方向不明的任务。你喜欢提高已掌握的技巧水平，而不愿学习新的东西。或许你倾向于采用详详细细、按部就班的方法，来耐心细致、有条不紊地工作。如果你是一个“N”（直觉者），你会更加看重内心的感情或事情的结论。因为你的思想定位于将来，你便对抽象概念、理论性的或想象性的应用等发生兴趣。比之实践性的活动，你能从反思性的阅读、思考或想象中学到更多的东西。你的学习兴趣具有突发性和短暂性，一旦掌握了一些技巧，便急于学习新的东西。与对立面“S”（感觉者）相比，事情的细节对你来说不是那么重要。结果，你专心致志于“伟大的蓝图”，并坚信事情最终会“好起来”，从而使你即便对一个观点或任务的理解不全面，也能感觉良好。

下一对字母“T”和“F”涉及你做决定时所采用的标准。如果你选择了“T”（思想），你决定事情的方式便可用“符合逻辑”、“公平合理”、“坚定”、“客观”、和“非感情用事”等词语来描述。你一心想着任务，内心渴望着马上把它完成。无论在什么情况下，你都使用常规标准来做评估。如果你的主导风格是“F”（感情），你的决定便带有感情因素，你会考虑到事情对你和别人的利弊。“主观”、“灵活”、“相关”等词便是对你做事风格的描述。你的动力来自被人赏识的内心欲望，在你做出评估时，你采用的不是常规标准，而是个人标准。

最后一对字母“P”或“J”涉及你的决策过程。如果选择“P”（感知），便说明你喜欢收集信息，在对一切都了如指掌之后，才会做出决定。其实，你可能更愿意不做任何决定。虽然你是一个自主的学习者，喜欢作业上的灵活性，但你想知道的仅仅是完成一项任务所需要做的事情。或许你会觉得过程比结果更加重要，所以你更加喜欢思考和适应自己，而不看重积极的活动或事情的结局。如果你是一个“J”（判断者），你便想做出一个决定（或者说任何一个决定）并以积极的态度对待生活。与感知者不同的是，你倾向于一次集中精力于一项任务。你带有古板而不懈的至善论者的特征，只有在工作完成之后，才肯玩耍休息。因为你觉得结果比过程更加重要，便把心思都放在目标上面，喜欢事先拟订好最后期限。

你所选择的任何一个单一字母或字母组合，都不能精确地描述你所具有的性格特征。因为你最终的结果可能表明：你对每一种性格都有不同程度的偏爱。生活环境和生活压力都会改变你的个性，因此，你今天表现出来的性格类型倾向，会随着你的生活的变化而发生变化。然而，了解自己的性格类型，有助于做出各种决定。

（二）保证最佳学习时间

最佳学习时间主要指你的学习效果和记忆能力最好的一段时间。这段时间究竟是一天当中的什么时候，却是因人而异。通过观察你在什么时候完成的任务最多，你在什么时候的学习效率最高，或者你在什么时候感到最有精神，你便可以知道自己的最佳学习时间。

只要可能，你就应该把自己的最佳学习时间用在最难的或最重要的课程上面。首先对付最难的或最急迫的学习任务。首先，就意味着要在自己精力最旺盛的时候，投入到自己的学习当中去。如果其他事情对你的最佳学习时间产生干扰，你就应当考虑一下，自己在什么时候的精力最为分散、学习效率最低？那么，你便可以把这段时间用于处理日常事务或用于娱乐，而不是用来学习。

对学习时间带来威胁的因素，包括内部干扰。如果你发现自己在考虑其他需要处理的问题，就应该把它们写在你的课程表或任务便笺上面。这样一来，你就把问题放到了一边，直到自己有时间再来考虑它们。你知道，只有在完成学习任务之后，你才能轻轻松松地应付急迫的问题。你不用担心自己会忘记重要的事情。如果你发现自己总在做白日梦，就要努力使自己的思想回到手头的任务上来。

外部干扰也影响到学习时间。比如，如果你感到身体上的不适（感到太热、太冷、太饿、太饱、或者太累），你便会集中精力去想自己身体上的问题，而无心顾及学习之事。比如，只有当你不是饥肠辘辘地盼望着下一顿饭的时候，或者只有当你不是处于体力上的恢复期的时候，你才会专心学习。在疲惫之时坚持学习，耗费的时间更长，因为你无法真正做到集中精力。这时，你就需要小睡片刻，放松一下自己，或者改变自己的睡眠习惯。

（三）主动听讲的艺术

可能你认为，知道的东西越少，需要学习的东西就越多。然而，在学习上，情况却不是这样的。当你不了解相关的背景知识（你所知道的有关你自己和周围的情况）时，你就不知道什么是重要的或什么是不重要的。当你对一门课程不太了解时，你会觉得它没意思或与你不相干，你可能会对该课程不感兴趣……这并不是因为你不想关注它，而是因为你没有足够的知识使你知道究竟要关注些什么。所以，你该如何做好听课准备呢？特别是当讲课的内容是你所不熟悉的题材时，你应如何做呢？

开始学习一门新的课程，就如同出访一个国家。每一门课都有它自己的语言和重点。在上课前你对它了解得越多，听课时你的理解就越透彻，并且会越发感兴趣。如果你对这门课程知之甚少，对你来讲，理解课堂内容就会变得非常困难，你的兴趣也会随之减退。

你能够做些什么呢？你可以以作者对主题的理解为基础，创建一幅章节概要图，直到你了解了相关的背景知识。章节概要图用来表述概念之间的关系和作者的思维模式。如果你能够在听课前先建概要图，并把它用作课上参考，你就开始了一个构建知识和创造兴趣的过程。你还可以通过在上课前完成老师布置的作业的方式来为主动听讲做好准备。尽管老师可能不收，或不批改作业，但这并不意味着这些作业不重要。从完成这些作业中获益的是你自己，而不是你的老师。做作业能够为你提供一种心理训练的机会，而这种心理训练能帮助你做好学习新知识的准备。

你在课堂上所做的事也可以为你主动听讲做好准备。首先，你要把自己所需的课程资料带到课堂。这样，当老师讲到课文或其他材料时，你能够很快拿出所需的东西。其次，必须做到准时到课堂。一旦迟到，你就有可能听不到课程介绍部分，而这部分的作用则正是为后面的内容定调的。最后，只要可能，你就要尽量往前排坐。考虑一下，如果你去听音乐会，或是看体育比赛，你会选择坐在哪儿？你会选择坐在尽可能离表演更近的地方，因为那是对人们最有吸引力的地方。然而，在课堂上讲课的教师中却很少有人能具备演员或运动员所表现出来的那种能量级。因此，越是能量级偏低的越需要你离得近一些。最后，你要有目的地去听，只有这样你才能集中精力地听讲。

即使你在课上从不提问或从不做评论，你也要对讲课的老师做出反应。你的反应既可以是思维上的反应（内心提问或思想上的评论），也可以是行为上的反应（记笔记或以体态语表示）。你听讲的水平直接影响着你所做出的反应。因此，听讲既不是完全有目的地听，也不是一点都没有目的地听。你听讲的水平取决于你对相关背景知识的了解程度、概念的难易程度和你听讲的目的所在。

你在多大程度上是一位主动听讲者，从一定程度上取决于你的老师的讲课效果。讲课的人控制了他要说的内容和语言的组织形式，但听课的你控制着自己要听的内容和对该内容做出的反应。如果老师的语言组织得很好，你所要做的工作量就减轻了；但如果老师的语言组织得不够好，就会增加你的工作量。正如你要对听到的信息定义、综合和理解一样，你还要从听到的内容中得出结论，找出如何利用这些信息并判断它们的价值。无论老师讲课的能力和风格如何，你都需要有一套理解和记忆的方法。

（四）学习记忆策略，有意识提高记忆力

有意识地学习提高记忆力的方法，找到适合自己的并坚持练习下去。这里介绍四种记忆方法。

第一种记忆方法叫分组归类记忆。在记忆较多材料时，为了便于记忆，可将所记的材料分组归类，加以组合，形成不同的记忆组块（7±2 组块），可以大大提高记忆效率。另外，在分组归类记忆时，按自己的分类识记比按别人的分类识记效果好。分组归类不一定只按一个标准，可按记忆材料的技能、构造、性质、大小、颜色、重量、场所和时代等分类。这种记忆法是建立在对材料理解的基础上的，如果对学习材料没有理解，也就谈不上分组归类，因为归类本身就意味着必须通过思维过程的分析、综合、理解的过程才能实现。

第二种是编写提纲法。学习一个较长的材料，我们对所记忆的内容，通过加工整理将其归类和系统化，并以提纲这种简化的方式保持在记忆中，这种简化的方式不仅便于记忆和保持，而且也便于回忆。编写提纲一般包括三个方面：一是把材料按照意义分成各个组成部分。二是提出每个部分的小标题或提出容易联想的支撑点。三是将各个部分按标题或分出的支撑点联接成一个系统。

第三种是尝试背诵法。人们记忆材料，常用的有两种方法：一是从头到尾一遍一遍地念，念到全背下来才算完；二是先念几遍，然后不看书试着背诵，背不出来的地方或遗漏的地方再看书纠正，这样直到全部背下来为止。心理学研究表明，在没有完全记住材料之前就尽早地尝试回忆，是提高记忆效果的重要条件。实验也发现第二种方法比第一种好，并认为最好的比例是阅读占 40%，尝试背诵占 60%。这种方法比反复阅读好的直接原因是在阅读之中插入尝试回答（或背诵）的活动，不但可以使学习的情景生动活跃，而且思考也在起积极作用。其深层原因主要有三个：一是尝试背诵可以帮助我们在每念一遍时，都有明确的识记目的；二是它可使我们及时知道自己的学习效果，这对于提高学习成绩非常重要；三是它还可以分出已经记住的和尚未记住的部分，把注意力逐渐集中在最难记住的部分上，予以突破。在记忆的过程中，尝试背诵的方式是多种多样的，实际就是自己考自己，可以自己复述，自己默写。如果计划用几个单元时间来学习记忆一份学习材料，要特别注意运用尝试回忆法，这不仅有利于记忆能力的提高，还能加强知识的连续性。

第四种是运用形象记忆法。物体的视觉形象比词的视觉形象和听觉形象容易记，而且保持好一些。利用图表、图解和图示等直观形象，把知识之间的联系和关系表现出来，使人一目了然，容易理解，也就容易记忆。利用形象记忆法也是通过形象联想。在大脑中，像电影屏幕一样，一面看着文字，听着词语，一面在脑中的屏幕上描绘形象。应当不断地练习，养成习惯。只有这样，才能在短时间内把所见所闻的事物形象，很容易地印进脑海并保存下来。那么，如何利用形象记忆呢？首先，就是要把记忆的词尽量换成具体的事物。如“图书”就想到自己平时最喜欢读的一本书，如“领带”马上想到自己平时最喜欢的一条。要想象自己身边印象较深刻的事物，这就是窍门。其次，采用夸张形象的方法记忆。比如记忆“花”，就想象整个一大片花园，万紫千红，百花争艳，这样，就会收到良好的记忆效果。再次，利用图表的想象记忆法，有些学习内容较长，也较复杂，就可以采用画图制表的方式，加深和巩固记忆，因为图表是很直观形象的。最后，把抽象概念形象化。如“真理”一词，我们就联想历史上为真理献身的哥白尼，或有关论述真理的哲学家的形象，“全心全意为人民服务”一句，我们可以马上想到雷锋的形象。总之，要想把抽象的、不容易构成形象的事物在大脑中描绘出来，最有效的记忆方法和窍门就是把这些抽象的事物与自己最熟悉的事情联系记忆。当然，这需要经常练习，一旦养成习惯也就掌握了这种学习记忆的方法。

（五）充分利用图书馆和网络资源

目前国内大部分图书馆目录是按照图书馆分类法 C 分类系统排序的。它的优点是精确和详尽。它使用大写字母和数字相结合进行图书分类。首写字母表示一般标题。第二个字母代表标题的分类。其他的字母进一步细化分类。第二行标识该书的作者和版次。根据这些系统中的图书编目号码可以确定资料的分类区域并指示资料的所在架位。

在今天的图书馆中，无与伦比的网上计算机革新了信息查询工作。你经常可以下载并打印你所需要的资料，你可以通过网络从全国各地和全世界图书馆或研究机构中查找资料，而不必仅仅使用当地图书馆中的资源了。除了书堆中能找到的书之外，图书馆中还有许多可供使用的其他资料。普通索引帮助你更清楚地确认题目，找到相关的最新信息，识别背景资料。专项内容索引为你提供该领域专家的高深度资料。懂得充分利用图书馆资源，对于完成毕业论文起了很大的作用。这些人在日后的论文写作尤其是学术论文写作中优势也会很明显。

“年正芳华初展蕾，潜心向学终为谁。”大学里的学习绝不是拼命于几本书而已，而是要把自己的心胸和视野打开，在也许是人生中集中学习的最后四年时间里，学会为人处世、学会自学成才、学会融会贯通，学会培养兴趣，让自己成长为对国家、社会、家庭都有用的人。就学习而言，只有更新自己的学习观念，综合运用各种方法途径，融会贯通地学习，才能有效地掌握、运用各种知识。

心理测验

MBTI 性格类型测试

每一种性格特征都有其价值和优点，也有缺点和需要注意的地方。清楚地了解自己的性格优劣势，有利于更好地发挥自己的特长，并尽可能地在为人处事中避免自己性格中的劣势，更好地和他人相处，更好地做重要的决策。

第一部分，哪一答案最能贴切地描述你一般的感受或行为？请在方框内打“√”。

1. 你通常

A. □与人容易混熟　　B. □比较沉静和矜持

2. 你是

A. □容易让人了解　　B. □难于让人了解

3. 在一大群人当中，通常是

A. □你介绍大家认识　　B. □别人介绍你

4. 大多数人会说你是一个

A. □非常坦率开放的人　　B. □重视自我私隐的人

5. 你喜欢花很多的时间

A. □和别人在一起　　B. □一个人独处

6. 与很多人一起会

A. □令你活力倍增　　B. □常常令你心力交瘁

7. 在社交聚会中，你是

A. □常常乐在其中　　B. □有时感到烦闷

8. 你通常是

A. □与别人容易混熟　　B. □趋向自处一隅

9. 你认为别人一般

A. □用很短的时间便认识你　　B. □要花很长时间才认识你

10. 在社交场合中，你经常会感到

A. □与多数人都能从容地长谈

B. □与某些人很难打开话匣儿和保持对话

11. 你刚认识的朋友能否说出你的兴趣

A. □马上可以　　B. □要待他们真正了解你之后才可以

12. 和一群人在一起，你通常会选

A. □参与大伙儿的谈话　　B. □跟你很熟络的人个别谈话

13. 在社交聚会中，你会

A. □是说话很多的一个　　B. □让别人多说话

14. 你能否滔滔不绝地与人聊天？

A. □几乎跟任何人都可以　　B. □只限于跟你有共同兴趣的人

15. 你是

A. □可以与任何人按需要从容地交谈

B. □只是对某些人或在某种情况下才可以畅所欲言

16. 假如你是一位老师，你会选教

A. □以事实为主的课程　　B. □理论为主的课程

17. 一般来说，你和哪些人比较合得来？

A. □现实的人　　B. □富于想象力的人

18. 你会跟哪些人做朋友？
A. □脚踏实地的　　B. □常提出新主意的
19. 你宁愿被人认为是一个
A. □实事求是的人　　B. □机灵的人
20. 哪些人会更吸引你？
A. □实事求是，具丰富常识的人　　B. □一个思维敏捷及非常聪颖的人
21. 要做许多人也做的事，你比较喜欢
A. □按照一般认可的方法去　　B. □构想一个自己的方法
22. 你通常较喜欢的科目是
A. □讲授事实和数据的　　B. □讲授概念和原则的
23. 你会
A. □跟随一些证明有效的方法
B. □分析还有什么毛病，及针对尚未解决的难题
24. 为乐趣而阅读时，你会
A. □喜欢作者直话直说　　B. □喜欢奇特或创新的表达方式
25. 你是经常让
A. □你的理智主宰你的情感　　B. □你的情感支配你的理智
26. 你倾向
A. □重视逻辑多于感情　　B. □重视感情多于逻辑
27. 哪个是较高的赞誉？或称许为
A. □能干的　　B. □富有同情心的
28. 哪个是较高的赞誉？或称许为
A. □一贯理性的人　　B. □一贯感性的人
29. 你宁愿替哪一类上司（或者老师）工作？
A. □言词尖锐但永远合逻辑的　　B. □天性淳良，但常常前后不一的
30. 要作决定时，你认为比较重要的是
A. □据事实衡量　　B. □考虑他人的感受和意见
31. 当你要出外一整天，你会
A. □计划你要做什么和在什么时候做　　B. □说去就去
32. 你认为自己是一个
A. □较为有条理的人　　B. □较为随兴所至的人
33. 处理许多事情上，你会喜欢
A. □按照计划行事　　B. □凭兴所至行事
34. 按照程序表做事会
A. □合你心意　　B. □令你感到束缚
35. 当你有一份特别的任务，你会喜欢
A. □开始前小心组织计划　　B. □边做边思考还需做什么
36. 在大多数情况下，你会选择
A. □按程序表做事　　B. □顺其自然

37. 你比较喜欢

A. □很早就作计划　　　　B. □坐观事情发展才作计划

38. 你比较喜欢

A. □很早便把约会、社交聚集等事情安排妥当

B. □无拘无束，看当时有什么好玩就做什么

39. 计划一个旅程时，你较喜欢

A. □事先知道大部分的日子会做什么

B. □大部分时间都是跟当天的感觉行事

40. 在日常工作中，你会

A. □通常预先计划，以免要在压力下工作

B. □颇为喜欢处理迫使你分秒必争的突发事件

41. 当你要在一个星期内完成一个大项目，你在开始的时候就会

A. □把要做的不同工作依次列出　　　　B. □马上动工

42. 你认为按照程序表做事

A. □大多数情况下是有帮助而且是你喜欢做的

B. □有时是需要的，但一般来说你不大喜欢这样做

43. 把在周末期间要完成的事列成清单，这个主意会

A. □合你意　　　　B. □使你提不起劲

44. 你通常喜欢

A. □事先安排你的社交约会　　　　B. □随兴之所至做事

45. 总的来说，要做一个大型作业时，你会选

A. □首先把工作按步细分　　　　B. □边做边想该做什么

46. 你做事多数是

A. □照拟好的程序表去做　　　　B. □按当天心情去做

第二部分，在下列每一对词语中，哪一个词语更合你心意？请仔细想想这些词语的意义，而不要理会它们的字形和读音。

47. A. □坦率开放　　　　B. □注重隐私

48. A. □热衷　　　　B. □文静

49. A. □朋友众多　　　　B. □朋友不多

50. A. □外向　　　　B. □文静

51. A. □健谈　　　　B. □矜持

52. A. □爱合群　　　　B. □文静

53. A. □具体　　　　B. □抽象

54. A. □肯定　　　　B. □理论

55. A. □实况　　　　B. □意念

56. A. □以事论事　　　　B. □富想象的

57. A. □事实　　　　B. □理论

58. A. □真实的　B. □想象的
59. A. □必然性　B. □可能性
60. A. □已知的　B. □颖的
61. A. □事实　B. □意念
62. A. □声明　B. □概念
63. A. □务实的　B. □理论的
64. A. □建造　B. □发明
65. A. □合情合理　B. □令人着迷
66. A. □制作　B. □设计
67. A. □制造　B. □创造
68. A. □具体的　B. □抽象的
69. A. □实际　B. □创新
70. A. □坚定　B. □温柔
71. A. □公正　B. □敏感
72. A. □远见　B. □同情怜悯
73. A. □客观的　B. □亲切的
74. A. □合逻辑　B. □富同情
75. A. □意志坚定的　B. □仁慈慷慨的
76. A. □力量　B. □温柔
77. A. □分析　B. □同情
78. A. □有决心的　B. □全心投入
79. A. □思考　B. □感受
80. A. □令人信服　B. □感人的
81. A. □利益　B. □祝福
82. A. □客观的　B. □热情的
83. A. □具分析力　B. □多愁善感
84. A. □公正的　B. □有关怀心
85. A. □实际　B. □多愁善感
86. A. □坚持己见　B. □温柔有爱心
87. A. □能干　B. □ 仁慈
88. A. □预先安排的　B. □无计划的
89. A. □有系统　B. □随意
90. A. □有条不紊　B. □不拘小节
91. A. □有系统　B. □即兴
92. A. □预先安排　B. □不受约束
93. A. □决定　B. □冲动

评分规则

请将方格内的“√”纵向加起来，然后将总数填入表 1—1。

表 1—1　　　　　　　　　　　　　**每项总分**

1～15，47～52 题	A 的个数	外向	E		B 的个数	内向	I	
16～24，53～69 题	A 的个数	实感	S		B 的个数	直觉	N	
25～30，70～87 题	A 的个数	思考	T		B 的个数	情感	F	
31～46，88～93 题	A 的个数	判断	J		B 的个数	认知	P	

总结

根据表 1—2 所示的倾向程度指标填上你的倾向，当 S=N 时，请填上 N；当 T=F 时，请填上 F；当 J=P 时，请填上 P。

表 1—2　　　　　　　　　　　　**倾向程度指标**

倾向	轻微	中等	明显	非常明显
	每项总分范围			
E 或 I	11～13	14～16	17～19	20～21
S 或 N	13～15	16～20	21～24	25～26
T 或 F	12～14	15～18	19～22	23～24
J 或 P	11～13	14～16	17～20	21～22

你的倾向　　　　　　　　　　你的倾向程度

□　　　　　　　　　　　　　＿＿＿＿＿＿

□　　　　　　　　　　　　　＿＿＿＿＿＿

□　　　　　　　　　　　　　＿＿＿＿＿＿

□　　　　　　　　　　　　　＿＿＿＿＿＿

感悟与思考

1. 结合自身的实际，说说自己的学习能力如何，以及如何进一步提高自己的学习能力？

2. 大学学习生活应该如何去适应？

3. 回忆自己学习经历中最为成功的一次体验，并认真分析一下，你的成功之处在哪里，策略是什么，能否在以后的学习活动中有意识地迁移或变通这种成功的学习策略。

推荐书目

1. 朗曼，阿特金森. 大学生学习方法十二讲. 北京：首都师范大学出版社，2005.

2. 露西·乔·帕拉迪诺. 注意力曲线——打败分心与焦虑. 北京：中国人民大学出

版社，2009.
3. 王灿明. 高效能学习的78个金点子. 1版. 上海：华东师范大学出版社，2008.
4. 约瑟夫·墨菲. 潜意识的力量. 北京：中国城市出版社，2009.
5. 李笑来. 把时间当作朋友. 北京：电子工业出版社，2009.
6. 古典. 拆掉思维里的墙. 北京：中国书店出版社，2010.
7. 保罗，埃尔德. 思考的力量. 丁薇译. 上海：上海人民出版社，2006.

第二章　认识自我　看清世界

2000多年以前，我国哲学家老子提出了一句至理名言“知人者智，自知者明”。在同时代的西方，古希腊的哲学家苏格拉底也提出了一句箴言“认识你自己”。现实生活中几乎每个人穷其一生都在做认识自己的课题。大学生成长中的种种困惑也往往与千百年来哲人思想家苦苦求索的自我认识问题相关。处于青年早期的大学生，心理成长方面最重要的任务是建立自我同一性，具体表现在自我观念明确、生活目标坚定、发展方向清晰、乐于交际、有能力建立亲密关系。因此，认识自我、发展自我、完善自我是这一阶段非常重要的课题。

第一节　自我意识概述

一、自我意识的重要性

(一) 理解自我意识

假设在一个聚会中，想让某人了解我们的真实情况，我们可以告诉他关于自己的20件事，在描述的时候必须以“我”开头，可以包括我们的个性、背景、生理特征、爱好、属于我们的东西、我们亲近的人等。总之，就是任何能够帮助别人了解我们真实情况的东西。我们会告诉他什么呢？可能我们会给出很多很多的信息，比如：

我是一个身高一米六的女孩；

我今年21岁；

我有很多朋友；

我不喜欢我们班上的某些人；

我喜欢打羽毛球；

我能控制自己；

我对自己有信心；

我的学习成绩遥遥领先；

我花钱很节俭；

我是一个表面坚强而内心脆弱的人；

……

和多数大学生一样，我们对自己的描述也许会涉及一些显著的个人特质、生活角色、兴趣倾向等。心理学家将上述对自我的描述称为自我意识。

自我意识是意识的核心部分，就是自己对自己的认知，其内容包括自己的生理状况、心理特征及自己与他人的关系。它包括自我认知（我是个什么样的人）、自我体验（我喜欢自己吗）和自我调控（我应该成为什么样的人）。

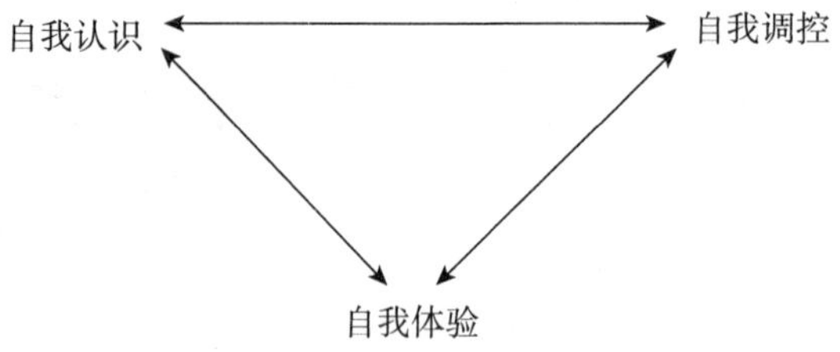

图 2—1　自我认识、自我体验和自我调控的相互作用

这三个方面密切联系，彼此相互影响（参见图 2—1）。自我体验基于一定的自我认识和自我评价，同时又对自我调控起动机作用。例如，某大学生发现自己的朋友很少，不善交际（自我认识）。认识到这一点之后，他产生了较强烈的自卑感（自我），这使他时刻提醒自己振作起来，努力调整自己的自卑情绪，积极扩大人际交往。因为他积极地自我调整，在广泛的交往中，学习了一定的人际沟通技巧，有能力和周围的人建立亲密关系，能够体验到交往的乐趣，因而对自己充满信心，进一步促使他增强了对自我的调整能力。这就是一个完善的自我认识、自我体验、自我调控相互作用的循环过程。

案例聚焦

重庆晚报讯：一名帅气的大三男生爱上整形，在一个多月时间里做了 5 台小型整形手术。最后，他竟然想把父母买的房子做抵押，贷款做面部整体改形大手术。医院拒绝了他的请求，并对其进行了心理疏导。

据急救中心整形科吴主任介绍，6 月初，我市某大学 22 岁男生张科来到该科，称自己的背太厚实了，要求抽脂。“小伙其实很帅气，身高 1.78 米，仪表堂堂。”吴主任说，在张科强烈要求下，只得为其实施手术。哪知，手术后一周，张科又来到医院，称自己的小腿太粗了，需要抽脂手术。在对方强烈要求下，医院只得为其手术。吴主任称，短短一个多月时间里，张科连续做了隆鼻、内角眼扩大、下巴变尖等 5 台小手术。上周末，张科又来了，说他想做面部整体改形大手术。张科透露，以前的手术费是自己积攒的，现在他决定将父母在南岸区购买的一套新房抵押，贷款做手术。“他心理可能出现了扭曲，我们当场拒绝了他的请求!”吴主任告诉记者，当即对其作了没有必要手术的分析。最后，经过医生们耐心的疏导，张科才犹豫地离开医院。

分析点评

接触中发现，张科属于典型的完美主义者，心理发生了一定的扭曲。实际上，在修炼外在美时，更应该注重内在美的培养，否则会得不偿失，最终会成为心理疾病。

锦囊妙计

完美主义走向极端容易演变为强迫症。强迫症给人们的工作和生活带来很严重的影响，如果不及时进行治疗，对人的健康损害是很大的。那么怎样克服强迫症呢？下面就介绍一些怎样克服强迫症的调试方法。

1. 了解病因和发病机制

强迫症与一定的人格特征有密切关系。具有强迫症的人，在性格上往往表现出谨小慎微，墨守成规，缺乏自信，胆小怕事，优柔寡断，办事过于认真，喜欢过细地思考问题，缺乏随和性，过于追求完美，或者主观任性，急躁，好强，自制力较弱，并常伴有不安全感，不确定感，不适感，不完善感等因素。强迫症的产生与心理社会因素关系密切，强烈或持久的精神因素作用及激烈的情绪体验的影响往往是此病发生的直接原因。

2. 理性疗法

让患者充分认识到自己症状中的非理性观念，认识到症状的幼稚性，不合理性，并且对每一种非理性观念都用一种相应的理性观念去克服，通过认识增强理性，从而使症状减轻。

3. 行为疗法

指导病人采用意念的松弛训练，肌肉松弛技术结合平衡脑部生物胺疗法或用操作条件法治疗。

4. 患者亲人或朋友要给予病人以关心爱护

即不苛求病人，也不姑息，不能长篇大论地讲道理和教训，也不能追根究底，更不能强求病人改变，应该有分寸地用适当的态度和行动合理地对待病人。

（二）自我意识的作用

很多时候，我们会认为是外在的人或事阻碍了前行的脚步，影响了理想实现的进程和生活幸福感，事实上真正影响我们的恰恰是我们自己。这不仅仅是说我们本身是否足够优秀，更重要的是我们对自我的认识和评价是否客观全面，对自我是否接纳、喜欢，是否清楚自己内心想要的生活，而这些是以健康的自我意识为基础的。

1. 自我认识与心理健康

人本主义心理学家罗杰斯提出：心理健康者是那些能认真认识自我，不歪曲自己的知觉来迎合自己愿望的人。通常，我们主观的自我容易高于或低于客观的自我，从而导致自大或自卑。这些自我认识对心理健康是不利的。

（1）自我认识影响防御机制。防御机制是个人在精神受干扰时用以避开干扰、保持心理平衡的心理机制，最早由心理分析学派的弗洛伊德提出。防御机制常在无意识状态下使用，主要包括：压抑、升华、替代、拒绝、反向形成、理智化等。已有研究发现自我评价低的大学生一般采用投射、被动攻击、幻想、退缩等不成熟的防御方式和制止、回避、理想化等中间防御机制；而自我评价高的大学生则采用才华、幽默等成熟的防御机制。

（2）自我认识影响生活满意度和幸福感。大学生的自我认识对其生活满意度也会产生影响。积极的自我认识者生活满意度高于消极的自我认识者，积极者往往对问题的看法比较乐观、自信，对生活充满了信心，可以更好地调整自己的不良情绪，体验到更多的积极情感；而消极者则往往低估自己，责备自己，对自己没有信心而变得焦虑、抑郁，这样就降低了他们的主观幸福感。

（3）自我否定意识会导致抑郁。心理学关于自我否定意识与抑郁的研究发现，生活中重要的丧失，如亲人的去世、重要考试失败、失恋等，会导致个体产生否定的自我意识，进而出现抑郁情绪；个体如果无力从抑郁情绪中恢复，将进一步导致自我评价下降，自信心丧失，自卑，进而加强自我否定意识，形成恶性循环，引发更严重的抑郁。

2. 自我体验与心理健康

自我体验是自我意识的情感成分。其中自我价值感是自我体验中最重要的情感之一。不同自我价值感的人，在面对同一压力源时，往往会有不同的应对反应，由此引起不同的情感体验，从而影响到心理健康。

（1）自我体验影响压力应对方式。一个人在困难和挫折面前采取什么样的应对方式，会受到他自我价值感的影响。高自我价值感的学生多倾向于采取解决问题、求助的应对方式，而低自我价值感的学生倾向于采取回避、幻想、忍耐的应对方式。

（2）自我体验可预测未来的生活品质。心理学也有研究证实基于积极自我评价的自我体验可以预测未来的生活品质，而低自我价值感的前景堪忧。如高自我价值感的年轻人在未来较少出现抑郁倾向或行为问题；而低自我价值感的青少年在20多岁时，心理和生理健康状况、经济前景都较差，犯罪行为也更多。

3. 自我调控与心理健康

自我调控是自我意识的意志成分，指自己对自身行为与思想言语的调节控制过程。心理学研究发现，当个体丧失自我控制感时会影响到情绪健康和生活态度。心理学家塞利格曼用狗做了一项经典实验。起初把狗关在笼子里，只要蜂音器一响，就施以难受的电击，狗关在笼子里逃避不了电击。多次实验后，蜂音器一响，在给电击前，先把笼门打开，此时狗不但不逃反而是不等电击出现就先倒地在地上开始呻吟和颤抖，这就是习得性无助。“习得性无助”指人在最初的某个情境中获得无助感，在以后的情境中仍不能从这种关系中摆脱出来，从而将无助感扩散到生活中的各个领域。处于习得性无助状态的人，会丧失对自我的控制，在危机来临时不做任何努力和尝试。

案例聚焦

我是一名大专毕业生，家里托熟人帮我找了一家化工厂去上班。刚开始，我过得很开心。可是，随着时间的推移，我觉得越来越不开心了。那里的员工全是凭裙带关系进去的，我很不适应那里的人际关系，也不适应那里的工作制度。所以，我产生了辞职的念头。可是，这份工作是家里花了很多工夫才找到的，而且现在我的爸爸妈妈全都下岗，只做点小买卖，收入很少。我想进修本科，以便找个好工作，可是非常没有把握。所以，我每天都是硬着头皮去上班，感到很辛苦，心里很不好受，压力很大。

现在，我感到我做的每一件事都不是我不愿意做的，可是我到底想要什么我也不知道。我觉得我的梦想都是遥不可及的。我不知道理想和现实究竟有多远？我是为了理想来穷尽我的一生，还是沉沦于残酷的现实生活？现在我每天都是哭着醒来，我已经快承受不住了。现在，我真的什么都不想去想，不想去干，只想留在妈妈身边。我已经 22 岁了，我不想把时间浪费在无休止的恐慌和忧虑之中，请您帮帮我，我是不是得了精神病？怎样才能摆脱这些烦恼？

案例点评

这是社会适应期带来的心灵的困扰。只要能够进行很好的自我心理调节，就会告别烦恼。别再为现实和理想究竟有多远的困扰而流泪了。再留在妈妈身边，怕是到头来你连抹眼泪的份都没有了。流泪不如流汗。行动起来，你就不再恐慌和忧虑。抹一把苦涩的汗水，你就会尝到现实生活的甘甜，你就会看到理想正在向你走来。

锦囊妙计

遇到类似的状况，可通过以下方式调适。

（1）接受自己适应期不适的感觉。一个人如果过分在意不适的感觉，在心理上夸大了它的存在，这就使你的体验比较强烈。人的心理活动常常如此，有些内心感受，你越是在意它，关注它，它就越是有了本事和你过不去，让你陷入痛苦。年轻人走上社会，都会有一个适应期。面对新的生活环境，新的人际关系，新的行为规范，心理上常常要体验到或轻或重的心理冲突，出现适应障碍。这是几乎每一个刚刚走向社会的年轻人都曾体验过的。既然如此，你就可以顺其自然由它去。其实只要接受自己的这种感觉，不必过分在意，一面顺其自然，一面不逃避生活，很快就会度过这段适应期。

（2）重新认识和勇敢面对生活。比如上述案例中的来访者可能是在妈妈的百般呵护中长大的。她对生活缺乏应有的认识，她的全部生活经验也许就是面对书本。对自己将面临的，必须付出汗水和艰辛的现实生活，没有起码的心理准备。她没有想到生活不仅必须要有实实在在的“想”，更要有实实在在的“做”。所以，她受不了单位里的制度约束，感觉做的每一件事情都不是自己想做的。她不知道自己到底想做什么，什么都不想去想，不想去干，只想留在妈妈身边。她可以争取进修本科，或者换一个工作。但即使如此，生活还是首先要去谋生存，去想，去做，去做你愿意干的事和你不愿意干的事。那首歌唱得好“生活就是爬大山，生活就是趟大河”，你说辛苦，生活就是一件很辛苦的事，要付出很多很多。可是，在你走过生活的大山大河之后，你会体验到躺在妈妈身边体验不到的一种幸福。

（3）调整自己的思维方式。比如上述案例中的来访者对问题有极端化的思维倾向，她把事情看得很绝对，很极端。她以为要谈理想就是穷尽一生也遥不可及，要谈现实就是承受残酷的沉沦自己。其实，理想不是完美再完美的事，现实也不是糟糕再糟糕的事。比如，她明明自己也是靠关系找到这份工作，何必看不惯别人的裙带关系？何况她想去进修本科，说明她也知道在我们这个社会求生存不是全靠裙带关系呀！有一份现实的工作等着她，她何必为遥不可及的梦想而不去行动？何况如她所说现实再残酷，也能自己养活自己，而编织的梦想再美妙，也会让你饿肚皮！就是这样，理想就在现实的生活之中，现实是孕育理想的土壤。现实离理想很近很近，但是理想不是一步登天，不能脚踏实地面对现实的生活，理想就永远与你无缘。在现实的土地上洒一滴滴的汗水，每一天都做好现实生活中很平常的事，你就是在建造理想的大厦。

二、大学生自我意识的特点与发展

处于青年中期的大学生，经过大学生活和教育，随着个体心理和意识的不断发展，大学生自我意识的发展达到了新的水平。独立感、自尊心、自信心、好胜心等逐步趋于成熟；自我认识、自我体验、自我调节三方面趋于协调发展；自我意识的核心——世界观和人生观已基本确立。总的来说，大学生自我意识的发展表现出以下特点：

（一）大学生自我认识方面的主要特点

1. 自我认识的广度和深度大大提高

大学这一特殊的学习生活环境，为大学生提供了一个博览群书、自由发展、自我实现的新天地。这个新天地为他们的自我认识向广度和深度发展提供了有利条件。大学生的视野更开阔了，关心的社会问题也多了，社会对他们的期望也比较高。这时，他们的自我认识不只涉及自己的气质、风度和性格等一般问题，而且还涉及自己的社会地位、社会责任、自我价值等问题。通过对这些问题的分析和思考，大学生自我意识达到新的广度和深度。

2. 自我认识的自觉性和主动性明显提高

大学是大学生走向社会之前的最后学校学习阶段。学习期间，在他们面前摆着许多深刻的课题：我将来做个什么样的人？成就什么事业？我能为社会做些什么贡献？等等。求知欲望强烈使大学生总是十分感兴趣而又急切地思考着这些问题，强烈地期待着一个满意的答案。这种思考比少年时期更主动、更自觉，具有较高水平。

3. 自我评价能力提高

随着大学生活的继续，大学生的知识增加了，社会经验丰富了，大多数人对自己的分析、评价逐渐变得全面、客观跟主动，对自己的优缺点有了较正确的认识和评价，并能选择自己的长处进行发展，开始具备在自觉基础上的“自知之明”，但是大学生自我评价的能力有很大的个体差异。

（二）大学生自我体验的主要特点

大学生自我认识和自我控制能力的迅速发展，使得他们自我体验的内容和形式发生了极大地变化。从自我体验的形式看，显示出以下几个方面的特点：

1. 丰富性

大学生丰富多彩的学习生活为他们发展自我体验的丰富性提供了有利条件。例如，由于意识到自己的成熟而产生了成人感；由于意识到自己能力和品德的高低而产生了自豪、自尊或自卑、自惭等体验；由于意识到自己的社会角色和地位而产生了社会责任感和义务感。一般来说，在自我体验方面，男生比女生更有自信心、更富于活力，但更容易急躁；

女生则更热情、内心舒畅感更明显，但更容易多愁善感。大学生自我体验的情感基调是积极的、健康的。大学生要注意增强自我意志的指向能力，这将有助于大学生自我体验的丰富性向健康方面发展。

2. 敏感性和波动性

大学生由于对自我认识还在不断进行中，个性还不够成熟和稳定，也缺乏驾驭情感的意志力量，因此他们的情感体验表现出明显的敏感性和波动性。他们可能因一时的成功而产生积极的、愉快的情感体验，甚至骄傲自满、忘乎所以；也可能因一时的挫折、失败而低估自我或丧失自信心，甚至悲观失望。到了高年级，当大学生的自我认识和自我控制比较确定后，这种波动性才逐渐降低。

3. 深刻性

大学生的自我体验是深刻的。他们的自我体验不仅与自己的个性特点相联系，而且还与自己的生活信念和人格倾向联系。当自我的生活信念和人格倾向为别人所接纳，或客观事物符合自己的生活信念和人格倾向时，他们就产生愉快的情感体验，否则就产生消极、不愉快的体验。

（三）大学生自我调节方面的主要特点

1. 自我调节能力的明显提高

大学生自我调节能力的明显提高，表现在他们的行为和目标能力能以社会期望和社会要求为转移。例如，社会对大学生的要求越来越高，不单看文凭，更看重大学生的真才实学和竞争意识。面对社会的期望和要求，大学生能对自己的目标进行及时的调整，在掌握专业知识的同时，注重外语水平和计算机水平的提高，注重各种能力的培养，以便能更好地适应社会。当然，大学生自我控制水平还缺乏一定的稳定性，还需要进一步发展和完善。

2. 自我设计的愿望强烈

大学生有设计自我、完善自我的强烈愿望。他们根据自我设计的“最佳形象”而不断地充实自己的知识，培养自己的能力，形成自己良好的性格和品德。大学生的成就动机是最强的，他们不愿做一个碌碌无为的人，都想干出一番事业，能对社会、对祖国有所贡献，以实现自己的人生价值。

3. 强烈的独立意识和自信心

大学生在生理发育上已完全具备了成人的特点，心理成熟和社会成熟也已达到较高的水平。通过对自我的认识、体验、控制和调节，他们的心目中已逐渐确立一个新的自我——成人式的自我，成人感的独立意识特别强烈。

青年大学生有体力充沛、精神旺盛、思维灵活、记忆力强等优越条件，这是他们产生自信心的生理及心理基础，而“天之骄子”、“时代宠儿”的优越感，则是大学生充满自信的社会基础。但由于知识、经验的不足，他们易于产生过分的自信，而且容易因一时的挫折而降低自信。

第二节　认识自我与悦纳自我

一、自我认识的偏差

（一）过度自卑

1. 过度自卑感的表现

自卑感是对自己不满和否定的情感，往往是自尊心屡屡受挫的结果。在大学里，学业的评定及校内外各类活动的开展，人与人之间经过竞争而定胜负、争荣誉的情况随处可见。而且，如果从能力、成绩、特长以及身体、容貌、家世、地位等所有条件相比，没有一个人是永远胜利的。每个人在不同层面上都有他自己的成败经验，技不如人的失败感人皆有之，只是程度不同而已。大学校园聚全国精英，是人才济济之地，在某些方面不如他人是很正常的现象，但如果因此斤斤计较，导致过度自卑而心虚胆怯，面对挑战就逃避退缩，或对自己所作所为过分夸张、过分补偿，唯恐天下不知，其结果捍卫的是虚假的、脆弱的、不健康的自我。

2. 调适的方法

为了改变过度自卑，首先应对其危害有清醒的认识，有勇气和决心改变自己；其次，应客观、正确、自觉地认识自己、无条件接受自己，欣赏自己所长，接纳自己所短，做到扬长避短；第三，正确地表现自己，对自己的经验持开放态度，同化自我但有限度；第四，根据经验，调整对自己的期待，确立合适的抱负水平，区分长期目标和近期目标，区分潜能和现在表现；第五，对外界影响保持相对孤立，正确对待得失，勇于坚持正确的观点，改正错误的观点，同时保持一定程度的容忍。

（二）过度的自我接受

1. 过度自我接受的表现

过度自我接受是有点自我扩张的人，他们高估自我，对自己的肯定评价往往有过之而无不及。他们拿放大镜看自己的长处，甚至把缺点也视为长处，拿显微镜看他人的短处，把别人细微的短处找出来，他们的人际交往模式是“我好，你不好”、“我行，你不行”。过度自我接受的人容易产生盲目乐观情绪，自以为是，不易处理好人际关系；而且过高评价滋生骄傲，对自己易提出过高要求，承担无法完成的任务而导致失败。

2. 调适的方法

自尊心、自信心、好胜心、独立感等诸多形式都是自我意识发展的主要表现。要克服过度自我接受，首先要看到自己的不足，成人自己也需要不断完善；其次，要看到他人的长处，欣赏他人的独特性；再次，多与他人交往，以开放的心态尊重和认真对待来自他人的反馈意见。

（三）自我中心

1. 自我中心产生原因及表现

自我中心的人凡事从自我出发，不能设身处地进行客观思考。只关心自己，一事当前先替自己打算，不顾忌他人的感受和需要。他们往往颐指气使，盛气凌人，处事总认为自己对、别人错，把自己的意志强加于人。因而他们不易赢得他人好感和信任，人际关系多为不和谐，行为做事很难取得他人帮助，易遭挫折。

2. 克服自我中心的方法

要克服自我中心，先得摆正自己的位置，既重视自己也不贬抑他人，自觉地把自己和他人、集体结合起来，走出自我的小天地；其次要实事求是、恰如其分地评估自己，既不自高自大，也不妄自菲薄；最后要学会移情，多设身处地地从他人的角度思考问题，尊重他人感受、关心他人。

（四）过分追求完美

1. 过分追求完美的表现

过分追求完美的大学生对自己持过高的要求，期待自己完美无缺，却不顾自己的实际情况。此外，他们不能容忍自己“不完美”的表现，他们对自我十分苛刻，只接受自己理想中的“完美”自我，不肯接纳现实中平凡的或有缺点的自我，其后果往往适得其反，使其对自我的认识和适应更加困难。

2. 改善的途径与方法

（1）树立正确的认知观念。人不能十全十美，每个人都有优缺点。人既不可能事事行，也不可能事事不行；一事行不说明事事行，一事不行不说明事事不行。一个人应该接纳自己，并肯定自己的价值，不自以为是也不妄自菲薄。

（2）确立合理的评价参照体系和立足点。人应该选择合适的标准，更重要的是以自己为标准，按照自己的条件评定自己的价值，应该立足自己的长处，明了、接受并尽力改进自己的短处。成功时应多反省缺点以再接再厉，失败时多看到优点和成绩，以提高自信和勇气。

（3）目标合理恰当。在充分了解自己的基础上对自己有恰当的目标和要求，目标符合自己的实际能力，不苛求自己，不被他人的要求左右。虽然每个人都不可能完全不顾他人对自我的期望和评价，但也不能被他人的期望所束缚，只为父母、老师或他人学习、生活。事实上，个体越能独立于他人的期望，其自我意识的独立性就越强，所遭遇的冲突也就越少。对大学生来说必须明确自己的期望是什么，以及这种期望是来自于自我的本身能力和需要，还是他人的期望。只有明确这点，才可能真正认清自己，规划自己的发展方向，最终建立独立的自我。

案例聚焦

小赵是一名很内向的男生，明年就要大学毕业了。他来自湖南的一个小县城，在深圳求学。他觉得和大城市的同龄人相比自己显得很土气，这让他感觉非常自卑。平时尽量不参加同学的聚会，也不太主动和同学交往。不过他的成绩一直不错，这让他感到些许安慰。小赵认为自己是一个追求完美的人，而在老师和同学的眼里，小赵一向心细，做事谨慎、认真负责，老师和同学们都非常器重他，认为不论什么事，交给小赵绝对可以放心的。然而，正是这种大家眼里的优点和赞许，让小赵苦恼不已。

小赵觉得，这种追求“完美”的做法，占用了自己太多的时间和精力。上个月，老师把一份翻译文稿交给他校对，他校对了两次，觉得已经没有什么问题了，就在他打算把文稿交给老师的时候，他自己出了问题。当时老师接过稿子，看也没看就交给助手说：“给教授发过去吧。”小赵一听非常紧张，他本以为老师会再检查一次的，当时他的第一反应就是把老师手里的稿子又要回来，说还要再校对一下。回到寝室，小赵用了一个晚上的时间把文稿又校对了两遍，虽然什么错误都没有找到，但他还是觉得重新看过才安心。

分析点评

首先，小赵的“完美”看起来有些强迫症性质，而强迫症的最大痛苦并非强迫症状本身，而是明知没有必要又控制不住去做、去想，即“强迫”与“反强迫”的斗争。通常在当事人能够更全面地看待自己症状时，焦虑会大大减轻。

其次，转移注意力。社交活动往往可以给人带来很多“营养”和支持。因此，建议小赵尝试去参加一些自己喜欢的活动、培养一些兴趣，从中寻找更多的快乐。

最后，接受自己的“不完美”。

锦囊妙计

如何接受自己的“不完美”，可通过以下方式进行。

（1）心理治疗中常用的放松技术。如单的呼吸放松，它可以帮助自己缓解在没有能够达到心中的完美时所产生的焦虑。

（2）给自己一些积极的暗示。比如：“我做得很认真，不会错的，就是有些小错误也关系不大。”

（3）利用“强化”的作用。当自己做到放弃一点“完美”时，可以及时给自己奖励。

（4）利用“惩罚”的作用。当内心过分“追求完美”的声音出来时，也可以给自己一些“惩罚”，如让自己感到疼痛，当然不会真正伤到自己。

（5）必要时接受系统的心理治疗。心理学中有很多更专业的方法可以有效地帮到他。

二、自我悦纳及提升

（一）遇见未知的自己——认识自我

虽然古希腊时人们就将“人啊，认识你自己”的铭文刻在神殿之上，但千百年来人类仍不断地询问自己“我是谁?”两千多年前，孔夫子说过：“于止，知其所止，可以人而不如鸟乎?”——黄雀在栖息时，都知道停的地方，难道人还不如鸟吗？一个人如果不知道自己是什么样的人，就说明他还未构建起自己完整的信念和价值体系，这样他就会生活在一种不确定的感觉中，充满彷徨和不安。因此，在认识别人之前，先认识我们自己；在认识世界之前，先认识我们自己，这样我们才能更好地把握自己的人生。德国作家约翰·保罗曾说：“一个人真正伟大之处，就在于他能够认识自己。”那么，怎么才能正确认识自己呢？我们可以从以下几个方面着手：

1. 通过与别人的比较来认识自己

一个人对自己价值的认识，是通过与他人的能力和条件的比较而获得的。在与他人比较的过程中，应注意比较的参照系和立足点。其一，跟别人比较的应该是行动后的结果，而不应该是行动前的条件。其二，跟别人比要有标准，应该是可变的标准而不是不可变的标准。例如一个人的容貌与出生是不更改的，若以此为标准同别人比较是没有意义的。其三，比较中的对象应该是与自己条件相类似的人。

2. 通过自己比较来认识自我

即把现实自我与过去自我、理想自我进行比较。与过去自我比自己进步了，成熟了，还是退步了，重犯以往的错误了，与理想自我比较自己还有哪些差距等等。前者可以发现自己的成绩和进步，提高自尊和自信；后者可以明确努力的方向，进一步完善自我。但要注意理想自我不能是不切实际的过高要求。

3. 通过分析他人对自己的评价来认识自我

从他人的态度和情感中认识自己，明确自我。一个人对自己的认识难免有偏差，因此有必要根据他人的评价，他人对自己表现出的言行态度来认识自己。他人的评价就像一面镜子，正如古语所说：“以人为鉴，可以明得失。”这里需要注意的是，就像镜子不一定是反映事物的本来面目一样，别人对你的评价，由于受多种因素的影响，不一定是完全正确的，所以不能把别人评价和态度作为唯一的衡量标准，同时，最好能从多个不同的人、不同的时间、不同的场合去搜集评价信息，其中重复次数越多的信息可信度越大。

4. 通过内省来认识自我

这是一种个体直接认识自己的方法。我们既是心理活动的主体，又是心理活动的对象。我们通过内省就可以了解自己的智力、情绪、意志、能力、气质、性格和身体条件等特点。内省也是自我意识形成的重要途径之一。在认识自己的过程中，我们一定要客观、正面、辩证地看待自身，形成正确的自我意识，真正了解自己，并以此来选择适合自己的发展道路。案例中的罗同学就需要看到农村经历给自己带来的积极影响，找出自己的优点，优势。

5. 通过自己的活动表现和成果来认识自我

自我的各个方面都是在具体事件中表现和反映的，大学生可以通过对自己的学习、文学、艺术、体育、社会工作、人际交往等各方面的能力和成效加以认识，获得关于自己能力、意志、兴趣和投入等多方面的信息，进而对自己加以评价。但注意不要把成就和成绩作为自己评价的唯一尺度，当然也不能把经济条件作为唯一的尺度。

（二）爱上不完美的自己——悦纳自我

一个人的心理健康与否，有一个重要指标，那就是他能不能接受自我，这就叫“悦纳自我”。每个人都有优点和不足，关键在于自己如何看待。既要看到自己优势，树立自信心，又要避免骄傲自大，还要了解自身的弱点，认识到没有人是完美的或是万能的，只有客观、全面、愉快地接受自我，才能很好地多角度认识自我，并在此基础上，明确完善自我的努力方向和途径，当你快乐地接受了自己，你的整个心胸便会舒展和开阔，同时你会发现，你也更加容易接受他人了。悦纳自我有四层含义：

第一层，无条件地接受自己，接受自己的全部，无论是优点还是缺点，无论是成功还是失败。

第二层，改变过分追求完美的习惯，不苛求自己。能平静而又理智地看待自己的长处和短处，冷静对待自己的得与失；过分追求完美、过分苛求自己，无异于心理上的作茧自缚，会窒息人的活力，使人心情压抑、行为退缩，失去许多展示自己的机会，最终损害人的自尊，导致自我拒绝。正确的态度是承认自己的不完美，接受自己的全部缺点和优点，接纳真实的自我，在积极的心态中，最大限度地把自己的潜能化为现实。

第三层，建立和巩固良好的自我感觉。既不以虚幻的自我补偿内心的空虚，也不以消极回避漠视自己的现实，更不以怨恨、自责甚至厌恶来否定自己。心理学家罗伯特·安东尼有一段话值得一读：“将自己的每一条优点都列出来，以赞赏的眼光去看它，经常看，最好背下来。通过集中注意力于自己优点，你将在心里树立信心：你是一个有价值、有能力的人，你绝不比别人差。无论什么时候，只要你做对一件事，就要提醒自己记住这一点，甚至为此酬谢自己。”把视野拓展或换一个角度来看自己，你会发现一个全新的自我。这样，就能把注意力集中在自己的优点和成功上，而不是集中在自己的缺点和失败上，有助于建立和巩固良好的自我感觉，觉得自己独一无二，有高度的自尊和自信，有价值感、自豪感、愉快感和满足感。

第四层，从错误和失败中汲取教训，但不被它们打垮，永远给自己机会。一个人不可能不犯错误，也不可能事事成功，可怕的不是错误和失败，从中吸取教训，不因个别的错误和失败而轻率地全盘否定自己，永远对自己有信心。

（三）活出全新的自己——自我激励

社会就像一个舞台，每个人在台上扮演着属于自己的角色，每个人也都希望自己扮演的角色能光彩照人。但是，在每一次“出场亮相”之前，人们多少都会感到紧张和不安。许多人既渴望表现自己，又害怕表现自己；既不愿把角色演得平淡无奇，又担心自己缺乏足够的能力。因此往往会出现放弃、退缩或矫揉造作、生搬硬套的情况，结果未能充分地、真实地表现自己，也就失去了证明自己、让别人认可自己，以及磨炼自己的机会。长此以往，一个人即使有再多的潜力，由于潜能无法转化为现实的成功，自信就会动摇以致淹没，在社会的舞台上成为黯淡无光的角色。

自信是使人走向成功的第一要素。古往今来，每一个伟大的人物在其生活和事业的旅途中，无不以坚强的自信为先导。只有相信自己，才能激发进取的勇气，才能感受生活的快乐，才能最大限度地挖掘自身的潜力。成功人物有两类。一类属于天才，他们拥有常人所不具有的才能与天赋，如爱因斯坦、爱迪生等；可是，大部分获得成功的并不是天才人物，他们也只是拥有常人的资质，与众不同的是，他们拥有坚定的信念，自信心强，把自己的才智发挥到了常人难以到达的程度。正如做过织布工的哥伦布，做过印刷工的富兰克林，做过奴隶的伊索，做过乞丐的荷马，做过列兵的塞万提斯，做过市井浪子的韩信，曾经数学不及格的数学大师华罗庚等等，都是通过不断提高自我，最后达到卓越不凡的程度。

人们所能展示出的自信在很大程度上取决于自己的心态，即自尊心和自信心。有自信的人并不是天生就自信，他们的自信来源于自觉地维护和积极地增进自信。缺乏自信的人并不是天生就不自信，他们的不自信是由于长期缺乏自我肯定，自我激励以及被动接受外界消极评价的结果。在现实生活中我们经常可以看到那些成绩很高的人，无论在什么情况下都能够面带笑容，自信从容，而很多人处境顺利的时候可以做到这一点，在逆境中则很容易就会怨天尤人，其中重要的内在差异就在于能否及时地做好自我激励，正如德国人力资源开发专家斯普林格所言："强烈的自我激励是成功的先决条件。"

美国心理学家詹姆斯的研究表明：一个没有受到激励的人，仅仅能发挥他的能力的20%～30%，而一旦受到激励，他的能力可以发挥到80%～90%。相当于激励前的3～4倍，可见激励所起的重大效应。在现实生活中，我们每个人都比较在乎他人或社会对自己的议论和评价，都期待着别人和社会对自己的肯定、赞扬和激励。因为这些能让我们感到自己受到他人的尊重，感受到自己个体存在的价值，使我们更有自信，从而激发我们的潜能。其实有些话不要等着别人说，我们完全可以自己对自己说，自己对自己说积极肯定的话语同别人对你说这样的话，最终的效果并没有什么本质上的差别。

美国哈佛大学心理学家罗森塔尔在1968年为了研究社会期望下发生的暗示机理作用，做了一个非常有名的实验。他们在加利福尼亚一所小学里对一至六年级的18个班的学生进行了一次标准化的非文字测试，测试结束后，他们给每个班级的老师发了一份学生名单，并告诉老师说，根据这次科学测试的结果，这是班里名列前20的、一些会有更优异发展可能的学生，心理学家还向老师解释说："请你们注意，我们讲的是他们的发展，而不是现在的情况。"并反复叮嘱老师们不要将这份名单外传，只能他们自己知道。测试结束八个月以后，心理学家又到了这所学校，对18个班的学习成绩进行了追踪检测，结果发现他们先前提供给老师的名单上的那20名的学生的学习成绩都有了显著的进步，而且这些学生的情感比较健康，好胜心强，敢于在课堂上发言，学习努力，与老师和同学的关系也很融洽。难道这两位心理学家真的能测试学生的发展潜力吗？事实上，根本没有学生的知识水平与智力水平的测试。心理学家只是想通过这个实验研究证明期望所起的作用，各个班级的这20名所谓更有发展可能的学生，是他们从全班同学随机抽取出来的。但是心理学家们通过"权威"的暗示，坚定了老师对这些学生发展的信心，也调动了教师对这些学生的感情，并对这些孩子充满着热切的期待，而学生们也感受到了这种期待，他们比其他人更加自尊、自爱、自信、自强。正是这种以积极的自我意识为核心的心理激励作用，使学生产生了一股内在的动力，巨大的潜能充分发挥出来所创造的奇迹。后来人们就把这种影响作用称为罗森塔尔效应。

"没有不可战胜的缺陷，人人都是自己命运的建筑师。"激励对人的自信心的培养、潜能的开发、成功的获得有着神奇的作用。撇开天赋不论，自我激励确实是影响人生成就的一大原因。激励是一切内心要争取实行的条件，包括希望、愿望等所产生的一种动力。人类的一切行为都有一定的目的和目标，人的目的行为都是出于对某种需要的追求。因此人的一切行为都是由自我激励而产生的，通过不断地自我激励，就会使你有一股强劲的内在动力，朝向所期望的目标努力拼搏。

运用自我激励的时候我们需要注意什么呢？

（1）简洁。用于自我暗示的句子要简洁明了，这样便于回想、重复，而且默读、朗诵起来短促有力，能强化效果。比如："我能做好"、"我一定能行"等。

（2）正向强化。通过反复强化，但不要总强调负面结果。我们不要总是给自己一些这样的提醒："昨天就是在这里摔倒的"、"这段路总是出交通事故"等等。因为越是这样，我们心里就会越紧张，而应多用些积极性的暗示，比如："走稳些就不会摔倒了"、"经过这段路时应该减慢速度"等等。

（3）可行性。也就是说，我们所使用的暗示语表达的意思一定是我们可能做到的，所确定的目标不是可以被自己的理智轻易否定的。另外所使用的暗示语要切合实际，往往使用带渐进意味的词语能收到较好的效果。比如，我一定能发挥好。我会更用功读书学习，我身体会越来越健康等等。

（4）形象化。我们在对自己作出自我激励的语句时，要在脑海里想象欲求的目标情景，很多目标可以转换成图画的，最好能将它画出来。不管是语句或是画面，最好把它贴在你经常看得见的地方。

（5）注入感情。要从内心认同并相信我们所确定的目标。当我们朗诵或是默读我们用作自我激励的语句时，要把情感贯注进去，如果光动嘴不动心，那是不会有结果的。只有将意念注入我们的情感，进入我们的潜意识，这些意念才能起长久的强有力的行为导向作用。

（四）实现理想的自我——自我提升

1. 建立科学、正确的理想自我观

大学生一般都富有幻想，希望自己成为生活的强者，干出一番事业。不少学生对理想自我设计得很完美，对于理想中的自我要求很高，甚至于苛刻。理想与现实总是存在差距，这种落差太大往往使学生在理想与现实的矛盾中走向失望和消沉。因此，在设计理想自我的时候，学生要面对现实，以现实为基础，不要把目标定得太高，最多是"跳起来摘果子"的程度，还要把长远目标分成一个个具体远近高低各异的短期目标和子目标，每一个子目标也要合理，经过努力可以达到，从而增强自信心。列夫·托尔斯泰说："人活着要有生活目标：一辈子的目标，一段时期的目标，一个阶段的目标，一年的目标，一个月的目标，一个星期的目标，一天一小时一秒的目标。"大学生可以把一学期定位长期目标，确立以月、周、日为单位的短期目标，制定各门功课的阶段性目标，规定完成任务的时间安排表，把一天中的全部运动（包括学习、娱乐和休息）纳入计划中，并作出周或日计划评价。由于时代在变化、个人在成长，昨天被作为理想去追求，今天可能不再是理想，因此，理想自我也要随着时代和个人的发展不断进行调整。同时，建立科学、正确的理想自我，不可为虚荣心所诱惑，不做力不能及的事情，不要单纯从自己的愿望出发，要从自己面临的实际出发，再根据当时的社会环境条件，把理想和现实结合起来，进行自我设计、

展望未来。

2. 参加实践活动锻炼自我、展示自我

在社会实践中，个人通过自我判断、自我选择、自我提升获得对人生和世界的正确看法。同时，自我评价、自我激励和自我教育也需要一个实践过程。因此，大学生要多参加社会实践活动，通过参加勤工助学、志愿服务、社会调查、参观考察、教学实习等各种形式的社会实践活动，逐步提高自我认识能力和自我教育能力。目前，不少同学，从小在父母和老师的精心呵护下长大，生活在蜜罐里，习惯于我行我素、为所欲为，缺乏自我控制和调节能力，缺少应对困难和挫折的锻炼和考验。表现在学习上，即使学习目标明确，学习计划科学，但缺乏顽强的意志和坚强的品格，计划还是不能完成。对学生来说，在社会实践中锻炼能吃苦的意志品质，尤其重要。自我展示是指个人善于把自己的思想与他人交流，并同他人一道投入集体活动中去，展示自己的才华，并得到集体认同的过程。大学生的潜能很大，只有通过各种社会实践活动，才能发掘自己的潜能，开发自我，展示自我，激励自我，超越自我。总之，大学生只有在积极参加社会实践活动中，脚踏实地，从点滴做起，培养顽强的意志和坚强的品格，发挥自己的聪明才智，展示自己，才能实现自己的远大理想，为社会做出自己的贡献。

3. 不断完善自我、追求超越自我

成为自己就是做一个独特的和最棒的我，这是同学们的追求和共识。大学生成为自己的过程是自我不断更新、走向完善自我统一的过程，也是从个体“小我”不断走向社会“大我”的过程，是既注重自我又不固守自我，是根据社会要求不断改造自我；既注重自我价值的实现，又要鼓励和帮助他人实现自我价值，还要与众人共同实现社会价值。总之，完善是一种过程，更是一种境界。只有坚持正确的方向，本着科学的态度，积极投身于社会实践中去，在实践过程中学会学习、创造和反思，只有这样，才能辩证地看待社会，分析自我，把握自我，全面认识自我，不断超越自我，逐步走向成熟和完善。

第三节　完善人格与潜能开发

一位老教授昔日培养了三个得意门生，一个在官场上春风得意，一个在商场上捷报频传，一个埋头做学问如今也苦尽甘来，成了学术明星。于是有人问老教授：“你认为三人中哪个会更有出息?”老教授说：“现在还看不出来。”人生的较量有三个层次，最低层次是技巧的较量，其次是智慧的较量，他们现在正处于这一层次，而最高层次的较量则是人格的较量。这个故事生动地告诉我们，在自我的素质结构中，人格几乎起到决定性的作用。可见，人格素质是人类综合素质的重要组成部分，更是大学生综合素质的重要组成部分。综合素质的发展和提高包含着人格素质的发展和提高，而人格素质的发展和提高对综合素质的发展和提高有着重要的促进作用。因此，寻找通向健全人格之路，塑造健全的人格是大学生心理健康教育的重要目标之一。

一、当代大学生的人格现状分析

大学生正处于身心急剧发展和自我意识由分化、矛盾逐渐走向统一的特殊时期，因此大学阶段仍然是大学生人格不断发展的重要时期。人格是社会文化的产物。改革开放的社会背景和校园文化氛围使大学生有了更大的适应性、灵活性和更大的发展可能，也为人格塑造提供了一个广阔的天地。

在改革开放伊始，大学生强烈的主体意识显现为“寻找自我、渴望成才”，这是80年代大学生人格发展的显著特点。进入90年代以后，随着社会主义市场经济体制的建立，大学生逐步形成自立、平等、开放、竞争等人格特征。我国有关学者的研究表明，具有创造力的当代大学生其人格特征是：勇于创新和开拓、有努力取得成就的坚韧性、富有热情、自信心强等。

然而，急剧变革、观念多元的社会文化亦使人格的形成变得困难，变得更加不确定，从而使大学生的人格发展出现更多的迷茫和冲突。相当一部分大学生中不同程度地存在缺乏仁爱之心，社会责任感淡漠；意志力薄弱，道德认识和道德实践匮乏；自我认知、自我调节能力薄弱，心理素质和心理承受能力较差；人际交往中自我意识强烈与缺乏自信并存。当代大学生人格危机的出现具有一定的必然性，它是现代化进程中社会转型时期的产物，也是现代化进程中必须正视和解决的问题。

案例聚焦

有一个男生去心理咨询，说自己最大的缺点是胆小，为此，他很自卑。咨询老师听了他的诉说，对他说：“这怎么叫缺点呢？分明是优点嘛！你只不过是非常谨慎罢了，而谨慎的人总是很可靠，很少出乱子。”男生有些疑虑：“那么，勇敢反倒成为缺点了？”老师摇了摇头：“不，谨慎是优点，而勇敢是另一种优点。只不过人们更重视勇敢这种优点罢了，就好像白银和黄金相比，人们更注重黄金。”

咨询老师问他：“你喜欢啰嗦的人吗？”学生说：“不喜欢。”老师说：“但是你若看过巴尔扎克的小说，会发现这位伟大作家就很啰嗦，常为一间屋子、一个小景色，婆婆妈妈讲个不休。但是剔除这一点，那就不是巴尔扎克的小说了，你能说那一定是巴尔扎克的缺点吗？”男生笑了。

老师又问：“你讨厌酒鬼吗？”男生说：“当然。”老师说：“但李白难道不是酒鬼吗？”男生打断老师的话：“不是！李白和陶渊明一样，是爱喝酒的诗人，李白斗酒诗百篇。”老师笑道：“对，我赞同你的观点。缺点在不同人的身上，会呈现出不同的色彩：有的酒鬼，仅仅是个酒鬼，而李白则是栖身于酒中的诗仙！”

可见，所谓的缺点，至多不过是营养不良的优点，如果你是位战士，胆小显然是缺点；如果你是司机，胆小或许就是优点。你与其想办法克服胆小，还不如想办法增长自己的学识、才干，当你拥有较多见识，较宽阔的视野的时候，即使你想做个懦夫，恐怕也很困难了。

二、健全人格的培养

大学生健全人格的培养既是一个深刻的理论课题，又是一个意义重大的实践课题。对于大学生来说，应该从以下几个方面着手。

（一）发掘自身人格优势

塞利格曼等人提出，每个人都有自己与众不同的人格优势，如果我们善于在日常生活中运用这些优势，将会最大限度地增进我们的幸福体验。所有优势中，宽容、感恩、爱与被爱、希望、乐观这些“心灵”优势又占据着更重要的地位。例如：希望、乐观被证明对应对方具有重要影响。在面对生活压力事件（如父母离异、亲人离世）时，悲观者往往采取否认的态度消极应对；而乐观者倾向于赋予事件积极意义，主动寻求社会支持，利用活动或爱好转移注意力，因此表现出更好的心理调节能力，这对于激发与保持较高的幸福感构成一种心理保障。

（二）增进积极的情绪体验

积极情绪是指个体由于内外刺激、事件满足自己的需要而产生的伴有愉快感受的情绪。在培养个人积极人格品质、身心全面发展的过程中，积极情绪的培养是一条有效的途径。增加积极的情绪体验有利于个体积极人格品质的形成和发展，同样，积极的人格品质也有利于个体体验更多的积极情绪。具有积极情绪的个体，在遇到负面的生活事件时，能够在主观上正确地认识、客观地评价，在行为上积极应对。这些良好的心态和积极的行为特征会获得周围同学和老师对其积极的评价和良好的人际关系，使其从客观上获得更多的心理支持。同时，这些良好的心态和积极健康的行为特征久而久之会逐步稳定下来，构成个体积极而健康的人格特征。激发积极情绪体验的途径有：其一，记录愉快时间。其二，多角度思考探寻时间的积极意义。其三，积极的内部自我对话提升自我效能感。其四，建立合理的认知。其五，改变消极的动作。

（三）增强心理弹性

心理弹性培养的首要问题就是发现个体的优势和强势。引导大学生发现自身的优势和强势，并通过发展自身的优势和强势，实现自己的人生价值，并得到他人的尊重，最终形成一定良性循环。这对促进大学生心理健康发展，提升其心理弹性有至关重要的作用。

针对那些目前尚不能克服的危机事件，可以使用一些技能，如拒绝、肯定以及与他人进行良好沟通等方面的技巧，协助学生制定那些可以达到的现实目标。目标一旦制定，就应鼓励其采取决定性的行动，并且培养灵活的应对策略，知道何时采取情绪处理、何时采取问题解决的应对方法，以处理不同的挫折与生活事件。

感悟与思考

1. 什么是自我？它包括哪些成分？与我们的现实生活有什么关联？
2. 自我与心理健康的关系是什么？
3. 如何培养健全人格？

推荐书目

1. M·斯科特·派克．少有人走的路．北京：吉林文史出版社，2007．
2. 丹·艾瑞里．怪诞行为学．北京：中信出版社，2010．
3. 德鲁克．旁观者．北京：机械工业出版社，2005．

第三章　认清挫折　快乐相伴

第一节　常见的挫折与产生的原因

一、挫折的类型

有人说："上帝真是一个精明的生意人，给你一分天才，就搭配几倍于天才的苦难。"因此，当你遇到不如意时，不必怨天尤人，更不能自暴自弃，最好的办法就是告诉自己：我是被上帝咬过的苹果，只不过上帝特别喜欢我，所以咬的这一口更大些罢了。

人的行为总是从一定的动机出发达到一定的目的地，而挫折指人们在通向目标的道路上遇到障碍无法克服，而又不能改变这个目标时产生的紧张情绪反应。在人们的日常生活用语中，"挫折"指挫败、阻挠、失意、失利、失败的意思。

挫折包括三方面：挫折情境、挫折认知和挫折反应。

（1）挫折情境。指人们的需要不能获得满足的内外障碍或干扰等情景因素，如考试不及格、竞选失利、失恋等等。

（2）挫折认知。指人们对挫折情景的知觉、认识和评价。挫折认知既可以是对实际遭遇的挫折情景的认知，也可以是对想象中可能出现的挫折情景的认知。

（3）挫折反应。指人们伴随着挫折认知，对于自己的需要不能满足时产生的情绪和行为的反应，常见的有焦虑、紧张、愤怒、躲避或攻击等。

即便没有挫折情境或事件发生，而仅仅由于挫折认知的作用，也有可能产生挫折反应。例如，你正在热恋中，没有任何失恋的迹象；期末考试全部通过；或者人际交往中也没有成为众矢之的。可你偏偏担心恋人会瞧不上自己，害怕期末考试不能通过，总怀疑同学在议论自己。这些事虽然没有发生，你却仍体验到了焦虑、恐惧、担忧甚至敌对、攻击等挫折的情绪反应，产生挫折感。可见不同的挫折认知会产生不同的心理反应与体验，因此，上述三个方面挫折认知最为重要。

乐观的人遇到挫折，总会把它变为一种转折。而乐观并不等于不切实际的幻想，也不意味着否认问题的存在，或逃避直面痛苦的责任。它是一种思维方式，也是一种面对挑战的态度。乐观可以使我们看到：未来是有希望的，也是可以去争取的，它促使我们说"我能”，而不是“我不能”。它让我们看到一只半满的杯子，而不是半空的杯子。

心理学家马丁·塞利格曼认为，对自己和世界的乐观看法，就像一副坚固的盔甲，它能保护我们不被抑郁、自卑、失望和挫折所压倒。乐观者的心胸是开阔的，白天能照进阳光，夜晚能仰望星空；而悲观者则相反，哪怕只是一块窗帘挡住了光明，他们也会认为世界一片漆黑。正如海伦·凯勒所说：“没有一个悲观的人发现过星星的秘密，寻找过一个从未在地图上出现的大陆，或者向人类打开一扇新的通往天堂的大门。”而发明电话机的贝尔曾说：“当一扇门关上的时候，另一扇门就会打开，可是我们常常如此长久地、怀着懊恼和悔恨盯着那扇关上的门，以至于看不见那扇正在向我们敞开的门。”当上帝关上门的时候，一定在某个地方打开了一扇窗。上帝关上这扇门，是警示你选择的道路和方法错了；为你打开一扇窗，是为你展现新的愿景和出路。

美国斯坦福大学的医学家对65～75岁老人进行的一项调查表明：心力强盛的人比心力交瘁的人平均多活4.8岁。所谓“心力强”，主要表现在三个方面：一是为完成某项事业而活，即使已老却仍忘我地工作，不知疲倦，总觉得自己年轻。二是为完成某种责任而活，或为后代求学，或为老伴有依靠等，总觉得自己应该努力地去工作，积攒财富，干什么都觉得有滋味。三是以平静的心态对待疾病，或者说“心理抗争力”强，这种人病后容易康复。

这最后一条的“心理抗争力”，其实就是抗挫折力。大学生在通向目标的道路上遇到障碍，个体无法达到目标，就会感到挫败、沮丧、失意，从而产生心理挫折。挫折一方面可使个体通过总结经验教训，转变认知和提高解决问题的能力，更好地实现目标；另一方面，挫折会使人感到痛苦，引起情绪低落，产生行为偏差，甚至引起疾病，产生攻击或自杀等行为。

当代大学生主要遭遇如下挫折：

(1) 现实挫折。改革开放的深入、经济体制的转换、日趋激烈的竞争、外来文化的影响，以及人们生活方式的变更和价值观念的冲突，对于今天的大学生来说，现实既绚烂多姿，又有许多无奈。他们对未来充满期望，而现实的生活却让人一时无所适从。社会环境的复杂性和变化的剧烈，使大学生感到一种无形的压力，当这种压力超过他们心理的负担能力时，就会破坏他们原有的心理定势，打破他们曾经为自己虚构的未来和梦想，使他们觉得现实离理想太远，似乎难以实现，于是心理挫折便产生了。

(2) 学习挫折。这几乎是所有挫折中最常遇到的。由于我国的应试教育导向，学习挫折感便由此而来。而且由于分数作为衡量学生学习效果的主要评鉴标准，所以大学生的学习挫折，往往表现为某学科的成绩不够理想。学习挫折直接削弱大学生的主观幸福感，据一项调查显示，大学生遭受学习挫折后，选择“难过”的占41.6%，“担忧”的占31.7%；“不安”的占26.2%，“紧张”的占19.2%，“难堪”的占16.4%，“气愤”的占16.4%；选择“无所谓”的比例仅占6.1%。

(3) 人际交往挫折。人际交往对大学生而言是仅次于学业发展的一项重要的社会需要。大学生都希望获得更广泛的良好人际关系，从而维系个人发展与社会需要之间的纽带。但是，由于性格或者成长经验的影响，在人际交往中，往往难以达到理想效果。要么难以抛开自尊、自傲和矜持的面具，要么以错误的方式伸出橄榄枝，反而引起别人的误解，导致人际挫折。

（4）恋爱挫折。对爱情的渴望也常常折磨着大学生。应该说，爱情对大学生而言是非常正常的需求，但是，由于现实因素的限制，很多大学生往往难以得到爱神的垂青。我们从大学校园 BBS 上公开征友信息来看，女生选择男朋友的标准往往是“阳光帅气，身高 175 厘米以上”，而男生择友的标准也往往是外表美丽、性格温柔。不可否认，近年来大学生的恋爱现象越来越具有追求感性和物质化的倾向，加上大学生恋爱动机的差异、恋爱过程中交流沟通技能的欠缺，维持恋爱需要的物质条件不具备等原因，部分大学生也会遭遇恋爱挫折。

（5）择业挫折。逐年加大的就业压力，给大学生带来的隐性压力不言而喻。对即将毕业的大学生来说，择业更是一种现实的挫折。根据调查，无论是就业岗位、地点、薪酬福利等，大学生的期望一般高于社会提供的范围。所以，在整个就业过程中，大学生都会感到失望和焦虑。

（6）家庭挫折。家庭挫折主要表现为上学期间家庭发生的重大变故对大学生产生的不良影响。有些同学在上大学期间遭遇了亲人离世，家庭经济状况变化：家族企业破产、父母失业、农村家庭无力支付学费、父母离异或天灾人祸等，其中任一不幸都会直接影响大学生正常的学习和生活，同时给他们心理上造成沉重的压力，导致挫败感的产生。

（7）健康挫折。该挫折主要表现在身体的残缺或体弱多病的同学身上。例如，身体过胖、过瘦、矮小或残缺，还有的体弱多病，这些同学多少都有自卑感。有些身体有残疾的同学不能坦然面对自己的缺陷，总担心别人瞧不起自己，同学之间不经意的玩笑都会刺痛他们脆弱的心灵。他们自我封闭，不愿与人交往，不想参加集体活动，终日郁郁寡欢、闷闷不乐，严重影响了他们的学习和工作的顺利开展，加重了挫折感。

二、挫折产生的原因

（一）客观原因

由客观原因引起的挫折，叫做环境起因的挫折，即外因。环境因素可以分为以下三种：

（1）自然环境因素。自然界中的一切事物，都按照自己的固有规律发展着。因此，作为每一个在自然环境中生存发展的人，必然会遇到自然因素引起的种种挫折。俗话说：“天有不测风云，人有旦夕祸福”。例如，自然灾害（地震、洪水）以及由于自然因素影响而引起的疾病、事故等等，这些都是人们无法克服的客观因素。

（2）社会环境因素。大学生生活在社会之中，社会的政治、经济、道德甚至风俗习惯等，都可能是引起大学生挫折的因素。例如，由于各地风俗习惯不同，造成的人际关系紧张；因家庭贫困而难以完成学业等这些都可能成为挫折的原因。社会环境造成的挫折对人行为产生的影响，远比自然环境因素造成的影响要大。

（3）大学校园的种种因素。这也可能是导致大学生挫折的直接原因。例如，大学生对就读的大学不尽如己意。一位大学生这样写道：“高中毕业了，我以高出录取分数线的成绩考入××大学，看到别的不如我的同学去了比我更好的学校，我感到委屈与愤懑。”人际关系也常常是引起大学生挫折的重要因素。其中同学之间、异性朋友之间的人际交往挫折对大学生的影响最大。长期以来，我国教育重视知识的教授，忽视学生非智力因素特别是心理健康方面的教育，也会使学生的适应能力较差，稍遇挫折便无所适从。

（二）挫折产生的主观因素

由主观原因引起的挫折，相当大的部分是由于大学生自身的能力与认识等方面因素引起的，是指主体因素或内在因素。包括个体生理和心理上的条件与需要发生冲突造成的挫折两种情况。

（1）个体生理方面的因素。指个体的身材、外貌等生理方面的原因。由于这样的限制，使自己追求的目标不能达到而造成挫折。

（2）个体心理方面的因素。由于个体心理方面的原因而引起挫折的情况更为复杂。例如，需要的冲突、动机的矛盾能力和期望之间的差距、人际关系障碍、学习上的不适应、生活上的创伤都是造成挫折的原因。

（三）突发事件

如亲人患重病或者猝逝，本人突患重病，或者由于某些原因不得不终止求学等等。这些突发事件极易形成重大挫折，还可能导致个体出现严重的心理问题。

三、大学生受挫后的行为反应

人要生存和发展，就一定有需求，但在现实生活过程中，人的需求不可能都得到满足，挫折产生就不可能避免。人在产生挫折时，总会有一些外在行为反应。通过观察，可了解到人处在挫折状态，及时给予帮助，可使受挫者尽快从困境中解放出来，促进他的健康发展。人在遭遇挫折时，通常会出现如下的行为反应。

人们的挫折反应在生理、情绪和行为三方面。需要强调的是，下面的心理与行为反应，有积极的也有消极的，是人们在生活经验中习得的结果，无所谓对错之分。

（一）攻击行为

攻击行为是指有些人遭遇挫折后，直接对造成其挫折的对象进行攻击。如一些大学生因争风吃醋而大打出手就是这种现象的典型。也有一些人在遭遇挫折时对无辜的对象进行发泄，如一些学生因对学校不满而毁坏公物、一些人在外面受了气而回家找家人发泄等也是受挫后产生攻击行为的表现。

（二）冷漠

有些人多次受挫后，对改变现状感到无能为力时，常会出现心灰意冷、麻木不仁的现象，这就是冷漠。冷漠是受挫者对现状不满时表现出来的一种无奈，也有可能隐含着愤怒。如一些人因失恋而看破红尘、一些大学生因屡次英语等级考试不过关而出现精神沮丧的现象。这种冷漠的心态如果得不到解除，将会对受挫者的心理产生严重的伤害，严重者还有可能出现自杀的现象。

（三）心理防卫机制

弗洛伊德认为，人寻找满足的过程通常是不顺利的，往往与社会文化相冲突，冲突必然会导致焦虑。人为了缓解焦虑，就会不自觉地形成心理防卫机制。心理防卫机制很多，主要有：

（1）压抑。压抑是把不愉快的经历和体验压抑到潜意识中，不再去提及，努力忘记。压抑作用的结果虽然使个体暂时减轻焦虑，获得安全感，但长此以往会影响心理健康。如有些人因爱情发生变故而发誓终身不嫁（不娶），这种现象不能说受伤者没有了爱情欲望，只是害怕再度受伤才出现这种心理。合理的需求长期被压抑，会使人产生心理失常，性情孤僻等异常心理现象。

（2）退行。个体的行为发展是有一定规律的，即随着年龄的增长，行为逐渐成熟起来。有些人出现挫折后，表现出与自己的年龄和身份不相称的幼稚行为，如有些成年人遇上挫折时，表现出大吵大闹，失去了成人应有的沉着与冷静，这种现象就叫退行。有些大学生在考试不及格时，到老师面前哭哭啼啼，苦苦哀求，这种现象就是退行的表现。

（3）合理化或文饰作用。就是以社会认可的好理由，取代个人内心的真理由。所谓“吃不到葡萄说葡萄是酸的”就是这种心理。如有些大学生失恋了，尽挑对方的毛病，以弥补内心的失落。

（4）反向。就是以与真实愿望相反的方式行事。如有些大学生本来很想接近某个异性，在对方出现时却表现出回避或疏远。

（5）投射。就是将自己内心不为社会认可的欲望加在别人身上，认为别人也有这种欲望。我们通常说的“以小人之心度君子之腹”就是投射现象。如有些人不承认自己对别人有非分之想，反说别人诱惑自己。

（6）转移。就是将对某对象的强烈情感转到另一个对象上。如有些大学生在看足球时，当看到自己喜欢的球队失败时用砸水壶、扔杯子来进行发泄；一些大学生刚和前任恋人分手，马上又找一位异性来填补等均属转移现象。

（7）补偿。是替代作用的一种，是指个体在行为受到挫折，或因其他方面的缺陷而无法达到目标时，自己便努力发展其他方面的特点，以其他方面的成功来弥补因失败而丧失的自尊与自信。“失之东隅，收之桑榆”便是这种心理。如一些大学生的学习成绩平平，不能满足自己的内心需求，便发展自己的特长，用特长的成功来弥补内心的缺失。

（8）升华。升华是一种高级的替代作用，是一种富有建设性的心理防卫机制。如有些学生因生理上的缺陷而转向发奋学习，终于在学业上取得突出的成绩。

总之，心理防卫机制是多种多样的，一般地说，心理防卫机制的作用具有两重性。从积极方面说，心理防卫机制有助于适应挫折，化解困境，缓解内心的冲突，使心理获得暂时的平衡。从消极方面说，心理防卫毕竟是对内在心理需求的一种掩饰，内在的心理冲突并没有得到彻底解决，长期掩饰、压抑、隐藏会给自己的心理健康带来隐患。如一些因爱情挫折而发奋学习、升华到社会有利高度的人，可能会错失自己的爱情发展时机，给自己以后的情感生活带来许多负面影响。所以，在遭受挫折之后，正确的方法是能直面挫折。

四、提高挫折承受力

（一）正确认识挫折

人生如同一面镜子，你对它笑，它就对你笑；你对它哭，它也以哭脸相迎。一位失败者去拜访一名成功者。他来到成功者门前，看到了一扇漂亮的旋转门。他轻轻一推，门就旋转起来，他在旋转门中转进去，看到成功者正站在自己面前。“你能不能告诉我成功有什么窍门?”失败者虔诚地问。成功者用手一指他的身后：“就是你身后的这扇门。”失败者回过头只看见刚才带他进来的那扇门正慢慢地旋转着，把外面的人带进来，把里面的人送出去。成功者说：“其实，我们每个人心中都有一扇门，是用不同的材料做成的。有的人是带锁的木门，成功快乐的时候就打开，而失败痛苦时就关闭，把自己锁在黑暗里。有的人是旋转的玻璃门，不管成功还是失败，快乐还是痛苦，总是让自己的心灵之门旋转起来，把失败和痛苦旋转出去，让希望和未来旋转进来，在旋转中找寻机会，把握未来，找到一个新的人生舞台。”

面对挫折，你是悲观者还是乐观者，全看你能否对挫折有一个正确的认识。巴尔扎克说：“世界上的事情永远不是绝对的，结果完全因人而异，苦难对于天才是一块垫脚石，对能干者是一笔财富，对弱者是万丈深渊。”所以，引起挫折感的，与其说是那些挫折、应激、冲突本身，不如说是受挫者对所受挫折的看法。有时候，正是因为受挫者的想不开，才导致挫折的产生。

（二）积极应对挫折

在正确认识挫折的基础上，大学生要采取科学、理智的方式应对挫折。遭受挫折时，要避免愤怒、生气，避免自暴自弃。美国心理学家爱尔马为了研究心理状态对人的心理健康的影响，设计了一个简单的实验：把一支玻璃试管插在有冰有水的容器里（温度 0 摄氏度），然后收集人们在不同情绪状况下呼出的水汽。结果发现，当一个人心平气和时，他呼出的气体变成了水后是澄清透明的；悲痛时水中有白色沉淀。悔恨时有蛋白色沉淀；生气时有紫色沉淀。爱尔马把人生气时呼出的生气水注入白鼠体内，几分钟后，白鼠死了。由此，爱尔马分析，人生气（10 分钟）会消耗人体精力，其程度不亚于参加一次 3 000 米的赛跑；生气时的生理反应十分强烈，分泌物比任何情绪都复杂，都更具有毒性。有很多时候，都是由于愤怒导致情绪失控，发生了某些悲剧。一般而言，遇到挫折时，积极的心理防御机制，如升华、补偿、幽默等是较佳的应对措施。

（三）提高挫折承受力

首先，大学生应该具有挫折心理准备。生活不会是一帆风顺的，有挫折心理准备，将挫折的出现视为正常的大学生，比对挫折毫无准备的更能接受挫折，正确应对挫折。

其次，保持适当的自我期望水平。个人的期望水平应该符合自己的实际情况，如果期望过高，脱离自己的实际情况，在现实生活中肯定会碰壁，使自己总是处于失败折磨中，不仅有损自尊，还可能因为严重的情绪冲突而有碍于身心健康。但是，期望同样也不能过低，这样会泯灭自己的斗志，降低自己的抱负水平。

有人曾做过这样的实验：将一只跳蚤放进玻璃杯中，跳蚤能够立即轻松地跳出来。一般跳蚤能跳的高度，是身体高度的 400 倍。如果在杯口盖上一块玻璃板，跳蚤就会一次次撞在玻璃上，不过，它很快就变得聪明起来，开始调整所跳的高度，只在玻璃板下面跳动，再也不会撞到玻璃上了。一天以后，实验者拿走玻璃板，跳蚤仍然在原有高度跳动。一周以后，它虽然还是不停地跳动，但已经无法跳出这个玻璃杯了。我们奋斗失败后，如果只是不停地抱怨自己的运气不好，或者怀疑自己的能力不够，从而降低自己的目标，最终会因为害怕挫折而一辈子过着平庸的生活。

最后，可以采取正确的自我疏导和合理宣泄方式。受挫后，心理上会处于焦虑、愤怒、冲动的应激情绪状态之中，如果不能妥善地化解，大学生会出现攻击、轻生等消极行为反应。因此，采取可控的、合理的方式宣泄受挫后的紧张心理、恢复心理平衡，对于大学生十分必要。自我疏导是大学生受挫后，通过以语言或文字方式主动与他人倾诉，从而消除受挫引起的不良情绪，恢复心理平衡的方法，这是一种简单而有效的疏导方式，实际上也是情绪宣泄的一种方式。

假如你容易感到受挫折，建议你在笔记本上端端正正地写上“不要紧”三个大字，它可提醒你不让挫折感和失望破坏你的平和心情。

从记事来，晓江便三天两头见到母亲为失眠而烦恼。耳濡目染，潜移默化，久而久之，睡觉竟成了他的沉重负担。中学时代，每遇期中、期末考试或其他“有关紧要”的事，不管晓江准备得多么充分，临考前，总要为能否睡好觉而忧虑；应考时“昨晚没有睡好”又像幽灵一样弥漫在他的四周。能否睡好成了晓江能否考好的关键，而平时的学习是否有成效倒好像是“无关紧要”的。工作后，晓江参加高等教育自学考试，仿佛条件反射似的，开始时也像以前一样，总因担心失眠而失眠。但几个回合下来，他发现有无睡好并不像自己以前想象得那么重要，只要平时复习好了，即使因“昨晚没睡好”而偶有临场所失，也仅仅是美中不足而已，于是，晓江这样一想，为了睡好觉在临考前的晚上复习的习惯没有了，应考时常被“昨晚没睡好”的意念而扰乱的事没有了。这个“不要紧”，使他把注意力集中到了复习和考试这“有关紧要”的事情上来，因而，精神比以前轻松得多，学习比以前有效得多。就这样，“不要紧”成了他生活中用以保持内心平衡的一个砝码。

运动宣泄也是值得提倡的一种良好的宣泄方式。在某种意义上，体育运动是受挫后“攻击”行为方式的合理化，或攻击行为的一种替代方式。同时，在体育运动中，人们增大了呼吸量，加速了新陈代谢过程，调节了大脑神经活动，直接接触自然环境和社会环境。另外加强人际交往，也有利于受挫大学生恢复受挫后的心理平衡和恢复自信心。

没有经历挫折的人，就像温室里的花朵，一旦踏入社会，很难面对风风雨雨，社会适应能力较差。有的人遇到挫折时，会认为自己的命不好。贝多芬说的好：“我要扼住命运的喉咙，它休想使我屈服！”苏格拉底也曾说：“逆境是磨炼人的最高学府。”挫折孕育成功，挫折磨炼意志，挫折某种程度上说是生活中的一笔财富。所以，我们要坦然面对挫折、积极应对挫折、勇敢地承受挫折！

第二节　不良情绪及调节方法

一、常见的情绪困扰

情绪是送信的客人，每一封信都来自于我们的内心。如果你对客人能以礼相待，理解并应对好这封信，客人就会走了。相反，如果你关门不接待，这个客人就会一次次地不请自来，就像一个送快递的，怕你收不到一趟趟地送，因为你关着门，他怕你听不到就敲门、砸门，甚至撞门，白天你不开门，他晚上再来。客人的执着是重要的，因为信的内容很重要，这封信包含着我们的期待、渴望，包含着我们内心的重要需要。越是大的情绪，“信”的内容越重要，越有价值。

案例聚焦

小许是某高校审计专业大一学生。是第三次来做咨询了，上学期因为所学专业是在父亲强势要求下填报，并不是自己喜欢的，另外觉得不喜欢处理人际关系，来做了两次咨询。小许是一个内向、敏感的女生。这次来预约时说最近觉得自己充满负能量。每天跑步锻炼，学习，泡图书馆，进行大量阅读，仍然无法摆脱满满的焦虑和抑郁，感觉很忧伤。来咨询前一个星期有四五天感觉到抑郁，早上起来和傍晚时分抑郁的感觉最明显。会想着一天又开始了，又要去面对不同的人，进行各种人际交往，觉得人际交往是很耗费心力的事情。基本的人际交往会维持，但不愿意在人际交往上花更多的时间和精力。

分析点评

经过咨询，我们明确了小许的焦虑主要来自于对未来的担忧，不知道自己将来可以做什么。小许因为原生家庭中父亲过于强势，产生了力量的不足感，在生活中体验到了无力感，对自己的失控感，进而体验到安全感的缺失。而这些带来的就是弥漫的焦虑、抑郁，甚至恐惧。要解决这一系列的问题，最好要从原生家庭入手，但限于各种主客观条件限制，我们还是从小许身上下功夫，帮助小许接纳现在的情绪，发现自身内在力量的有关资源，寻找自己做了哪些努力，并从这些努力中看到自己是什么样的女孩。另外，让小许也意识到这些负面情绪中蕴含的正面的东西，比如，由于焦虑的存在，她会让自己努力去上课，去学习，去思考，以更好的自己去迎接未知的未来，至少她第一学期都没有挂科。

（一）愉快情绪与不愉快情绪

哈佛大学著名教授威廉·詹姆斯这样给情绪定义：情绪是由身体明显变化而体现出来的一种精神状态。人们在任何时间可能会出现各种各样的情绪：快乐、痛苦、平静、兴奋……伴随着这些情绪的发生，你的生理机能，比如人体的肌肉、血管、内脏和内分泌腺都有不同程度的变化，而这些变化的产生以及伴随着这些变化出现的有知觉的精神状态就是情绪，身体上没有发生变化不能称为“情绪”。情绪是由三个部分构成的：主观的、生理方面的和行为方面的，少了一个因素就不能称之为情绪。比方说恐惧情绪应该包括：主观感受很不愉快；会出现心跳加速、手心发热、出汗等生理反应；会有特别想逃离这个环境的行为倾向。只有这三个条件都具备，才可以说是有恐惧情绪。

情绪有很多，一种简单的分法是把情绪分为愉快情绪和不愉快情绪两类。如果一些情绪刺激了人的器官和肌肉，让它们产生了不舒服的感觉，那么传到人的大脑里的也是“不舒服”的信息，人们称之为“不愉快情绪”，嫉妒、忧虑、愤怒、痛苦、不满、生闷气、悲痛等都可以归为这种情绪。不愉快情绪的对立面当然是愉快情绪，这就是我们要说的第二类。它在人身上最突出的特点就是：你给它一个刺激，不算太强，也不是很弱，这个刺激正好能够让人很舒服，会给人带来愉悦的感觉，让人乐于沉浸其中，这就是我们都希望的“愉快的情绪”。欢快、希望、鼓舞、爱情、友爱这些都是给人带来快乐的情绪。

（二）表面情绪和基础情绪

情绪的另一种分法是：表面情绪和基础情绪，我们每个人都有两种不同情绪，这两种情绪都会引起身体上的物理变化和化学变化。

表面情绪很好理解，就是我们每天都能在人脸上看到的脸部情绪，比如当同事讲了一个非常好玩的笑话，我们的情绪也受到了感染，脸上就会绽放笑容；当你的工资卡上又多了一笔奖金时，你的眼睛也会发出光芒，这都是表面情绪的表现。基础情绪和表面情绪相对，它是一种内心深处的情绪，它和我们所生活的这个社会的背景有着息息相关的联系：当我们的钱财不小心被骗后，我们心中的悔恨感就会一点点加强；当我们没有取得自己想得到的成绩时，心中的失落感也从心底升上来；当深爱的人离我们远去后，我们的心里就变得空空的，感觉再也不会有幸福了等等，这些都是基础情绪的表现。我们经常会发现，一个表面上看起来温和有礼的人也常常会有不愉快的情绪，这是基础情绪和表面情绪共同作用引起的，有时候它会来自我们未被满足的生理需要，或者是我们的难过心理未被得到抚慰，还有一些心理不成熟的人也会有不良的情绪。

所有的人都会在同一时刻拥有两种不同层面的情绪，大部分人也都知道有这两个方面的情绪，可是我们往往只看到情绪在外表上的体现，而很少能把人们在内心隐藏的情绪挖掘出来。这两个层面的情绪的特点是：人们能从外观上看到情绪的体现；几乎没有人能窥视到一个人的深层情绪，只有那些受过特殊训练的人，才有可能会从人的言谈举止中窥视到人埋藏在内心的情绪。其实基础情绪就是我们经常说的感情或情感，这是最难被人觉察到的。比如你在单位看到各个同事都和颜悦色，但是你知道他的心里想的什么吗？也许他的家庭正在经历变故，但他为了不影响工作也照顾到同事的情绪，表面上也会装作若无其事的样子，这就是他的基础情绪在作祟，并没有让你看出他内心到底是怎么想的。

表面情绪在表，基础情绪在里，表面情绪只是短暂的，可以随时变化的，而基础情绪却是长期的、不断变化的，而且有些严重的基础情绪会持续很长时间，甚至是一生的时间。

（三）情绪对身心健康的影响

去看病时，医生通常都会告诫你要保持心情舒畅，坏情绪伤害身体，好情绪会指引你走上健康之路之类的话。或许你也有这样的体会，即你的身体暂时不舒服，而这个时候朋友告诉了你一个好消息或者你们一起去参加一项开心的活动，你的疼痛就不知不觉消失了；相反，假如你身体本来就难受，恰恰又遇见了一件更烦心的事情，肯定越来越难受。因此我们要想保持身体健康，就一定要使自己的情绪健康，努力让心情舒畅。

脑下垂体是稳定情绪的一个重要部位，这个结论是由汉斯·塞雷博士提出来的。脑下垂体位于人体内最无法接近的部位，它在头盖骨内，大脑的下方，它像是一颗大豌豆，躲在一个像摇篮一样的碗状骨盖里。它是我们全身的控制调节器。荷尔蒙是一种在血液中流动的物质，对人体的其他部位起着重要的作用，而脑下垂体会分泌令人惊奇的不同种类的荷尔蒙。比如这些荷尔蒙会让血压升高，使平滑的肌肉收缩，抑制肾脏产生尿液。人一旦有了好情绪，会刺激脑下垂体通过适当的方法达到荷尔蒙的平衡。适当的荷尔蒙会对情绪产生好的影响，从而有益于身体，而不好的情绪则会对身体产生有害的荷尔蒙，对人类的健康造成影响。

下面列出的是重要的器官与其对应的情绪问题：

（1）心脏：被触怒、受到伤害、被抛弃、失望。

（2）小肠：孤独、过度敏感、脆弱。

（3）膀胱：不安全感、犹疑不定、牵挂不已。

（4）肾脏：恐惧、不信任、怀疑。

（5）胆囊：挫折感、急躁、尖刻、怨恨。

（6）肝脏：愤怒、压抑、嫉妒、报复心重。

（7）肺脏：抑郁、难过、悲哀、失落感、自负。

（8）大肠：固执、武断、自卫心重、完美主义。

（9）脾脏/胰脏：低自我评价、绝望、依赖、需要他人。

（10）胃：担忧、焦虑、一意孤行、惹人厌恶。

二、有效的心理应对及调节方法

情绪是复杂的。如同艾克曼 2008 年所指出的，“情绪既统一又割裂了我们所生活的（个人和整体的）世界，激发了人们好坏两个极端的行为”。当情绪割裂我们的世界时，我们也倾向于将情绪划分为正面的和负面的。人们习惯于对负面情绪避之不及，而依恋正面积极的情绪，希望它们一直存续。留心和善待与情绪相关的身体感受，是学习培养对情绪敬重的第一步。

没有不好的情绪，只有不被尊重的情绪，没有可怕的情绪，只有缺乏了解的情绪。人很容易评判，对于那些不愉快的、不喜欢的情绪，就称为负面情绪，这里说的“好”是针对人们以为的“坏”。

（一）嫉妒

嫉妒告诉你自己想要的是什么，以及有多么想要！若你能够稳住神，不去急于排除这种不快，而是能够对自己看得深一点，你会发现内心很多的“饥饿”，尤其是童年时的完全无助的“饥饿”。倘若你有能力去处理，或者有机会找到人帮你处理，你的人生会因此开阔和自由许多，尤其是当你发现你已不是那么无助，只要你愿意，你可以实现很多；尤其是当你发现你虽然有那种“饥饿”，但你也有另外一种食物，而那个食物的营养也很宝贵。虽然这常不是一条轻易的路，但这是一条通往爱和希望的路，而让我们难受的嫉妒，正是信号灯。

（二）压抑

忍一忍，至少当时你获得了安全，在你没有能力或者准备去应对那个冲突之时，压抑保护了你。所以，压抑让你安全，请感谢压抑，感谢每一个压抑，至少他让我们平安的存活下来。老实说，在婴幼儿以及童年时期，压抑是难免的，我们依赖父母和他人，我们没有足够的能力独立，没有足够的能力保护自己，不压抑是几乎不可能的。

压抑虽然保证了安全，但是也委屈甚至扭曲了我们自己，甚至形成了习惯性的压抑，一个人如果被锁在箱子里太久，他的腿是不能马上站立和走路的。如果我们有了压抑的习惯，我们就很容易在不需要压抑的时候依旧压抑，然后特别的委屈和愤怒。好的方法是，努力的觉察和区分，过去（童年）我不得不压抑，现在（成年）的情境我还需不需要这样，如果我们可以且愿意承受，我们是否鼓起勇气表达自己，之所以说鼓起勇气，是因为害怕、压抑的惯性是客观存在的。

（三）愤怒

当你一再压抑，你很难不愤怒。愤怒里包含着力量和自尊自重。力量是好的，很多你平时无力干，懒得干，不敢干的事情，当你愤怒的时候，你就可以做了，而且很可能效率很高。人类很多的作为和精彩，都是一怒之下、盛怒之下做出来的，一怒之下，揭竿而起。或许会有人马上说，那很多悲剧和灾祸也是因为愤怒而生的。实际上悲剧和灾祸不是因为愤怒而生，而是因为你对愤怒中的力量的偏差使用而生。有的人用这个力量去生气、去破坏、去攻击，有的人用这力量去争气、去发展、去保护。怎么用是你选择的事，而这个力量是宝贵的资源，就像汽车的马达。

锦囊妙计

有专家将愤怒分成六种类型，并提供了破解之法。耐心地读完下面这些文字，管理愤怒便不是一个难题。

1. 暴发型

暴发型愤怒的症状：“如果你再把脏袜子乱扔在地板上，我就搬出去住!”也许把你逼到爆发的边缘并不容易，但当这一刻真的来临时，便会地动山摇，身边人都想逃离。

你为什么容易暴怒：如果你从来没有被教过如何处理愤怒，那么你可能会习惯性地忍住怒气，直到你无法忍下更多的怒气。渐渐地，你的“怒点”便会很低，一触即发。有很多人是火爆脾气，一遇不顺心的事，肾上腺素会突然上升，导致愤怒突然暴发，更不用说有更糟糕的事情惹他生气。

暴发型愤怒的恶果：很难有人在愤怒的同时还能有同情心。所以在暴怒时，你通常会说出很多让自己事后后悔的话或是做出很多事后无法弥补的举动。

改变的方法有：

（1）等待怒气消解。研究表明，愤怒所持续的时间不超过 12 秒钟，就如暴风雨一般，暴发时摧毁一切，但过后却风平浪静。所以如何度过这关键的 12 秒，让怒气自然消解非常重要。深呼吸，或者在心中默数 10 个数，当你做完的时候，你会发现，其实你已经没有那么生气了。（啰嗦一句，最好的默数不是顺口从 1 溜到 10，而是像 1，4，5，9，14…，在数数同时做点加法运算，让你的理性大脑苏醒，注意力转移，情绪会更快平息下来。）

（2）掌控自己的情绪。换一种说法来表达自己的情绪，会有助于让你感觉一切尽在自己掌握。“我对你的行为实在是感到很失望。”这句话比你暴怒时口不择言的谩骂更有力量。

2. 隐忍型

隐忍型愤怒的症状：“我很好。一切都很好。没事。”即使你的内心有一万个愤怒的火球，但你仍然展现给别人一张笑脸，对真实情绪进行不露痕迹的掩藏。

你为什么会隐忍：女性从小通常被反复教育，无论发生什么事情，都要忍住，要做一个淑女，而不能轻易发脾气。发怒只会让你失去声誉、朋友、工作甚至婚姻。而如果你从小生活在一个充满辱骂和暴力的家庭，那么你一定不相信愤怒是可以控制或者平静地表达出来的。

隐忍型愤怒的恶果：愤怒最基本的作用是预示某事出了错，并且推动找到解决方案。如果对这种预示视而不见，你就会以自毁的方式来宣泄心中的怒气，比如吃得过多，过度消费。而且你还会给别人的坏行为开绿灯，并拒绝给别人修正错误的机会。试想，如果对方都不知道你受了伤，又怎么向你道歉呢？

如何改变这一点：

（1）挑战自己的核心信仰。问你自己，“允许下属随时早退对他们来说是件好事吗？对于爱人来说，我每周末都在陪客户打高尔夫这好吗？”如果你够诚实，你的答案一定是“当然不”。认识对与错，这是改正的第一步。

（2）将自己置身事外。想象自己的一个朋友长期被领导批评，无休止地加班，或被漠视。对她来说，该如何做出正确的反应呢？列出一张清单，写下她所可能采取的行为，然后问自己，为什么这些方法对她可行，对自己却不可行呢？

（3）进行“健康”的对质。如果有人责备你，你可以用一种积极的、有建设意义的语言进行反击。对方可能会对你的语言感到吃惊，甚至有些生气。但你知道吗？他们会原谅和习惯你的方式。对于家人和好朋友来说，隐忍式愤怒往往比直接表达出来的愤怒具有更大的杀伤力。

3. 嘲弄型

嘲弄型愤怒的症状：“哦，你迟到得正好，这让我有了研究菜谱的时间，40 分钟！”你发现了一条拐弯抹角的方式来转化自己的不快，而且脸上还带着笑容。

你为什么爱嘲弄：因为在过往的生活经验中，你认为直接表达负面情绪是不对的，所以你选择了一条非直接路线。如果对方生气了，你认为这是他们自己的问题，而不是你的错。毕竟，你只是在开玩笑。难道现在的人已经开不起玩笑了吗？

嘲弄型愤怒的恶果：尽管你觉得你的语言里充满了智慧，但再有智慧的尖锐地嘲弄也会伤害对方以及你们之间的关系。虽然有人坚持嘲弄是一种有智慧的幽默，不过被嘲弄的对象并非个个都能读懂这种幽默，或者都有读懂这种幽默的心情。

如何改变这一点：

（1）学会直截了当地表达。嘲弄是一种被动的攻击性沟通，这更容易伤人，尤其是很亲近的人。找到合适的词语直接表达你内心真实的想法，有时候会更奏效。

（2）表达要坚定而且清晰。对于孩子来说，简单而温柔地提醒，如“在沙发上乱跳的行为是不被允许的”，所能清楚传达的信息远比下面的这种幽默好上几倍，“哦，别担心，你这么做只会让我再准备 2 000 元钱来买一组新的沙发”。

（3）在感到愤怒之前说出来。在等待爱迟到的朋友时，在她来之前进行不满表达的各种练习，这样能避免当你看到朋友后进行尖锐的嘲弄。

4. 破坏型

破坏型愤怒的症状：“哼，不让我玩游戏，那我删除电脑上所有的游戏!”你并不是隐忍或独自吞下自己的愤怒的那类人，你总是用一种更隐蔽的方法来表达自己的愤怒。

你为什么会破坏：你不喜欢面对面的斗争，但你也并不是一个会被轻易击败的人。当人们觉得自己正面抗争不过别人时，就会变成“隐秘的愤怒者”，偷偷地对别人进行攻击。

使坏型愤怒的恶果：你的确能经常挫败他人。你生活的目的是不让别人得到他们想要的东西，而不是努力争取让自己得到幸福。这种破坏型愤怒带来的结果就是：双输。

改变的方法有：

（1）允许自己生气。告诉自己，愤怒是你告诉别人，你已经对他的摆布感到厌倦的一种方式。

（2）为自己争取。与其采取故意不交工作报告或者故意开会迟到，你不如鼓足勇气告诉老板，你长期以来超负荷的工作量已经超出了你所能承受的范围，或者你和一个同事之间的矛盾已经不可调和了。这的确不容易，不过重新找份工作也同样不容易。

（3）学会掌控。如果你因为被寄予了过高的期望，却无法达到而感觉不舒服，你不能转变成破坏型愤怒者，而应该在此之前做些努力来改变自己的现状。比如你无法独立承担房贷或家中的经济支出，你应该告诉伴侣你需要他的支持和付出，而不是一边随便再找份工作努力维系，一边却充满怨气经常对家人发脾气。

5. 自责型

自责型愤怒的症状：“他之所以背叛我都是我的错，因为我是个糟糕的妻子。”你每次都把所有的过错揽在自己身上。

你为什么容易自责：也许你的自尊受到过重创，而且你发现对自己生气发怒，比对别人生气发怒要容易得多。于是，你便把所有的过错都揽在自己的身上。

自责型愤怒的恶果：长期将过错揽在自己身上，将愤怒藏在自己的内心，容易产生对自己失望和不满，久而久之会导致忧郁症。

如何改变这一点：

（1）质问自己。每当你要怪罪自己的时候，开始质问自己“谁告诉我这事应该由我负责?”然后再问自己，“你相信这一点吗?”认清真正的责任所在，而不是不问青红皂白就挺身而出，将本不该自己承担的责任揽在自己身上。

（2）提高自信。列一张清单，写下自己所有的优点。找回自信是避免过度自责的关键所在。如果你在这一点上有问题，可以寻找专业人士帮忙。

6. 习惯型

习惯型愤怒的症状：“真烦，你怎么老是要借我的钉书器，你为什么就不能找一个属于你自己的呢!”这并不是针对该事件应有的正确反应，而是一种错误的习惯。如果你没能有意识地进行改变，这将变成你生活中常见的画面。

你为什么会习惯性愤怒：如果你总是如此直接地表达你的不满，或者这种情绪经常会在不经意中流露出来，那么在这些愤怒的背后一定隐藏着一些你不敢正视或不曾留意的怨恨、遗憾或是挫败。也许是你嫉妒你的同事升职了而你自己却没有，也许是你的婚姻濒临破灭但你却不知道原因。

习惯型愤怒的恶果：如果你总是这样直接、习惯性的一触即发，那么你的家人、同事、朋友需要承担很大的心理压力，以期望不让你生气和发怒。或者他们会选择远离和逃避你。

改变的方法有：

(1) 直面自己的内心深处。哪些才是你真正满意的？如果你能挖掘自己的内心，你会发现，一个钉书器，扔在地板的脏袜子，放在冰箱里的空牛奶瓶这些小事情其实根本不值得自己一怒。但如果你直面内心也无法找到自己发怒的底线，你需要去咨询专业人士了。

(2) 留意愤怒的迹象。对自己快要愤怒的反应和感觉要敏感，当你愤怒的时候，你的手是不是不知不觉地攥成了拳头？你开始在房间里不停地走来走去？嘴里不停念叨、诅咒或者紧咬牙关？当你能够灵敏地觉察到自己快要生气的种种迹象时，便可立即做些努力以平息即将到来的怒气。

(四) 悲伤

一个人通过悲伤来获取同情、爱是一种扭曲的选择，他们会力保自己的可怜，这是一种他们错学的技巧，我们要小心，因为这种技巧是隐蔽而强大的。我们这里说的悲伤不是指这种技巧，而是指自然地悲伤，自然地悲伤是好的，让我们有机会接触到被我们冰冻的悲伤是好的，是一个和自己连接的机会。如果目前有一件事让你正处于悲伤，这个悲伤是好的，悲伤包含着疗愈。

所以，通常来讲，不要制止和劝慰一个悲伤的人，陪着他，倾听他，对他说，哭吧，哭吧，这真的是让人难过。看着他哭个够，就是对他最好的安慰和爱。相信他在充分的悲伤后会接纳那个巨大的失落，并开始新的生活。（如果这里面的“他”是自己的话也一样。）

(五) 无聊，感觉没劲

无聊或者感觉没劲，其实是在告诉你现在做的不是你要的，不是和你适合的，那么什么才是？只要你不怕这种感觉，只要不因为这种不舒服而急于摆脱他，你就有机会和内在真正的你见面，你就可以开始寻找了，否则你怎么开始呢？

(六) 焦虑

焦虑是不好受的，恼人的甚至是可怕的，但它本身包含着极有价值的东西。可以承受的焦虑，让你认真、小心，难以承受的焦虑，可以给你更意义深远的东西，它会告诉你哪里想错了，你哪里的界限是有问题的，最常见的是你不顾现实而过高地期望自己，你有完美主义倾向，你有强迫性的观念。

比如，你不顾事情的节奏，而希望更快、更早、更好。倘若你能正视你的焦虑，你会看到你头脑里刻度的偏差，把那个刻度调过来，你就会安然而有效，而这是多么重要，可以避免你此后多少的挫败、无望、自责、慌乱和失眠。

焦虑如何消除呢？给大家介绍个消除焦虑的三步程序法。在介绍这个方法前我们先来看个故事。

丹麦有个民间故事，说的是一个铁匠，家里非常贫困。于是铁匠经常担心：“如果我病倒了不能工作怎么办?”“如果我挣的钱不够花了怎么办?”结果这一连串的担心像沉重的包袱压得他喘不过气来，使他饭也吃不香，觉也睡不好，身体一天天地变弱。

有一天铁匠上街去买东西，突然昏倒在路旁，恰好有个医学博士路过。博士在询问了情况后十分同情他，就送了他一条金项链并对他说：“不到万不得已的情况下，千万别卖掉它”。铁匠拿了这条金项链高兴地回家了。从此之后，他经常地想着这条项链，并自我安慰道：“如果实在没钱了，我就卖掉这条项链。”这样他白天踏实地工作，晚上安心地睡觉，逐渐地，他又恢复了健康。后来他的小儿子也长大成人，铁匠家的经济也宽裕了。有一次他把那条金项链拿到首饰店里估价，老板告诉他这条项链是铜的，只值一元钱。铁匠这才恍然大悟：“博士给我的不是一条项链，而是治病的方法!”

从这则民间故事里，我们可以悟出这样一则道理，不用预支明天的烦恼，只需做好今天的功课，做好今天的功课，就是应对明天烦恼的最好法宝。特别是当我们把心头的那个沉重包袱放下时，你原来焦虑的那些令人不安的后果往往也难以发生。

事实上，即使大人物也难免患焦虑之病。曾任四任英国首相的格兰斯顿每次讲演，都要失眠两晚。他说，他一方面担忧，他该说些什么话，一方面又要担忧什么话他不该说。他是一个很虔诚的教徒。可是即使如此，仍不免在这方面浪费时间和精力。

美国著名工程师成利斯·卡利尔发现把一件工作给做砸了，而这将会给公司造成巨大的损失。这一挫折犹如当头一棒，把他给打懵了。他觉得翻肠搅肚，真是痛苦万分，好长时期睡不着觉。

后来健康的理智提醒卡利尔，这种忧虑是多余的，他开始平静下来考虑解决问题的方法。这种强迫自己平静下来的心理状态非常起作用。30多年来卡利尔一直遵循着这种方法，遇事都命令自己“不要激动”。这种方法非常简单，任何人都可以学会。它总共分为三个步骤：

第一步：平心静气地分析情况，设想已出现的困难可能造成的最坏结果。面对当时的情况，卡利尔想再坏也不至于坐牢，顶多掉饭碗。

第二步：在对可能出现的最坏后果有了充分估计之后，则应做好勇敢把它承担下来的思想准备。卡利尔对自己说，这一失败会在我一生中留下不光彩的一页，从而影响自己的晋升，甚至丢掉工作。可是即使自己在这里把工作丢掉了，还可以在其他地方找到事干，这算不得什么了不起的大事。当卡利尔仔细分析了可能造成的最坏结果，并准备心甘情愿地把它承担下来之后，他心理状态立即发生了神奇的变化！他感到轻松了，心里出现了好多天从未有过的平静。

第三步：待心情平静之后，即应把全部时间和精力用到工作上，以尽量设法排除最坏的后果。卡利尔首先设法减少可能的损失，做了不少试验，后来公司非但没有损失，反而净赚数万美元。

想想看，卡利尔要是当初继续苦恼下去的话，后来绝对不会取得这样好的结果，因为苦恼只会破坏你集中思维的能力，你的思想会因为苦恼而不能专心致志，你也会因此而丧失当机立断的能力。但如果你强迫自己正视现实，准备承担最坏的后果，那么就可以打消一切模糊不清的念头，使你有可能集中思想考虑问题。因为焦虑本身常常是一种模糊不清，莫名其妙的担心。因此有焦虑感的人，最好能把自己的担心向亲朋好友倾诉出来。如果没有合适的倾诉对象，也可用笔写在一张纸上。如此可有以下的收效：第一，心里混淆不清、令你心乱如麻的问题理出了头绪；第二，原以为是重要无比的事情，却可能让你忽然觉得“不过如此”；第三，原以为是不大的事情，竟是关键所在；第四，由以上倾吐为开端，像卡利尔一样，寻出解决问题的对策。第一是勇敢地面对它。你可以冷静地问自己：“这件事最坏又会坏到什么结果?”当你答复了这个问题后，你的焦虑就会消失了大半。第二是制订一个行动计划来代替你的焦虑。比如当你规划出一个有意义的生活目标、并全力以赴地使它实现时，你很快就会把全部注意力转向到自己的努力之中。这时候，你还有工夫焦虑吗?

如果你坚持回避情绪，你必将被打扰，如果你极力逃开情绪，你将被追上，而如果囚禁它，身体就会不得不说话——生病，绝大多数的疾病都是因为情绪。

第三节　大学生良好情绪的培养

利用有意识的动作来改变我们的心情，利用心情来改变我们的行为，这是帮助我们度过生活中困难时刻的有用方法。英国小说家艾略特曾写到：“行为可以改变人生，正如人生应该决定行为一样。”如果我们能记住这句格言并遵照它去做，我们就能获得更充实更快乐的人生。也就是说良好的情绪确实是可以培养的。而且方法还不止一个。

一、好心情可以“装”出来

案例聚焦

有位找我咨询的女孩，从走入咨询室的第一刻，就给我一种“阴沉”的感觉。这位刚刚升入大学的新生眉头紧锁，声音低沉，萎靡不振。她告诉我：“进大学半年了我就没有笑过。实在是太压抑，我很怕老师，很害怕同学。”我知道这样的来访者积压着太多的情绪，“大道理”是无法说服和改变她的，于是我采用了一个特殊的处理思路。

我让她把自己害怕、担心、讨厌的事情一一列举出来，结果她写了很多。我告诉她：“现在把你列举的每一件事情都读出来，不过读完一条就要装出自己很高兴的样子，发出‘哈哈’两声。”女孩听了大惑不解，但还是按照我的要求做了。很出乎她的意料，读着读着，她也忍不住笑出声来。这样的笑声让她心情好了很多。这时我们才开始进入了正式的咨询。

分析点评

在心理学上有个术语，叫“假喜真干”，就是假装自己喜欢，并且付出实际行动。美国著名教育家戴尔·卡内基提出：“假如你‘假装’对工作感兴趣，这态度往往就使你的兴趣变成真的。这种态度还能减少疲劳、紧张和忧虑。”有位办公室秘书，经常要处理许多烦琐的书信文件，还要抄写和打字，工作很枯燥无味，被累得精疲力竭。后来她想："这是我的工作，单位对我也不错，我应该把这项工作搞得好一些。"于是决定假装自己喜欢这项工作（其实很讨厌）。此后，她发现一个重要事实：如果假装喜欢自己的工作，那么，真的就有点喜欢它了。而且，一旦喜欢起自己的工作，就能做得更有效率。由于工作得好，她被提升了。她说现在她总是高高兴兴地超额完成任务，而这种心态的改变所产生的力量，实在是她最重要的大发现，确实神妙无比。

几十年来，心理学家都认为：除非人们能改变自己的情绪，否则通常不会改变行为。我们常常逗眼泪汪汪的孩子说："笑一笑呀"，结果孩子勉强地笑了笑之后，跟着就真的开心起来了。情绪改变导致行为改变。心理学家艾克曼的最新实验表明，一个人老是想象自己进入某种情境，感受某种情绪，结果这种情绪十之八九真会到来。一个故意装作愤怒的实验者，由于"角色"的影响，他的心搏率和体温会上升。心理研究的这个新发现可以帮助我们有效地摆脱坏心情，其办法就是"心临美境"。

例如，一个人在烦恼的时候，可以多回忆愉快的时候，还可以用微笑来激励自己。当然，要真笑，要尽量多想快乐的事情。高声朗读也有帮助，只是读书时应有表情，且要选择能振奋精神而非忧郁之作。一项心理研究显示：心情烦恼的病人带着表情高声朗读后，他们的情绪亦大为改善。

心理学中有个重要的原理：扮演一个角色会帮助人们体验到他所希望体验到的情绪——在情况捉摸不定时，要更加自信，在事情搞糟了的时候，要更加快乐。

二、吃出好情绪来

科学家经过研究认为：人的喜怒哀乐与平时所吃的食物有密切关系，有的食物会引起人们焦虑、愤怒、悲伤、不满、恐惧、狂暴；而有的食物则能令人愉快、恬静、安宁。他们发现游牧民之所以骁勇好斗、粗狂、剽悍，与他们长期进食肉类、乳类等食物，并且伴以超量的饮酒有关。而出家人之所以清心寡欲，与世无争，则是由于他们长期食用蔬菜、水果及豆类制品等，其中碳水化合物的含量较高，而且极少饮酒。研究还发现，多吃碳水化合物的人比吃其他食物的人会感到精力更充沛和舒畅。这是因为碳水化合物消耗时，会使大脑中一种类似化学（信使）的5-羟色胺的物质将信号转送到大脑的神经末梢，促使人的心情安宁、愉快，甚至可以减轻疼痛。许多失眠者都会有这样的体会，睡前喝一杯热牛奶或糖水，或者吃1～2片面包，或喝热汤一碗，即可安然入睡。究其原因，主要是由于这些食物可以促使人的大脑产生更多的5-羟色胺。而狂躁抑郁症患者的大脑里却通常是5-羟色胺不足。美国一些医学家正是根据这种理论，从调整食物构成入手，对症下"食"，有效地治愈了一些精神方面的疑难杂症。

下面我们介绍一些具有较强的心理保健功能的食品：

（1）冰淇淋。让人快乐。冰淇淋对人大脑中的部分区域能产生直接影响，吃冰淇淋就像听一曲喜欢的音乐一样，可以使大脑的快乐区域变得活跃起来，让人感到快乐。

（2）巧克力。让人心情愉快。吃巧克力可以使人感到心情愉快，这是由于巧克力在大脑中释放复合胺的缘故。复合胺由色氨酸（蛋白质的组成部分）形成，人体自身无法制造，只能依靠从外界摄入的食物。巧克力本身色氨酸含量并不高，但它含有大量的糖，可以引发胰岛素的生成。胰岛素确保糖分进入细胞中，留下来的色氨酸进入大脑，被合成为复合胺。当复合胺停留在脑神经键中就会对人的情绪产生积极的影响。

(3) 鱼。鱼体内有一种特殊脂肪酸，与人体大脑中的“开心激素”有关。有5%的美国人患有较严重的精神忧郁症，需要接受专业辅导，而日本人仅需要看心理医生，两者差距同心脏病一样达50倍之多。报告认为，上述差异与两国不同的饮食习惯中食鱼多少有关。不吃鱼的人，“开心激素”水平较低。美国人不常吃鱼，因而患忧郁症的机会就多。

(4) 香蕉。嗜食香蕉的人大都能保持一种较为平和、快乐的心情。因为香蕉中含有一种特殊的胶质，这种胶质在人体内能帮助产生5-羟色胺，刺激人体大脑的神经系统，使人产生快乐、兴奋和乐观的情绪，保持心态的平和，减轻心理压力。

(5) 水。多喝水，可排出“痛苦荷尔蒙”。一个人的精神状态是由荷尔蒙决定的。大脑制造出来的内啡肽能使人产生一种满足和轻松的感觉。内啡肽中因此被称为“快活荷尔蒙”。肾上腺素通常被称为“痛苦荷尔蒙”，但它同毒物一样也可以排出体外，方法之一就是多喝水。

那么，在什么心情下，应吃什么食物呢？建议你：

(1) 伤心时吃慰藉性食物，如汤、面、粥。

(2) 愤怒时吃坚硬、清脆的食物，如爆米花、芹菜。

(3) 窘困时吃乳液状食物，如香蕉。

(4) 兴奋、激动时吃多糖的食物，如糖果、饼干。

(5) 紧张时，吃含碳水化合物的食物，如马铃薯、面包。

(6) 精神压力大时吃含较多盐分的食物，如番茄汁、菜汤。

(7) 疲倦时吃含蛋白质多的食物，如花生酱、瘦肉。

(8) 情绪烦躁、焦急不安时，应多吃含钙、磷丰富的食物，如大豆、牛奶、鲜橙、花生、菠菜、栗子、葡萄、鸡肉、土豆、蛋类。

(9) 恐惧、羞涩、怯懦时，适宜经常服用蜂蜜和果汁，少饮酒，多吃碱性食物和含钙丰富的食物。

总之，人的情绪、心理甚至性格与饮食习惯、营养摄入有着密切关系，只要注意吃得对、吃得好，远离怒、疑、懒、悲等坏情绪是迟早的事。

三、色彩是最便宜的心理治疗师

色彩美化人们的生活，如果没有色彩，生活就会变得黯然失色。色彩能给你带来蓬勃的生机，使人精神振奋，心情愉快，增强生命力。

英国伦敦的菲里埃大桥桥身曾经是黑色的，经常有人跳桥投水自杀。后来伦敦市政府尝试听取医学专家普利森博士的“离奇”建议，将桥身从黑色粉刷为蓝色，当年跳桥自杀的人数便顿减了。由此，越来越多的人开始关注建筑色彩与心理压力之间的关联问题。

还是在英国，有一家生产皮包的工厂，工厂的厂主令人把厂房的墙壁、机器、桌椅都染成黑色。结果在工人当中出现不少的精神病人。幸好有个生理学家来到此处，及时向工厂厂主指出了发病的根本原因。他说：“你们破坏了颜色对比的规律，你们不能在黑色的桌子上用黑色的线缝黑色的皮包。要知道，黑色是令人忧愁的颜色。就是因为它才产生了精神病人。”

在人们的观念中，监狱似乎是一个毫无生气的地方，失去自由的犯人们也总是过着灰暗压抑的生活。满负荷收容状态严重影响了犯人的情绪，狱内犯人间斗殴等案件数量大增，对犯人的改造极为不利。为了改善服刑环境，心理专家建议改变犯人的服装和床单的颜色，因为色彩会对他们的情绪、心理和行为产生积极影响。心理专家认为，目前日本监狱黑白条纹的睡衣和黄绿色的制服缺乏亮色。如果换成薄荷绿和浅蓝色就能让犯人的精神面貌看起来更加积极。而且床单的橘红色和绿色条纹色彩冲突较大，会让犯人的情绪变得紧张，富有攻击性。如果换成棕色这样的暖色调会有助于睡眠，这种办法对犯人的心情将会起到良好的调节作用。

从上述的例子中我们不难发现，色彩会影响人的情绪，作用人的心理，通过心理作用又影响到生理，所以色彩对人体的身心都会有很大的影响。不同的色彩引起不同的心情，既可以令人心情平静，又可以让人兴奋；既能产生温暖的感觉，又能产生凉爽、寒冷的感觉。不仅如此，色彩还能影响人的智力和注意力。其原因是人的视觉器官到大脑皮层视觉中枢的色觉感受系统与大脑皮层的其他部分以及神经体液调节系统都有着广泛的密切的联系。

锦囊妙计

下面是颜色和情绪的一般对应关系：

（1）黄色：最能振奋员工精神，使他们集中注意力，甚至会刺激他们产生更多灵感。

（2）紫色：有助于稳定情绪，减轻压力，发掘创造潜能；但它特有的放松作用会让人在处理问题时变得轻率。专家建议在从事非创造性劳动和使用精密机械的工作场合不使用紫色。

（3）红色：能令人热情、兴奋，使心跳加快，久看导致情绪急躁易激动。这实际上是使交感神经系统兴奋性增强。如果办公场所装修以红色为主色调，员工会变得敏感易怒。

（4）绿色：令人心境趋于平和，帮助员工平衡血压和眼压并缓解视觉疲劳。作为办公室主色调，能令人高度集中精力和长时间伏案。

（5）黑色：令人反应迟钝，容易疲劳，完成任务的积极性会显著降低。

（6）浅蓝色：能使人镇静，心率减慢。

在日常生活和工作中，如果我们能合理地选择适当的色彩来布置、美化环境、点缀生活，必将对我们的学习、工作、生活及身体健康带来意想不到的好处。

四、真正做到“爱自己”

人要想建立起自信，必须先悦纳自我，看到自己的长处和优势，相信自己能够自我实现，积极改变，而后积极实践，自我改进，克服不足，提升自我，这样优点越来越多，缺点越来越少（或对你人生的影响越来越弱），相当于在更高的层次上肯定了自我。

一些缺乏基本价值观的人往往依赖于一些外部标准来提高自己的感觉，如容貌和地位等。结果，他们会尽一切所能来维持自己的所谓“门面”，而不愿在提高内在素质上下功夫。然而一个自信的人，总是直面现实，包括正视自己，他不想掩饰什么，勇敢地面对它。

案例聚焦

小敏大学毕业后来一家公司工作，由于刚工作没有经验，更因为以前做事太少，小敏总是在工作中差错不断。为此她总是受到领导和同事的批评。渐渐地，小敏在单位里总是战战兢兢地，生怕出点差错而被别人否定。她对批评尤为敏感，别人只要稍微说她点什么，哪怕是对她的穿着有点不同的意见，她都要激烈的辩驳，或者情绪极为沮丧而挂在脸上，让人感觉强烈的抵触情绪。

小孙正上大学，来自农村的他以前由于只抓学习，其他方面则一无所长。唱歌五音不全，讲话紧张脸红，打球笨笨拙拙的，因此他特怕参加集体活动，怕在众人面前出丑露怯，怕别人嘲笑贬低自己。

分析点评

从心理学的角度来看，上述的表现是一种典型的自卑心理。自卑者的自尊心很脆弱，以致会对威胁到自尊心的预感产生过度担忧的反应。这类人，在工作生活中，其关注点已不像常人那样，放在如何完成好任务或与人沟通交流之上，而是在反复担心自己不要出什么差错，怕别人批评指责，怕人看笑话。因此当其受到非议和批评时，就很容易引起他们的痛苦和沮丧情绪，就会增强其过分的抵触反应。这种心理抵触使其陷于情绪化的状态中，不能进行正常的学习和反思，会使个体完全丧失适应情境的能力，以至造成反应的阻滞，不断出错，转而又激起“保全面子”的强烈企图，甚至做出逃离那些可能令他们出错丢丑的环境，尽量不参与任何群体活动。如此不去学习，不去锻炼，使其适应环境的能力更低，其自尊心也就更加脆弱，更加惧怕否定批评。

我们应该铭刻心中的是，人总归是人而非机器。错误和缺点经常伴随着你，或者一时不明事理，或者一时出了差错；对错误或缺点的承认只会赢得他人的赞赏。“我想，我心急了一点”，“我对刚才的气话十分抱歉”或者“我错了”都是颇具感染力的说法。

仔细考察一下我们所欣赏的那种自信的人，你不难发现他们绝非超人。他们会犯错误，他们也会哭泣，他们也会绝望。他们是活生生的人，他们的自信，恰恰来自他们能正视自己的不足，不刻意掩饰自己的错误。

高度的自尊心不是骄傲、自大或缺乏自我批评精神的同义词。自尊心强的人不是认为自己比别人优秀，而只是对自己有信心，相信自己能够克服自己的缺点。自尊心不强则相反，其前提是感到价值不充分、有瑕疵、不体面，从而对心理自我感觉及个人的社会行为产生否定影响。自我形象和自我看法的不稳定是自尊心不强的青少年和成年人的典型特点。他们比别人更想对周围人掩盖自己，对周围人做出某种“假面目”即“装扮的自我”。

自卑的人在涉及其自我评价的一切方面尤其敏感，容易被刺痛。他们对批评、笑声、否定等做出病态的反应，他们在工作不顺利或者发现自己有某种缺点时感到特别难受。他们在周围人对自己印象不佳时比别人更多地感到不安。他们当中的许多人具有腼腆、容易产生心理孤立和想入非非等特点，而且并不是自愿的。个人自尊程度越低，就可能因孤独而痛苦。在交往中，这样的人感到不自在，事先肯定别人对他印象不佳。而自尊心较强的人自主性也较强，较少接受暗示。他们对自己持肯定的态度，往往也能“接受”别人，而对自己持否定态度的人，对别人往往持不信任或不善意的态度。

为此，自卑者要提高自己的人生实力和自信，必须对否定拥有正确的态度。我们知道，在自卑者身上，往往存在着许多问题和不足，如不会处世、能力不强、缺乏生活乐趣等等，这是毋庸讳言的事。对这些问题和不足，必须正视其存在，并勇于去改正，任何忽略、回避、掩饰的态度，非但不能使问题自然化解，反而会使问题越来越多，愈演愈烈，积重难返，这才是对自己最大、最根本的否定。

再者，能够正视自己的不足，并勇于去改正，这显现了自己的积极、勇气、乐观、智慧，其实这也是对自己最大的肯定。在此过程中，我们无非在否定自己的幼稚、差错、无知，这是任何人都难以避免的东西，我们无须为此感到羞辱。然而，我们却能通过它建立起支撑我们人生成功的内在素质，这也是建立自信的根本。

很多自卑者习惯于对自己说“不”，我不会，我不好，我不漂亮……其实，这种贬低自己、否定自己并没有给自己带来轻松和快乐，反而心情越来越灰暗，自卑感越来越重。也许，换一种心态面对自己，会呈现转机。例如：我已经努力了，可我的学习总是不好。试着这样说：怎样努力才能真正提高学习；我害怕换另外一份工作还是会做不好。试着这样说：换一份工作先做做看，改变一些工作方法，也许会有一些进步；为什么我的努力总是达不到我的期望值？试着这样说：也许我的每一次努力都比以前更进了一步，等等。

把“不”字从字典里抠去，是我们爱自己的第一步。心理专家说，生活中充满了暗示，我们时刻在受暗示的影响。比如，当一个人说自己“不好”时，他可能会时刻向别人证明自己的确是“不好”。一个时刻贬低自己、否定自己的人，可能处处都在表现自己真是比别人差。

因此，去掉消极的暗示，多给自己灌输积极的暗示，赞美自己、鼓励自己，是每一个爱自己的人给自己最好的礼物。

五、培养成熟品质

诚如前面所说，情绪本身不能用“好”与“坏”一概而论，更多人所追求的，可能是一种平和、稳定的情绪状态，而不是大喜大悲，大起大落。要获得情绪稳定，先培养成熟品质。大人和孩子的一个重要区别就是，大人可以将理想和现实区分得很清楚，而孩子们常常会将理想当做现实。原因是孩子们社会经验少，根本就不知道什么对自己是有利的，什么是有害的。他们心中完全是一片美好的世界，他们毫无顾忌地勾画理想中的世界。然而，等他们长大能对自己的所做的事情负责以后，如果仍然无法区分现实和幻想，这个人的麻烦就会越来越多，他也会经常生活在苦恼里。

成熟还包括适应性和可塑性。一个人不能学会适应这个日新月异的社会，那他就得不到真正的快乐。我们生活的社会随时都有变化的可能，下一秒或许是意想不到的惊喜，或许是一场灾难。这种情况下，我们必须找到让自己好好生存下去的办法，才能找到自己的真正价值所在。

这么多年来，每当有人说自己无法适应这个社会时，我们都要给他讲贝多芬的故事。贝多芬是被世人所熟知的音乐家，可惜他自幼不幸，父亲是一个残暴的酒鬼，他剥夺了小贝多芬学习、休息和娱乐的时间，只是一味地强迫幼小的儿子没完没了地练习钢琴和小提琴，期望他将来成为自己的摇钱树。

1787年，贝多芬前往维也纳拜他仰慕已久的偶像莫扎特为师。莫扎特听了他的即兴演奏之后感到十分惊奇，当场对其他人说：“请注意，这位少年将震动世界。”可惜，在维也纳的学习时光很快就中断了，原因是他母亲患重病，并很快离开了人世，失去了唯一亲人的贝多芬悲痛欲绝，过度悲痛使他接二连三地得了几场大病，其中一次是出天花，永远地毁了他的容貌。

病情好转以后，贝多芬离开了故乡波恩，前往音乐之都维也纳。不久，痛苦又一次叩响了他的生命之门，他的耳朵日夜作响，听觉越来越衰退。起初，他独自一人守着这可怕的秘密。后来，他爱上了一位名叫朱丽埃塔的姑娘，可是这个自私、虚荣的女孩并不欣赏贝多芬的才华，最后抛弃了贝多芬，嫁给了一个伯爵。

1806年5月贝多芬与布伦瑞克小姐订婚，爱情的美好促使他产生了一系列伟大的作品。不幸的是，爱情又一次把他遗弃，婚礼还没有举办，心上人就和别人跑了。不过这时贝多芬正处于创作的极盛时期，对一切都无所顾虑。他受到了世人瞩目，与光荣接踵而来的是最悲惨的时期：经济困窘，亲朋好友一个个死亡离散，耳朵也已全聋，和人们的交流只能在纸上进行。面对生活苦难，似乎没有什么能使贝多芬屈服，他以自己的创作风格扭转了维也纳当时轻浮的作风。他创造了一个又一个的音乐奇迹，也创造了一次又一次的生命奇迹。

一个不幸的人，贫穷，残废，孤独，由痛苦造成的人，世界不给他欢乐，他却创造了欢乐来给予世界！他用他的苦难来铸成欢乐，用自己的坚强去适应这个社会的残酷。

我们平时的小挫折和贝多芬的人生遭遇相比，是不是很不值得一提呢？我们更有理由让自己坚强起来，培养良好的适应性，来适应这个不断变化的社会。

除了适应性，可塑性也是衡量一个人诚实与否的一个最有价值的标准。当我们周围的环境一片混乱，我们脚下踩着的土地突然消失时，我们最需要的就是适应性和可塑性。有了这两种品质，你可以在遭受命运突如其来的变化时很快适应新环境，重新塑造未来的生活。

我曾经认识这样的一个女孩，她家庭条件优越，学习成绩优异，在我认识她的时候她已经在攻读硕士学位了，即使是有很多优势，她在选择爱人的时候还是遵从自己的内心，选择了她在一次读书会中遇见的一个身患小儿麻痹症的男孩作为自己的爱人。

硕士毕业后，女孩和男孩去了男孩的家乡所在地，并且很快结了婚、安了家，还有了一个虎头虎脑的儿子。童话中，通常会用“王子和公主从此过着幸福的生活”作为结尾，因为婚后的生活不是童话的语言能够描绘的，生活的艰辛往往从结婚开始。

要知道那个男孩虽然身体有残疾，成绩却出奇地好，顺利考上了博士，成为众人眼中的优秀的典型，却没想到男孩后来却因这个“博士”头衔而遇到了麻烦。因为和导师闹翻，且又不肯请客送礼，男孩读博士读了五年都不能毕业。

真是一波未平一波又起，男孩不仅不能毕业，就业也不顺利，在一次次的挫折中，本来就因小儿麻痹症而藏在心底的自卑变得更加深重，他每天都像只受伤的野兽一样把自己蜷缩起来，消沉落寞，不愿出门，不愿求职。有同学想帮他找找工作，让他传一份简历，他都一拖再拖。

女孩这个时候却出奇地理智，她觉得关键时刻，一定要鼓励自己的丈夫不能让他消沉下去，自己对丈夫从不抱怨、也不责怪，她相信自己的丈夫只是一时困顿，依然温柔细致、小心翼翼地呵护自己的自尊和自傲。在外面，她也从不向任何人提起这些事。她用自己努力工作换回来的薪水，承担家庭的全部开支，把家里打理得井井有条，孩子的教育也从未放松过。同时，也没忘了帮助丈夫走出自卑的阴影，还积极替他寻找适合的岗位。在坚持不懈的努力下，终于有一个世界五百强的公司向丈夫伸出了橄榄枝，丈夫失去的自信也一点一点找回来，家庭逐渐过上了幸福、安稳的日子。

后来丈夫工作出色，又有一家新的单位以更高的薪水和更大的价钱挖去了他。女孩也和朋友合伙投资 30 多万美元，精心经营着自己喜爱的美容事业，现在两人的事业都很成功，家庭也依旧幸福美满。

这个故事告诉我们，面对困难，面对不幸，你有什么样的心态，就会有什么样的结果。如果你是乐观、坚强，生活最终也会给你一个满意的回报；如果你悲观、消沉，那生活回报给你的肯定是更阴冷的“寒冬”。女孩对丈夫的可塑性的培养和自己对困难环境的适应，让他们的家庭最终走出了阴影，回到了幸福的轨道上，这就是成熟的表现。

在成长过程中，每个人都需要不断问自己，“我成熟吗？有多成熟？我是不是该让自己学习如何成熟呢?”不断的发问和求知可以让自己不断成熟、完善起来，人一旦成熟了，情绪就自然而然稳定起来，就再也没有那么多情绪诱发病的困扰了。

心理互动训练

活动主题：“与不合理的信念”做辩论。

活动目的：学会跟不合理信念进行辩驳，并找出相应的合理信念。

操作流程：

1. 人应该得到自己生活中每一位重要人物的喜爱与赞许。

D（辩驳）

E（合理信念）

2. 一个有价值的人应该在各方面都比别人强。

D（辩驳）

E（合理信念）

3. 对于有错误的人应该给予严厉的惩罚与制裁。

D（辩驳）

E（合理信念）

4. 如果事情非己所愿，将是可怕的。

D（辩驳）

E（合理信念）

5. 不愉快的事情是由外在因素引起的，自己不能控制与支配。
D（辩驳）

E（合理信念）

6. 面对困难与责任很不容易，倒不如逃避更好。
D（辩驳）

E（合理信念）

7. 对危险与可怕的事随时警惕，经常提防其发生的可能性。
D（辩驳）

E（合理信念）

8. 人要活得好一点，就必须依赖比自己强的人。
D（辩驳）

E（合理信念）

9. 以往的经历和事件对现在是有决定性的难以改变的影响的。
D（辩驳）

E（合理信念）

10. 对于他人的问题应当非常关切。
D（辩驳）

E（合理信念）

11. 任何问题都有一个唯一正确的答案。
D（辩驳）

E（合理信念）

活动考核：请大家完成认知矫正后，在一起交流分享，并向老师汇报自己的辩论结果。

总结：大学生要学会理智调节，无论遇到什么事情，产生什么情绪，都要唤回理智，用理智的头脑分析并进行推理，找出产生不良情绪的原因，从而保持心理平衡。

心理测验

（一）测测你的情绪调节能力

你的情绪调节能力如何？某些人的调节能力会比另一些人强，这份测试题给出一些情景，看看你会在这些情景中有何情绪上的反应、做出何种调节行为。表3—1为测试结果。

1. 设想你正好赶上一场严重的伤亡事故，一些人正围拢过来，下面哪个行为模式最适合你要采取的行动？

   A. 尽快离开现场，对流血的尸体感到恶心。

   B. 在围观者中恐惧地看着这场面。

   C. 尽管没有受过急救训练，但尽自己的力量去帮助事故中的受伤者。

   D. 因为受过急救训练，立刻自愿投入抢救行列之中。

   E. 立刻查问谁有急救站、消防队或警察局的电话号码。

2. 指出你在遇到下述情况时不安的程度（“很严重”、“严重”、“稍微”、“不”）。

   A. 你的狗，忠实的伴侣，因年老死亡。

   B. 三个星期前做的假日计划推迟了三个月。

   C. 你的双亲之一突然去世。

   D. 你听说霍乱在非洲蔓延已造成数千人死亡。

   E. 在你和家人准备乘飞机出去前一天听到一次空难事故，有几百人遇难。

   F. 某人朋友弄丢了你借给他的你最喜欢的一本书。

   G. 交通阻塞耽误了你重要的约会。

   H. 你不小心打碎了一筐鸡蛋。

   I. 你听说石油价格上涨10%。

   J. 市政府宣布要检查拖欠交纳所得税者。

3. 你已经邀请了你的老板和他夫人某天到你家做客，但在晚宴的前一天，你突然意识到你房间装饰不适合举行这样的晚宴，你将采取下面哪条对策？

   A. 打电话给老板，装病以拖延这个晚宴。

   B. 整晚上装饰房间，使晚宴按计划举行。

   C. 按时举行晚宴，并对房间的装饰抱歉。

   D. 把不舒适的地方遮盖起来，将灯光调暗，使不协调的装饰不引人注意。

   E. 把晚宴改在附近的饭馆里。

4. 你和你的朋友开车发生了撞车事故，下面哪条是你要做的第一件事？
   A. 下车去看另一个车里的人怎样。
   B. 唯独解开朋友的安全带。
   C. 坐着镇静一会儿以恢复大脑。
   D. 关闭发动机。
   E. 立刻环顾周围，害怕第三辆车也撞上。
5. 指出你在遇到下述情况时不安的程度（“很严重”、“严重”、“稍微”、“不”）。
   A. 半夜之后，邻居孩子的哭声搅得你睡不着。
   B. 你听说整个交通因罢工要中断。
   C. 你孩子的宠物小猫被汽车压死。
   D. 银行支票来了，实际情况比你预想的要恶劣得多。
   E. 你的假日照片全部作废，因为你忘记将镜头盖取下。
   F. 你花了很多钱装饰房间，而事后你一点不喜欢。
   G. 你将要欣赏一个你喜欢节目，而此时电视机坏了。
   H. 你听说最近的太空试验失败了，三个宇航员遇难。
   I. 通常在你生日时，你会收到一大笔钱，而今年因经济原因，你得到钱很少。
   J. 你的一个孩子因偷窃被警察拘留。
6. 你的刚搬来的一个邻居第一次举行晚会，一直闹到接近天亮，下面哪条接近你要采取的行动？
   A. 打电话给警察抱怨噪音。
   B. 打电话给邻居，非常礼貌地要求他们把声音弄小点。
   C. 用被子盖住头，强迫自己入睡。
   D. 打电话警告邻居如果他们继续这样，你要叫警察。
   E. 起床、敲门要求加入晚会。
   F. 自己计划举行一个晚会以进行报复。
7. 你花了很多钱买了一台收录机，很快就坏了，下面哪条最接近你要采取的行动？
   A. 写封措词强硬的信给制造厂。
   B. 将收录机抱回商店，要求退钱。
   C. 自己修理。
   D. 抱怨不断，可不知采取什么行动。
   E. 要求以同样价钱换一台收录机。
   F. 写封有礼貌的信给制造厂，要求厂家换一台好收录机。
8. 用“是”或“不是”回答下列问题。
   A. 你是否在争吵中失手打过别人？
   B. 你是否曾因家庭的某种状况而担心过？
   C. 如果某人想向你借钱，你是否愿意？
   D. 如果另一方赢得了选举，你是否愿意？
   E. 如在体育比赛中失利，你是否爱生气？
   F. 你是否相信某些人很走运？

G. 你是否有时因问题成堆而心情不畅？

H. 在财政方面做出决定能否使你破产？

I. 你是否发现要改变做事的方法是比较困难的？

J. 你是否很好地遵守时间？

表 3—1　　测试结果

测试结果										
	A	B	C	D	E	F	G	H	I	J
1	1	1	2	0	0					
2	2	1	0	0	2	2	2	2	2	0
	0	1	0	0	1	1	0	1	1	0
	0	0	1	0	0	0	0	0	0	0
	2	0	2	0	0	0	0	0	0	0
3	2	2	0	0	1					
4	2	2	2	0	2					
5	2	0	2	2	2	1	2	0	2	0
	0	0	0	0	1	0	1	0	1	0
	0	0	0	0	0	0	0	0	0	1
	0	0	1	0	0	0	0	0	0	2
6	2	0	2	2	0	2				
7	2	0	1	2	2	0				
8	2	2	0	0	1	2	1	1	1	0
	0	0	1	0	0	0	0	0	0	1

自测结论

所有的问题都涉及日常生活，我们大多数人迟早会面临这些问题并采取相应的措施。面对上述任何一种情况，正常人都会在头脑中受到搅扰，只不过程度因人而异罢了。调节能力差、适应能力低意味着你不能对复杂的环境作出合理的反应。下面请检查你的分数。

0—5 分：你好得简直令人不能相信。如果你真是诚实地回答了所有问题而分数又如此低，那么你确实是个自信心、适应力极强的人。或许在你的生活中，你根本没感到有什么大的危机。

6—10 分：你能够完全满意地处理生活中的问题，调查表中出现情况绝不会使你不知所措。这样的低分表明，即使你曾经遇到过一两次危难，但你仍不失为一个调节能力强的人。

11—15 分：总的来说，这个分数是比较好的，但在你的生活中肯定多次出现过使你感到为难的时候，而且有时很严重。但是在十次危难中，你至少有九次能处理得非常好。

16—25 分：相对来说，这是一个较高分数，它指明在你的生活中，你受过危难的打击。你可能缺少你应有自信心，在发生危难时，需要的是灵活、坚定，而不是退缩，在今后的生活中，要相信自己的能力，试图发挥自己的才能。

26—35分：对这样的高分可能做出的最好的解释是你易于焦躁不安，当出现危难时，你极不冷静。你应该找一个最知心的朋友或你的家庭医生谈谈，听听他们的忠告。他们也许能使你增强自信心，以使在发生危难时能较自如应付各种意想不到的事情。

（二）焦虑自评量表（SAS）

焦虑是一种比较普遍的精神体验，人若较长期地存在焦虑反映就会得焦虑症。焦虑症是一种常见的神经症，除持续的忧虑、不安、担心和恐慌外，还常伴有明显的运动性不安和各种躯体上的不舒服感。

焦虑自评量表含有20个项目，分为4级评分，主要评定项目所定义的症状出现的频度，其标准为：A“没有”，B“小部分时间”，C“相当多时间”，D“绝大部分时间或全部时间”。请仔细阅读每一条，根据您的实际情况选择适合的答案，请注意不要漏题。

注：SAS适用于具有焦虑症状的成年人。

焦虑自评量表（SAS）题目，A、B、C、D按1、2、3、4计分。

1. 我觉得比平常容易紧张或着急

A. 没有　　B. 小部分时间

C. 相当多时间　　D. 绝大部分时间或全部时间

2. 我无缘无故地感到害怕

A. 没有　　B. 小部分时间

C. 相当多时间　　D. 绝大部分时间或全部时间

3. 我容易心里烦乱或觉得惊恐

A. 没有　　B. 小部分时间

C. 相当多时间　　D. 绝大部分时间或全部时间

4. 我觉得我可能将要发疯

A. 没有　　B. 小部分时间

C. 相当多时间　　D. 绝大部分时间或全部时间

5. 我觉得一切都很好，也不会发生什么不幸

A. 没有　　B. 小部分时间

C. 相当多时间　　D. 绝大部分时间或全部时间

6. 我手脚发抖打战

A. 没有　　B. 小部分时间

C. 相当多时间　　D. 绝大部分时间或全部时间

7. 我因为头痛、颈痛和背痛而苦恼

A. 没有　　B. 小部分时间

C. 相当多时间　　D. 绝大部分时间或全部时间

8. 我感觉容易衰弱和疲乏

A. 没有　　B. 小部分时间

C. 相当多时间　　D. 绝大部分时间或全部时间

9. 我觉得心平气和，并且容易安静坐着

A. 没有　　B. 小部分时间

C. 相当多时间　　D. 绝大部分时间或全部时间

10. 我觉得心跳得很快

A. 没有　　B. 小部分时间

C. 相当多时间　　D. 绝大部分时间或全部时间

11. 我因为一阵阵头晕而苦恼

A. 没有　　B. 小部分时间

C. 相当多时间　　D. 绝大部分时间或全部时间

12. 我有晕倒发作，或觉得要晕倒似的

A. 没有　　B. 小部分时间

C. 相当多时间　　D. 绝大部分时间或全部时间

13. 我吸气呼气都感到很容易

A. 没有　　B. 小部分时间

C. 相当多时间　　D. 绝大部分时间或全部时间

14. 我的手脚麻木和刺痛

A. 没有　　B. 小部分时间

C. 相当多时间　　D. 绝大部分时间或全部时间

15. 我因为胃痛和消化不良而苦恼

A. 没有　　B. 小部分时间

C. 相当多时间　　D. 绝大部分时间或全部时间

16. 我常常要小便

A. 没有　　B. 小部分时间

C. 相当多时间　　D. 绝大部分时间或全部时间

17. 我的手脚常常是干燥温暖的

A. 没有　　B. 小部分时间

C. 相当多时间　　D. 绝大部分时间或全部时间

18. 我脸红发热

A. 没有　　B. 小部分时间

C. 相当多时间　　D. 绝大部分时间或全部时间

19. 我容易入睡并且一夜睡得很好

A. 没有　　B. 小部分时间

C. 相当多时间　　D. 绝大部分时间或全部时间

20. 我做噩梦

A. 没有　　B. 小部分时间

C. 相当多时间　　D. 绝大部分时间或全部时间

作为一种自评量表，在自评者评定之前，一定要让他把整个量表的填写方法及每个问题的涵义都弄明白，然后作出独立的、不受他人影响的自我评定。评定时须根据最近一星期的实际情况来回答。否则，测验的结果不可信。分数越高，表示这方面的症状越严重。

一般来说，焦虑总分低于50分者为正常，50—60者为轻度，61—70者是中度，70以上者是重度焦虑。

（三）抑郁自评量表（SDS）

下面有20条题目，请仔细阅读每一条，把意思弄明白，每一条文字后有四个选项：A表示没有或很少时间（过去一周内，出现这类情况的日子不超过一天）；B表示小部分时间（过去一周内，有1～2天有过这类情况）；C表示相当多时间（过去一周内，3～4天有过这类情况）；D表示绝大部分或全部时间（过去一周内，有5～7天有过这类情况）。

施测时间建议：5～10分钟。

1. 我觉得闷闷不乐，情绪低沉。	A	B	C	D
2. 我觉得一天之中早晨最好。	A	B	C	D
3. 我一阵阵哭出来或觉得想哭。	A	B	C	D
4. 我晚上睡眠不好。	A	B	C	D
5. 我吃的跟平常一样多。	A	B	C	D
6. 我与异性亲密接触时和以往一样感觉愉快。	A	B	C	D
7. 我发觉我的体重在下降。	A	B	C	D
8. 我有便秘的苦恼。	A	B	C	D
9. 我心跳比平时快。	A	B	C	D
10. 我无缘无故地感到疲乏。	A	B	C	D
11. 我的头脑跟平常一样清楚。	A	B	C	D
12. 我觉得经常做的事情并没有困难。	A	B	C	D
13. 我觉得不安而平静不下来。	A	B	C	D
14. 我对将来抱有希望。	A	B	C	D
15. 我比平常容易生气激动。	A	B	C	D
16. 我觉得作出决定是容易的。	A	B	C	D
17. 我觉得自己是个有用的人，有人需要我。	A	B	C	D
18. 我的生活过得很有意思。	A	B	C	D
19. 我认为如果我死了别人会生活得好些。	A	B	C	D
20. 平常感兴趣的事我仍然照样感兴趣。	A	B	C	D

记分：正向计分题A、B、C、D按1、2、3、4计分；反向计分题按4、3、2、1计分。

反向计分题号：2、5、6、11、12、14、16、17、18、20。

结果分析

将20个项目的各个得分相加，得出粗分。粗分的正常上限参考值为41分，标准分等于粗分乘以1.25后的整数部分。分值越小越好。

标准分正常上限参考值为53分。标准总分53—62为轻度抑郁，63—72为中度抑郁，72分以上为重度抑郁。

感悟与思考

1. 请结合实际谈谈情绪对自身身心健康的影响。

2. 请列出自己常出现的情绪问题，想想如何处理可以更好?

3. 你习惯的情绪应对方式是什么? 对你产生了什么影响?

推荐书目

1. 肖峰. 做情绪的主人. 北京：当代世界出版社，2008.

2. 常晓玲. 做自己的心理咨询师. 北京：西苑出版社，2010.

3. 吴维库. 情商影响力. 北京：机械工业出版社，2009.

4. 艾克曼. 情绪的解析. 杨旭译，南海出版社，2008.

5. 罗伊·马丁纳. 改变，从心开始：学会情绪平衡的方法. 2版. 昆明：云南人民出版社，2009.

6. 希克斯，希克斯. 情绪的惊人力量. 钟玉玲译. 北京：中国城市出版社，2010.

7. 武志红. 心灵的七种武器. 北京：世界图书出版公司北京公司，2008.

第四章　相识你我　交往有道

第一节　人际交往概述

一、人际交往的含义

人是社会的动物，在社会生活中与他人发生关系是不可避免的，人不能离开群体而独立存在，每个人几乎每天都要和他人打交道。这个打交道的过程，就是人际交往的过程。

所谓人际交往就是指在社会活动中人与人之间传递信息、沟通思想、交流感情等个体间相互作用和相互影响的动态过程。它包括物质交往和精神交往，如为了维持个体生存，就需要从他人那里获取衣食住行的必需品，为了取得自尊心和自信心的满足，就需要从他人那里获取理解、信任和友谊。这一切，都是通过人际交往才能实现的。

人们在交往活动中，不仅交流社会上的各种信息，而且也交流各自的思想、感情、态度和观点。按照马斯洛需要层次论来理解，人们进行社会交往是个体需要系统中一个较高层次的需要，是人的社会性的一种重要体现，是人们长期社会化的必然结果。人际交往对于个人的发展和个性的成长有着十分重要的作用。

二、人际交往的心理需求与心理效应

虽然每个人人际交往的具体动机各不相同，但最基本的动机就是为了从交往对象那里满足自己的某些需求。人际交往的互惠互利完全合乎社会的道德规范，或者说互利是人际交往的一条基本原则。

互利原则既包括物质方面的互利，也包括精神方面的互利。一般说来，人与人之间的交往需求可以粗略地分为两个基本层次：一个层次是以情感定向的人际交往，如亲情、友情、爱情；另一个层次是以功利定向的人际交往，也就是为实现某种功利目的而交往。而现实中的人际交往，更是两个层次的复合体。按照人际交往的互利原则，人们实际上采取的策略是：既要感情，也要功利。

生活中常常见到有人抱怨朋友缺乏友情，甚至不讲交情。其实说穿了，抱怨的一方往往是由于自己的某种需求没有获得满足，而这种需要往往也是非常功利的。所以，我们不必一味追求所谓的“没有任何功利色彩的友情”，也不必轻率地抱怨别人没有“友情”。我们只需要坦率地承认：互利，是人际交往的一个基本原则；既要感情又要功利，是人际交往的一个常规策略；需求平衡、利益均等，是人际交往的必要条件。

三、大学生人际交往的功能

大学生人际交往是指大学生之间和大学生与他人之间的沟通信息、交流思想、表达情感、协调行为的互动过程。大学生人际交往有助于大学生的心理慰藉、自我完善，促进身心健康发展；有助于大学生丰富自身知识、启迪思想，促进潜能的开发。大学生人际关系的好差对大学生自身成才、发展有着十分重要的影响。美国著名的人际关系专家戴尔·卡内基说过，一个人的成功只有15%靠他自己的能力，而85%取决于人际关系。人际交往对大学生的健康成长和成才的重大作用突出体现在以下几个方面：

（一）良好的人际关系能促使大学生个性健全发展

交往是个性发展与人格健全的必经之路。美国著名心理学家马斯洛认为，人人都有被社会、他人接纳，得到他人的爱和尊重的需要。人的交往需要得不到满足时就会导致心理失调，会对人的自我认识、性格、生活、人生态度等心理品质的形成带来不好的影响。大学生正处于青春期，他们需要理解、渴望友谊和爱情，通过人际交往能够使他们更好地适应社会、担当一定的社会角色、培养健全的人格。

（二）良好的人际关系能促使大学生心理健康

实践表明，人类的心理病态，主要是由于人际关系失调而造成的。人际关系紧张的人，不但事业会受阻，心情也会不好，精神也会陷入极大的痛苦之中。同时，正常的人际交往和良好的人际关系，对于个体的心理和生理具有保护和缓冲作用。可使个体有安全感、愉悦感和满足感，对生活充满希望，免于出现心理障碍，并对已经出现心理障碍的个体还具有治疗的作用。相反，如果人际关系失调，则个体通常会伴随着紧张、焦虑、忧伤、自责等消极情绪，而且由于缺乏必要的人际支持，这种不良的情绪难于化解，并往往会成为较为严重的心理障碍，损害心理健康。

（三）人际交往有利于大学生加速社会化

所谓社会化是指人不断学习和掌握充当社会角色必备的知识、技能以及特定的社会规范、准则，以获得社会有效成员资格的过程，是个体由自然人向社会人转变的过程。一个人的社会化程度越高，他的成熟度和能力也越高。大学生在大学期间，既要完成从未成年人走向成年人，从校园步入社会所需要完成的社会化任务，还要形成符合社会要求的、适应社会角色必备的知识和技能以及具备适应社会需求的心理素质等。这样，他们在社会交往时才能成为社会化个体，从而把握社会规范，确认自己的社会角色，把建立和维持人际关系的原则纳入自己的价值体系，来调节和支配个人行为，适应社会生活。

（四）良好的人际关系有利于大学生的成长成才

当今社会中，成就个人的事业靠的不仅仅是出众的才华，更在于有着良好的适应社会生活的能力、良好的人际关系协调的能力。但是，人的能力是有限的，光靠书本上的知识很难适应社会发展的实际需要，而积极的人际沟通与交往，是获取新知识的有效途径。“独学而无友，孤陋而寡闻。”对于青年大学生而言，他们思想活跃，成就动机强，但是由于社会经验不足以及知识的局限，他们在看问题时难免出现偏差。因此，大学生彼此之间畅所欲言、互通有无将显得很重要，这可以使他们在思想碰撞中产生新的火花，增长对事业、人生、成功的积极看法。

案例聚焦

来访者杨某是一名大二学生。上大学一年多了，有个问题一直困扰着她，就是感觉和同宿舍的人关系不太亲密。

杨某自述：宿舍的同学都是很爱玩的那种，平时除了上课以外很少学习，有时还会逃课。她们回到宿舍就上网，打游戏或者看电视剧，对考试也不是很重视，关于未来也没有什么想法和志向。而我把很多精力放在了学习上，因为我有目标，很多时候都泡在自习室里。久而久之，就和她们疏远了，上课吃饭都是一个人。虽然表面上和她们都过得去，但是没有真心朋友。

我很迷茫，不知道自己的坚持是否正确，感觉很矛盾。如果融入她们，自己的想法不知是否还能继续；如果坚持自己的想法，难免会形单影只，上大学连个真心朋友都交不到，也是一种遗憾。

请问我该怎么办？

分析点评

案例中的杨某是个很上进又很自律的女生，在大学里能始终坚持把学习放在第一位，这是很可贵的。然而我们每个人都需要朋友，需要陪伴和交流。而对现在的杨某来说，经营一份友谊似乎和自己的目标、志向产生了冲突，这使她难以抉择。

我们首先来讨论一下“朋友”——这是我们每个人都要面对且非常重要的话题。朋友有很多种，有的是君子之交，平时联系不多，但关键时刻能助我们一臂之力；有的是闺中密友，大事小情都会互相分享，平时也形影不离；有的是良师诤友，生活中交集很少，但关键时刻可以为我们指点迷津……

那么，什么样的朋友才是我们希望得到的呢？在案例中，杨某提到希望在大学里能拥有一个“真心朋友”，通过跟她的沟通，她明确了当下最希望得到的是一个志同道合、能并肩奋斗的朋友，同时，她希望这个朋友还能在生活中陪伴她。也就是说，她对这个朋友的心理预期是兼具“生活上的伙伴”和“学习中的战友”两种角色。但她发现自己的室友都不具备成为这种朋友的条件，只好独自行动，因此不免感到孤独，同时对室友也会感到有点失望。

接下来咨询师和杨某探讨了一下与室友的关系，这也是大学生中一个非常普遍的话题。室友是一个有特殊意义的群体，同寝室的人每天生活在一起，朝夕相处，在空间上的距离非常近，具有成为朋友的客观有利条件。但是，在当前国内大部分高校里，住在哪个寝室是学校统一安排的，大多数情况下，我们无法选择自己的室友。而成为朋友需要双方的“自愿”，因此，这一点又违背了成为朋友的主观条件。于是，在相处的过程中，客观上的贴近和主观上的疏远，会让我们内心产生比较强烈的冲突，这也是杨某感到不舒服的原因。

每个人都有自己的朋友圈，正如前面所说的，各种类型的朋友不论亲疏远近，其实每一类都是我们所需要的，都是我们的财富。学会在心理上经营自己的朋友圈，是学会如何与朋友相处的关键。当身边某个人被确定可以成为朋友时，我们就需要将其划分到自己的朋友圈中，明确他（她）属于哪一类朋友，定位亲近程度。一旦我们在心里有了这样的划分，就不会对这个朋友过分苛求。举个例子来说，如果这个人在你的朋友圈中定位是生活中的伙伴，就不能要求他（她）必须跟你有同样的志向，可以共同奋斗；如果这个人被定位为学习上的战友，那也不必要求他（她）在生活上和你形影不离、亲密贴心。

当然，这种心理上的划分也是可以根据实际情况随时调整的。当你感激某个朋友在关键时刻拔刀相助时，就可以考虑将与他（她）的亲近程度拉近一些，以便互相支持；而当你抱怨某个朋友的失当言行时，也不妨试着在心理上与其疏远一点，避免彼此伤害。经营朋友圈说起来容易，真正做好却并不简单，需要在实践中学习和摸索。

因此，在无法自主选择的室友群体里，你苦于找不到理想中的朋友是非常可以理解的。建议杨某不妨走出寝室，到更广阔的空间寻找适合做这样朋友的人。至于室友，既然不能成为志同道合的朋友，那就把她们划分到其他类型的朋友圈，然后用相应的方式和她们相处，这样既不会让室友感到压力，也不会让自己继续忍受孤独和失望。

第二节　大学生常见的人际交往问题及调适

一、当前大学生人际交往存在的主要问题

人际交往能力是衡量一个现代人能否适应开放社会的标准之一。不善交往、缺乏交往能力的人就有可能人为地在自己与社会、自己与家庭之间筑起一道屏障。大学生正处于个性成长时期，人际交往能力的高低对其发展起着重要作用。但是在交往的过程中，处于成长阶段的大学生对自我、对他人、对社会的认知往往存在一定的偏差，使得人际交往出现障碍。这些障碍主要表现为：

（一）关注自我有余，关心他人不足

自我关注的实质是想受人关注，获得他人的尊重和关心，这是人的基本需要之一，也是人际交往的功能之一。但是，当自我关注这种原本是非常自然的需要过渡时，就容易产生人际关系问题。如一些大学生在人际交往过程中过多地考虑自己的需要，过分注重自己在人际关系中的地位，而忽视了他人的需要、他人的存在，变成了自我中心者，矛盾和冲突就不可避免地产生。

自我中心是自我关注的必然结果，而在人际交往中，越是以自我为中心，越是想要别人成为满足自己的工具，其结果越会适得其反。现在独生子女大学生的比例较高，相当一些人难以很好地适应集体生活，难以协调人际关系，一个主要原因是长期地坚持以自我为中心。有些大学生过分注重人际交往中自我的需要和形象；有的大学生在人际交往中不被重视，不能成为人们关注的对象，就变得自卑；有一些大学生因为过分关注自己在人际交往中的行为表现，对自己的交往行为过分挑剔和敏感，使自己在人际交往中不能表现自如，总觉得自己生活在众目睽睽之下，旁人随时都在关注自己的一举一动，于是变得十分紧张、不自在。这些人原本自我关注欲望很强，但由于自信心不足、自卑或人际交往的挫折，从而变得害怕被他人关注，难以与人正常交往。

案例聚焦

小李从北方来到南方一所省城大学读书，临行前在一家企业做人事主管的父亲反复告诫儿子，在大学里首先要和寝室的同学搞好关系，这样你的生活环境才会愉快，大学四年心里才有归属感。进校后，小李时刻告诫自己，父亲的话肯定有一定的道理，但是由于和同寝室的一名南方同学在对爱情的看法上相差甚远，经常斗嘴，导致彼此不服气，互相看不起，矛盾时有发生，而那位南方同学用小李的话说比自己更会处理人际关系，到最后同寝室的其他同学都站到了自己的对立面，自己与同寝室同学的关系开始变得紧张起来，其他人都不理解他、信任他，少数同学甚至奚落他。自己对他们也充满怨恨和不信任，进而猜疑和反感，只要有两位同学当着自己的面嘀咕几句，自己就认为他们是在说自己的坏话，心里十分苦闷；而那位南方同学却好像整天都过得很开心、很快乐，看到这一切，小李感到无能为力的同时又十分伤心，心胸开始变得狭窄，一度产生了退学的念头。

从小李和南方同学的对比来看，可见人际交往对大学生心理健康的重要影响，小李因人际交往的紧张，使自己的心里充满了猜忌、嫉妒和对他人的不信任。经过对小李人际交往技巧和艺术的辅导，小李对南方同学开始变得更加宽容，并试着改变和寝室其他同学的关系，慢慢在小李的脸上又看到了灿烂的笑容。

（二）极度追求完美，难容不足

虽然“金无足赤，人无完人”，但现实中却有不少大学生用完美的尺度衡量交往中的自我和他人，从而总是使自己在人际交往中处于一种尴尬、被动甚至孤立的境地。过分追求完美的认知表现在对自我的评价上，就是不少大学生不能接受自己的不足。一些大学生或因外貌、身材、家庭、专业等不如别人而感到自卑；或因自己的某些能力和知识稍有欠缺而不敢与人交往，并因此贬低自我价值，造成在人际交往中变得畏畏缩缩或敏感多疑。自我的不完美使部分大学生在人际交往中踌躇不前，不敢尝试，陷入一种假想的失败困境之中。

过分追求完美，还表现在对他人的认知态度上。据资料报道，在一次访谈中，当让24位同学写出最不喜欢交往的一位同学的缺点和优点时，所有的同学都列举出至少三个缺点，只有1个同学写出了一个优点，其他23位同学没有看到对方的优点。从这个调查数据上可以看出，在校大学生对交往对象是既挑剔又缺少宽容和理解。他们或者因对方的某些缺点而不愿与其交往，或者因对方的某些观点与自己相互而产生排斥心理。即使是很好的朋友，当对方的某一点失误不令人满意时，要么上纲上线，全盘否定，认为对方一无是处，不值得交往；要么一味地责备他人，乃至产生敌意和愤怒情绪，彼此之间变得冷漠疏远，关系僵化，人际交往中断。

（三）过分关注理想，忽视现实

理想化色彩较浓是青年所共有的心理特征，而在大学生身上表现得更为突出。大学生理想化的人际交往认知主要表现为对人际交往的期望值较高和用理想化的尺度来衡量现实。许多同学将心目中的大学校园描绘成一方净土、一方乐园，他们对大学生活的理想化的憧憬包括了大学生活和谐、温馨的人际关系。他们赋予大学人际关系以理想、完美的色彩，这使得他们对校园里人际关系的复杂性和多样性缺乏足够的心理准备。一接触到大学人际交往中的矛盾或不足，就感到与自己的理想相去甚远，产生了失望与不满的情绪。把本属于正常的矛盾视为异常，把自己交际能力的不足、处世的单纯所带来的人际不适也归因于人际关系的复杂，现实与理想的冲突积压在心里，导致心理障碍的出现。

其次，过分理想化的认知，也把复杂的人际关系简单化了，“应该怎样”或“不应该怎样”成了衡量人际关系的标准。在人际交往顺利的时候，认为人与人之间充满温情，周围都是好人。而一旦在人际交往中受到挫折，就把周围的人都看成了坏人，觉得人与人之间关系险恶，尔虞我诈，不可信任，这就严重影响了大学生在校期间的正常人际关系的确立。

案例聚焦

2013 年 4 月 11 日，上海公安局文化保卫分局接到复旦大学保卫处报案：该校枫林校区 2010 级硕士研究生黄洋自 4 月 1 日起饮用了寝室内饮水机中的水后出现身体不适，有中毒迹象，正在医院抢救。上海警方接报后立即组织专案组开展侦查。经现场勘查和调查走访，锁定黄洋同寝室同学林某有重大嫌疑，当晚依法对林某实施刑事传唤。2013 年 4 月 12 日，林某被警方依法拘留。经警方初步查明，林某因生活琐事与黄洋不和，心存不满，经事先预谋，于 2013 年 3 月 31 日中午将其做实验后剩余并存放在实验室内的剧毒化合物带至寝室，注入饮水机水槽。2013 年 4 月 1 日晨，黄洋饮用饮水机中的水后，出现中毒症状，后经医院抢救无效，于 2013 年 4 月 16 日下午去世。

二、大学生人际交往阻碍的原因分析

（一）认知偏差

认知是指感知交往对象的行为，推知其心理状态，而后采取相应的交往方式的心理认识过程。认知反映人们对人际关系状况的认识和理解，包括对自我、对他人、对交往本身的认知。在现实生活中，人的认知往往存在一定的偏差，以下几种心理定式常常影响人们交往的顺利进行，导致出现交往障碍。

1. 首因效应

首因效应又称为第一印象，指在交往过程中，首先出现的信息在印象形成中会占据优势。第一印象往往深刻而牢固，一旦形成，会对以后的交往产生较大影响，它决定交往是否继续，并影响今后的交往质量和结果。值得指出的是，首因效应毕竟只是一种直观的感觉，所形成的第一印象也往往不太可靠，存在一定的片面性。

2. 近因效应

近因效应又称“后摄作用”，它是指交往双方随着交往的深入，最新获得的信息会对形成的印象有强烈的影响，最后留下的印象比较深刻。它与人际交往的时间和熟悉程度有关，如两个陌生人之间的初次接触，首因效应起的作用大一些，而随着交往次数的增加，彼此比较熟悉或已成为朋友时，近因效应可能有更大的影响。人际交往是一个动态的发展过程，要用发展的、全面的眼光看待周围的人，不因一点不好就全盘否定。与人交往时，既要重视良好开始，也要重视好的结尾，虎头蛇尾往往会导致前功尽弃的伤心结果。

3. 刻板效应

它是指在人际交往中，人们习惯于机械地将交往对象归于某一类群体，而不管他是否表现出该类群体的特征，都把对该类群体的评价强加于他，从而影响正常的认知，影响正确认识对待交往对象，影响正常的人际交往。因此，刻板效应也是一种认知偏差。特别是当这类评价带有偏见时，会损害人际关系。例如，有的人认为南方人小气、自私，家庭地位高的学生傲气、不好相处等，这种刻板印象容易形成先入为主的定势效应，妨碍正常人际关系的形成。

4. 投射效应

指在人际交往中，把自己具有的某些特质加到对方身上的心理倾向。如“以小人之心，度君子之腹”说的就是这种情况。我们常常会发现，有的大学生对别人抱有成见，反而总以为别人对自己怀有敌意，甚至觉得对方的一举一动都带有挑衅色彩。又如，自私的人总认为别人也很自私；而那些慷慨大方的人也认为别人不应该对自己小气，由于投射作用的影响，人际交往中很容易产生误解。

5. 光环效应

光环效应又称晕轮效应，它是指在交往中人们常从对方所具有的某个或某些特征而泛化到其他有关的特征上，据局部信息形成一个整体的印象。即根据少量的情况作出全面的结论，属于以点带面、以偏概全的认识偏差，如知道某人是正直的，则容易把这人想象成刚直不阿、真诚、办事认真、可信赖的人，甚至爱屋及乌。人的外表的吸引力有着明显的光环效应，当一个人的外表充满魅力时，其与外表无关的特征，也会得到更好的评价。

光环效应会使人对交往对象产生认知偏差，导致人们做出错误的判断和反应，影响正常的人际交往。在现实社会中，诸如“以貌取人”、“情人眼里出西施”等都是光环效应的具体表现。

大学生在交往中，尤其要注意克服由光环效应引发的消极作用，尤其应防止因喜欢一个人某一点，便认为他（她）一切都好；讨厌一个人某一点，便认为他（她）一切皆糟。要有意识地训练自己从多个角度、各方面去观察和评价他人，力求做到实事求是、客观公正地看待和评价身边的人，不要被表面现象所迷惑。同时，还有学会利用光环效应的积极作用。例如，塑造良好的外在形象，优化自己的言谈举止，突出自己的优点和长处等，以便给他人留下良好印象。

（二）情绪偏差

情绪是指伴随着认知和意识过程产生的对外界事物的态度，是对客观事物和主体需求之间关系的反应。情绪又是以个体的愿望和需要为中介的一种心理活动，包括积极或消极的情绪状态和体验，是关系双方在情感上满意程度和亲疏关系，如你对自身人际关系的评价是良好、一般或不好等。

情绪在人际交往中拥有广泛的社会功能。积极的情绪可以激起人们的交往热情，主动地与他人相互交往，愿意接近他人；消极的情绪会使你远离他人，抑制人们的交往热情，使人变得消极、冷淡，懒于同他人交往，也不能正确地理解他人的实际要求，形成许多障碍，从而影响交往的顺利进行。

在现实生活中，自卑和自负是影响大学生交往障碍最为常见的情绪因素，是情绪情感中两个极端的表现形态。

1. 自负

自负是自认了不起，或恃才自傲，给人一种威胁感；置他人的感受于不顾，常常挫伤别人的自尊心，破坏他人的社会心理需要的满足。自负情感较强的人，多源于片面的自我认识、自身生活经历的一帆风顺以及过分娇宠的家庭教育。在人际交往中，自负的人往往表现出主动进攻的态度，喜好出头露面，不管在任何场合，都无视一切，与人争辩。自负者，如果动机纯正，适量用才，就能够与他人融洽相处；如果动机不纯，好为人师而不自量力，自恃才高而目中无人、藐视他人，周围的人就会远离，造成人际关系不良。

2. 自卑

自卑感实质上是对自我缺乏正确的认识，过低地估价了自己的能力和品格。有自卑感的学生，往往缺乏交往的主动性，想与他人交往又怕与人交往，想发表自己的见解又不敢发表自己的见解，总当心别人看不起自己。自卑感较强的人常常表现出自暴自弃、悲观失望的被动状态，它产生的原因有多种，如个性的原因，虽不善于交往，但也不甘于寂寞，往往寄希望于别人，表现比较被动；有某些生理缺陷、心理创伤的人，往往会有很强的戒备心理。

（三）能力偏差

人际交往能力是指妥善处理组织内外关系的能力，包括与周围环境建立广泛联系和对外界信息的吸收、转化能力，以及正确处理上下左右关系的能力。包括表达理解能力、人际融合能力、解决问题能力。对有些大学生来说，人际交往能力欠缺是影响其人际交往的主要原因。这些同学想关心别人，但不知从何做起；想赞美他人，可不知怎么开口或词不达意；成绩虽然交友的愿望强烈，然而总感到没有什么机会；有时想调解他人的矛盾，可没想到竟好心办坏事；内心想表示温柔，言语则是硬邦邦，这些都是人际交往能力偏差的具体表现。

案例聚焦

蓝风是大三的学生，是学生干部，学习成绩优秀，但人际关系较紧张，不仅与寝室同学相处不好，就连班上的许多同学也无法正常交往。在同学们心目中，他是一个清高、傲慢的人，实在不好接近，成绩虽然优秀，但对他的其他方面则不敢恭维。蓝风也为此很头疼，只要是他主持的活动项目，同学们似乎都有意不参加，好像故意和他作对，而他本人长期坚持的做人准则就是：我行我素，万事不求人。他几乎不接受别人的帮助，也认为自己没有帮助别人的义务，他成绩好，可每当班上同学向他求教时，他要么说不知道，要么就在给别人讲完之后，将别人奚落一顿，有时还要加上一句“拜托你上课时认真听讲，下次不要再来问我这么简单的问题。”时间一长，同学们都不愿意与他交往，人际关系越来越差。蓝风也对自己的人际关系状况十分不满意，感到孤独、没有归属感，有时孤独感令他窒息，他焦虑甚至恐惧，但不知如何入手改善现状。因为他自己也纳闷：我究竟有什么问题？

蓝风的人际关系不佳的重要原因就在于他是一个不懂得接受，更不知道给予的人，在他的观念里，每个人只要做好自己的事情就足够了，没有给予与接受的意识，最终将失去支持，生活在自己孤独的世界里，痛苦不堪。不懂接受与给予，不仅影响良好人际关系的建立，而且影响了心理健康的水平。

三、各种偏差的调适方法

（一）大学生人际认知偏差的调适

成功的人际交往是建立在正确的人际认知的基础上的，这种认知既包括对他人的认知，也包括对自我的认知。大学生认知偏差的调适主要包括这两个方面，正确认知他人和正确认识自己。

1. 正确认知他人

对他人的认知应遵循由感性到理性、由外表到内心的认识规律，通过察其言、观其行等综合判断手段来推测和判断他人的内心状态。正确认知他人应做到以下几点：

（1）综合地评价人。一个人的语言通常反映了这个人的内心，但有时人会掩饰自己的内心，他所说的话不直接表露他内心所想。这就需要听者善于听“弦外音”，真正听明白对方的意图，不要被对方的“花言巧语”所蒙蔽。人的内心活动是可以通过行为表现出来的，一个人的内心控制力再强，其行为也总会有所反映，因此我们评价一个人应当综合他的一贯行为表现，不应当仅凭一两件事或最初、最近的表现来判断。

小张是大一新生，性格较内向，从来没有住过校，从小都住在属于自己的房间里，进大学后与 7 名同学同住，优裕环境中长大的他看不惯同寝室同学“不良”的卫生习惯，更不喜欢他们随便的作息制度，尤其不喜欢他们的高谈阔论，总之，看谁都不顺眼。由于内向的他本来就不擅长与人沟通，再加之看不起那些同学，于是，就以独来独往来减少与同学们的交往，时间一长，他发现寝室同学说说笑笑，进进出出都结伴而行，似乎视他不存在，他开始感到失落了，孤独感油然而生，曾经多次萌发过主动与他们交往的念头，可都事与愿违。他回寝室时总觉得同学们都在议论他，对他评头品足，还窃窃私语，一副嘲笑、鄙视的模样，他觉得受不了了，想过换寝室，但没有得到批准。

为了不和他们交往，他很少回寝室，只有睡觉时才回去，即使这样避开他们，似乎还是没有减少他们对自己的议论与不满，他开始失眠，食欲下降，精神状态越来越差，身体急剧消瘦，在寝室，话越来越少，甚至连笑声都很少听见，他感觉到听课的效率也越来越差，最后终于病倒了。在住院期间，寝室同学轮流守护在病床旁，看到那些平时让自己反感透顶的同学都忙着照顾他，送水喂饭，就像自己的家人生病了似的，他的心被震撼了。他把内心的苦闷与孤独告诉了他们，才知道原来一切都是自己“想”出来的，同学们只是觉得他不愿与他们交往，并不知道由此引发了他内心如此大的震荡。

（2）发展地看人。一个人处在这个不断运动变化的社会中也是会变的，所以我们应当用发展的眼光看待人，而不应当总是采用我们头脑中旧的思维定势来评价人。对于熟悉的人，我们要善于观察他的细微变化，不断改变交往的方式。比如，有位女大学生因为从小娇生惯养形成了自私的毛病，做事只考虑自己，从不考虑别人。当她感觉大家都在疏远她时，便觉得非常孤独和自卑。于是，她正在努力改变自己。如果这时我们发现了她的一些细微变化，友好地和她接近，就会改掉她的坏毛病，建立友谊；相反，如果我们仍然用“有色眼镜”看人，就会将她良好的愿望扼杀于萌芽状态。

（3）客观地评价人。俗话说：“萝卜青菜各有所爱。”每个人都喜欢凭自己的喜好与人交往，在交往中也会不自觉地将个人的爱好强加于他人，这就造成了我们在认知他人时会带有某些主观的成分。可是，在实际生活、工作中，我们遇到的人并不一定都是我们喜欢的人，如果我们不能从他人的实际特点和具体情况出发去认知他，对其有一个客观的评价，而是仅凭个人的喜好去与他交往，势必造成一定的交往障碍，无形中缩小了交际的范围。

2. 正确认识自我

对自我缺乏正确的认识也是造成大学生认知偏差主要原因之一。大学生要想在人际交往中避免自我认知偏差，就必须打破自我封闭，拓宽生活范围，增加生活阅历，拓展交往空间，全方位、多角度地认识自我。

（1）正确认识自我。对于心理和生理正在走向成熟的当代大学生来说，“自我”是他们积极关注的问题。对人生观、价值观的取向以及在社会中的自我实现，都使大学生们更加强烈地意识到自我，原来那种对外界的注意和关心逐渐转向了对自身内在世界的关注。客观、全面地认识自我能使大学生将“现实我”与“理想我”进行合理的统一。

第一，自我比较。将自己的现在与自己的过去相比。人们在自我认知时，往往把自己的今天与昨天放在同一尺度面前进行比较，从中发现自己是进步了，还是退步了，抑或是原地不动。这种纵向比较的方法，是认识和评价自我的一种简易的方法，它可以使人们看到自己成长以及在成长道路上还存在的弱点和缺点，从而在人际交往中正视这些不足，更好地处理各种关系。

第二，社会比较。自我认知不仅仅限于自己同自己的纵向比较，而更多采用的是自己与他人的横向比较。美国社会心理学家费斯汀格把这种比较称之为“社会比较过程”。社会比较通过以下几种方式来进行：一是通过分析他人对自己的评价来认识自我。值得注意的是，他人评价这面镜子，并不是指某一个人的某一次评价，主要是指对自己有影响的、关系较为密切的人对自己的某些经常的稳定的评价，这才是自我认知的基础。二是通过社会上和自己地位、条件相类似的人的比较来认识自己。许多研究发现，人们与相比较的对象相似性越高，就越容易在比较中获得对自我的正确认识和评价。大学生作为一个群体，在知识水平、道德品质、能力等方面具有很多相似性，因此会在平时的学习生活中比较容易正确地评价自我。但是，我们更提倡大学生要以积极的态度与周围的强者相比，在比较中认清自己的优势和劣势，长处和短处，达到取长补短、缩小差距的目的。

（2）塑造完美自我。正确认识自我只是健康人生的基础，完美的自我才是理想境界。塑造完美自我可通过以下途径：

第一，积极悦纳自我。悦纳自我首先要无条件地接受自己的一切，优点和缺点，好的和坏的，成功的和失败的；其次要喜欢自己，肯定自己的价值。实事求是地承认自身的价值，能够维护自己的自尊心，充分调动积极因素，发挥自己的潜能。

第二，优化自我意识。自我意识不是先天生成的，而是后天实践的结果，是个体社会化的产物。因此，大学生自我意识的优化也应当在实践中进行。具体地说，应当通过以下几条途径来进行：

首先，积极投身社会实践活动。只有投身于认识和改造客观世界的实践，才能获得对自我的客观认识，形成稳定的自我态度，有效地调节、控制自我。

其次，通过读书学习优化自我意识。在读书学习中，人们不仅可以吸收历史人物优化自我意识的经验，而且学会许多富有成效的自我认识、自我体验和自我调节的原则和方法。

再次，通过人际交往优化自我意识。自我认识、自我体验和自我控制总是要通过他人并受他人影响的。他人是反映自我的镜子，与他人交往是个人获得自我观念的主要来源。正确的自我认知有助于大学生定向地调节和控制自己的心理和行为。

最后，发挥主观能动性。如果一个人能经常有目的地去观察自己、分析自己、评价自己，又能有目的地去增强自己的自信心，维护自己的自尊心，那么，他的自我意识就会得到优化。

第三，完善与超越自我。大学生都有很高的抱负和远大的理想，古人说得好，要“齐家，治国，平天下”须从“修身，养性”开始。即从点滴小事开始，从行动开始。所以自我修养、自我塑造首先应根据社会的需要和个人的特点，做到行与知并重。完善自我、超越自我也是大学生从个体的“小我”不断走向社会“大我”的过程，从“昨天之我”向“今日之我”、“明日之我”迈进的过程。新时期的每一个大学生都应该明确这一点，努力自觉地将“小我”和“大我”统一起来。既立足于自我，又不封闭自我；既要有自己的主体意识，又要尊重别人的主体地位；既要实现自我价值，又要鼓励和帮助他人实现自我价值，还要和众人共同实现社会价值。总之，当代大学生必须能够坚持正确的方向，积极投身于现实的社会实践之中去，积极主动地去学习、去实践、去交往、去创造，才能全面地认识自己，很好地把握自我，不断地超越自我，一步步走向完善和成熟。

一位青年人拜访年长的智者。

青年问：我怎样才能成为一个自己愉快，也能使别人快乐的人呢？

智者说：“我送你四句话，第一句是：把自己当成别人。即当你感到痛苦、忧伤的时候，就把自己当做别人，这样痛苦自然就减轻了；当你欣喜若狂时，把自己当做别人，那些狂喜也会变得平和些；第二句话是：把别人当做自己，这样就可以真正同情别人的不幸，理解别人的需要，在别人需要帮助的时候给予恰当的帮助；第三句话是：把别人当做别人，要充分尊重每个人的独立性，在任何情形下都不能侵犯他人的核心领地；第四句话是：把自己当做自己。”

青年问道："如何理解把自己当做自己，如何将四句话统一起来？"

智者说："用一生时间，用心去理解。"

（二）大学生情绪偏差的调适

当代社会文化和价值体系的多元化，学业压力的加大，人际关系日趋复杂，就业形势的严峻，部分大学生除了影响交往常见的自卑和自负之外，也不可避免地产生一些抑郁、焦虑、易怒、嫉妒等负面情绪。这些负面情绪如果得不到及时地缓解，对大学生的学业、生活以及今后择业带来的影响也是不可忽视的。因此，大学生掌握一些情绪调节的方法是十分必要的。

情绪的调节主要是通过减弱或消除不良刺激、提供多种应对策略和多方面的应对资源、调整认知评价以及提高对事物的可控性等途径来完成。在日常的学习和生活中大学生可以采用以下一些情绪调节策略。

1. 理性反省自己

对于自卑造成的孤独，当事人要理性地反省自己，认识到自己头脑中存在的非理性的观念，如"别人肯定不喜欢我"等。这些没有事实根据的想法会支配你的思想、行动。当你以低人一等的心态与人交往，就会感到别人总是那样地盛气凌人，就会感到与人交往是件令人难堪的事情。而改变的方法就是清除头脑中的非理性观念，看到自己的长处，认识到人与人是平等的，别人能做到的事，自己通过努力也一定能做到。可以先从小事做起，培养自己的自信心。一旦树立了信心，你就会感到自己并不那么笨，别人也并非都讨厌自己。当你体验到交往的快乐时，孤独感也就消除了，你也会发现一个新的自我。

2. 注重人格修养

那些因自傲而陷入孤独的人，要注重自己的人格修养，扩大自己的知识面和阅历，要看到山外有山、天外有天。人不能有傲气，傲气只能引起别人的反感，拉大与他人的心理距离，使自己陷入孤立的境地。所以要学会平易近人，发现别人身上的长处、优点，尊重别人的兴趣爱好和价值取向，容忍别人的缺点，这样你才能和众人和睦相处，友好交往，你自身也会得到不断提高。

生活中，有些人走到哪里就会把欢声笑语带到哪里，他们人缘极佳；而另一些人则孤芳自赏、形只影单，到处不受欢迎。为什么呢？因为他们是：

（1）喋喋不休的人。这种人无论到哪里都说个不停，既不看谈话情势，也不管别人想不想听，只管自己絮絮叨叨，没完没了。这种无端占用别人时间的人是最不受欢迎。

（2）喜好争辩的人。你说长，他偏说短；你说方，他偏说圆。什么事都喜欢与人争论，不千方百计把人驳得哑口无言不算完。久而久之，人们对这种人都会畏而远之。

（3）传播隐私的人。无论跟谁交往，他们都神神秘秘，喜好窥探他人的隐私，传播别人的奇闻秘事，到处煽风点火，并且以此为乐。这种人，人见人避，因为没有人愿意让自己的隐私在大庭广众之下被别人到处传扬。

（4）说三道四的人。不是当面给人提出批评、建议，而是在背后论人长短，说三道四，他们总是戴着变色眼镜看人、论事，把别人说得走了形、变了样，以显示自己真理在握、高人一等。

(5) 随便许诺的人。许下诺言时信口开河，根本不考虑兑现能力，甚至把诺言当做收买人心的砝码。别人郑重其事，信以为真，满心期望，他却早把诺言抛在九霄云外，既误人又误己。

(6) 背信弃义的人。这种人没有明确的立身行事的准则，与人相约不守时，与人相交不守德，今天称兄道弟，明天就会翻脸无情；跟他掏心窝说真话，他反而借机倒打一耙，置人于死地。

(7) 耍小聪明的人。说话不真，待人不诚，说话做事喜欢绕弯弯。想去打台球，却说去会朋友；自己不同意，偏说别人有意见。每逢有事要做，总是推三阻四，找理由逃避。

(8) 不拘小节的人。当众抠鼻子、挖耳朵、脱鞋子；不敲门径直闯入别人家，进门后就一口把痰吐在地板上，临出门又把主人正在读的书刊拿走。随随便便，大大咧咧，只图自己一时痛快，不顾别人方便不方便。

(9) 吝啬小气的人。一起外出吃饭，总是同伴埋单，乘车、看电影也是朋友出钱，自己躲得远远的。从不把自己的东西借给别人，唯恐人家不还他。本来可以助人，却不帮人一把，说话做事斤斤计较。这种人，朋友都会慢慢离他而去。

(10) 刨根问底的人。喜欢打听闲事，对对方不愿说、不甚了解、不感兴趣、无法回答的问题刨根问底，非要人家说出个子丑寅卯来不可，否则便追问不休。与这种人相处，人们有一种被审问的感觉，只感到别扭，没有轻松感。

(11) 得寸进尺的人。得理不饶人，不给人面子，不留台阶。不把人逼到死胡同俯首称臣决不罢休。这种人表面上虽取得了胜利，但终因缺乏容人的气度和雅量而被人厌弃。

(12) 唯我独尊的人。自以为是，唯我独尊，每到一处都趾高气扬，盛气凌人。喜欢指手画脚，把自己的意见强加于人，全不顾人家愿不愿意听，乐不乐意接受。总想让别人按照自己的意志去行事。事实上，谁都不愿意被别人看成是无知而愚蠢的人。

(13) 挑肥拣瘦的人。这种人的最大特长是指责和批评，横挑鼻子竖挑眼，似乎世上所有的人都没有一点可取之处，唯有他至真至纯，至善至美。然而“水至清则无鱼，人至察则无徒”，喜欢挑肥拣瘦的人永远交不到真朋友。

(14) 高深莫测的人。这种人该喜不喜，逢悲无悲，没有喜怒哀乐，遇事不发表意见，城府极深，让别人摸不清他究竟是什么心思，让人不敢接近。

(15) 虚伪做作的人。当面一套，背后一套，虚情假意，喜欢客套。表示歉意三番五次，却不是真心实意；表达感谢，说了又说，却不是发自心底。

以上 15 种类型的人虽不占多数，却不乏其人。作为秘书人员应该注意这些现象，引以为戒。

3. 合理控制情绪

受过多年知识教育的大学生，在长期的学习和生活中，都有一定的控制能力，但我们因一些不良事件产生剧烈情绪反应时，应该想办法先让自己冷静下来，而不是马上把不良情绪发泄出来。在冷静的过程中我们可以重新梳理下事件的来龙去脉，也许等我们真正弄清楚整件事情后，原来的愤怒情绪已经烟消云散了。同时，由于我们的情绪得到了合理地控制，也避免了一些在盛怒情况下过激行为的发生。

4. 转移注意力

当我们心情不佳时，会觉得整个世界天昏地暗，那是因为我们过分关注自己的消极情绪，把所有的目光都放在了负面情绪上。注意力转移法就是把注意力从引起不良情绪反应的刺激情境转移到其他事物上去或从事其他活动的自我调节方法。当出现情绪不佳的情况时，要把注意力转移到使自己感兴趣的事上去，如外出散步、看看电视、读读书、打打球、下盘棋、找朋友聊天、换换环境等，有助于使情绪平静下来，在活动中寻找到新的快乐。这种方法，一方面，中止了不良刺激作用，防止不良情绪的泛化、蔓延；另一方面，通过参与新的活动，特别是自己感兴趣的活动而达到增进积极的情绪体验的目的。

5. 适当地宽容自己

世界的发展是不以我们每个人的意志为转移的，这就意味着在前进的道路上，我们遇到挫折是在所难免的。在我们没有成功达到目标时，有失望、焦虑这些情绪是很正常的，但如果把握不好这个度，就很容易自暴自弃，从此一蹶不振。这时候，我们要做的就是给自己一个宽容的微笑，不要一味地把失败的原因都归结为自己的能力因素，要从事情本身和环境出发，认真从内外两方面进行合理归因，勇敢接受现实，安慰自己。这样可以使我们从容地面对失败，重整旗鼓，以健康、积极地心态迎接人生的一个又一个挑战。

6. 适度宣泄

过分压抑只会使情绪困扰加重，而适度宣泄则可以把不良情绪释放出来，从而使紧张情绪得以缓解。因此，遇到不良情绪时，最简单的办法就是“宣泄”。宣泄一般是在背地里，在知心朋友中进行的。可以尽情地向至亲好友倾诉自己认为的不平和委屈等，一旦发泄完毕，心情也就随之平静下来；可以找个空旷的地方尽情地呼喊或哭泣，把不良情绪发泄出来；也可以通过跑步、游泳、打球等体育运动来宣泄；还可以用文字的方式把不良情绪写进微博或日志等等。通过对情绪的适度疏导，可以平复心情，缓解不良情绪。必须指出，在采取宣泄法来调节自己的不良情绪时，必须增强自制力，不要过分放纵自我，要采取正确的方式，选择适当的场合和对象，以免引起意想不到的不良后果。

7. 自我安慰法

当一个人遇到不幸或挫折时，为了避免精神上的痛苦或不安，可以找出一种合乎内心需要的理由来说明或辩解。如为失败找一个合适的理由，用以安慰自己，或寻找理由强调自己所有的东西都是好的，以此冲淡内心的不安与痛苦。这就是所谓的“甜柠檬原理”与“酸葡萄原理”。这种方法，对于帮助人们在大的挫折面前接受现实，保护自己，避免精神崩溃是很有益处的。比如，对于失恋者来说，想到“失恋总比结婚后再离婚要好得多”，便可减轻因失恋带来的痛苦。因此，当人们遇到情绪问题时，经常用“胜败乃兵家常事”、“塞翁失马，焉知非福”、“坏事变好事”等词语来进行自我安慰，可以摆脱烦恼，缓解矛盾冲突、消除焦虑、抑郁和失望，达到自我激励，总结经验、吸取教训之目的，有助于保持情绪的安宁和稳定。

8. 交往调节法

某些不良情绪常常是由人际关系矛盾和人际交往障碍引起的。因此，当我们遇到不顺心、不如意的事，有了烦恼时，能主动地找亲朋好友交往、谈心，比一个人独处冥想、自怨自艾要好得多。因此，在情绪不稳定的时候，找人谈一谈，具有缓和、抚慰、稳定情绪的作用。另外，人际交往还有助于交流思想、沟通情感，增强自己战胜不良情绪的信心和勇气，能更理智地去对待不良情绪。

9. 情绪升华法

升华是改变不为社会所接受的动机、欲望而使之符合社会规范和时代要求，是对消极情绪的一种高水平的宣泄，是将消极情感引导到对人、对己、对社会都有利的方向上去。例如，一同学因失恋而痛苦万分，但他没有因此而消沉，而是把注意力转移到学习中，立志做生活的强者，证明自己的能力。

10. 拥抱自然法

近年来，自然疗法被人们广泛运用在调节情绪方面。大自然的怀抱里有灿烂的星空，有美妙的风景，有清新的空气，有空旷的田野，在与这些原生态的美丽接触的过程中，我们可以忘却来自人世间的种种烦恼。当大学生厌倦尘世喧嚣时，可以展开双臂拥抱亲和的大自然，在那里你会重新发现一片属于自己的心灵净土，呼吸新鲜空气，品味自然美景，心情定会随着温暖的阳光变得晴朗起来。

（三）大学生能力偏差的调适

1. 树立正确的人际交往观

有些大学生对人际交往的意义和作用缺乏正确的认识，认为独处挺好（实际上他们中的大部分人是人际交往的障碍者），还有的学生认为人际交往就是拉关系，是一种腐败行为。所以，大学生首先要矫正自己对人际交往的认识，树立正确的人际交往观，明确正确交往行为是人的正常社会需要，是一种光明磊落的行为，对人的身心健康有着不可替代的作用。

2. 主动大胆地与人交往

人际交往是一种双方互动的过程，只有双方都主动起来，才能使交往正常进行，从而维持长久地交往关系。所以，培养交往能力首先自己要有积极的心态，在日常交往活动中，主动与他人交往，不要消极回避，要敢于接触，尤其是要敢于面对与自己不同的人。而且，还要不怕出身、相貌、经历，不要因来自边远的地区、相貌不佳或者经历不如别人而封闭自己。主动、大胆地与人交往还有利于消除自卑以及其他的交往障碍。客观地说，一个人的胆量是在后天的实践活动中形成和发展起来的，只要迈出了交往的第一步，以后的交往就不会显得那么困难。大学生在人际交往中，应重视经验的积累和总结，并注意在以后的人际交往中发挥优点，克服不足，从而增强信心和胆量。

3. 养成良好的个性品质

一个人个性品质的优劣和人格特征的完善与否，对人际交往有很大的影响。良好的个性品质和人格特征，如真诚、善良、正直、友好、信任等，有利于增进人与人之间的吸引力，有助于克服嫉妒心理，从而与他人建立良好的人际关系。要认识到在与别人的交往中，打动人的是真诚，以诚交友，以诚办事，才能换来与别人的合作和沟通，真诚永远是人类最珍贵的感情之一。

4. 待人要真诚热情

一般情况下，交往双方总是先接受说话的人，然后才会接受对方陈述的内容。因此，对人讲话时，态度应该诚恳，要避免油腔滑调，高谈阔论，哗众取宠，垄断话题，否则会使人感到不愉快。实事求是，态度热情，往往给人一种信赖感，亲近感，这有利于交往的继续深入；反之，如果言不由衷转弯抹角，态度冷淡，则给人一种虚假、冷淡的感觉，交往很难再深入下去。

5. 掌握一定的交往技巧

这些技巧包括：注意仪表、举止、言谈、风度、气质和行为规范；把对方放在首位，关注对方的需要、兴趣和感受；讲究语言的艺术性；保持适当距离。

6. 保持积极健康的社交情绪

在人的交往中，情绪和情感同样起着十分重要的作用。人与人之间的吸引和排斥，主要取决于双方情感上的接近和疏远。积极的情绪和情感，如热情、快乐、亲切、满意等，能使人在交往中感到心情宽松、精神舒畅，增进双方的友好关系；消极的情绪情感，如急躁、愤怒、冷漠、厌烦、憎恨、不满等，则会使人感到精神紧张、心境压抑。这种不愉快的体验会阻碍人际沟通。如果消极情绪在交往中经常出现，就会导致严重的交往障碍，而交往障碍又会进一步加深负面情绪和情感，甚至容易产生恶性循环。所以，大学生要认识到情绪情感对于人际交往和身心健康的重要影响，学会调节控制不良情绪，提高心理相容水平和亲和力。

第三节　人际交往的原则与技巧

一、人际交往的原则

（一）平等原则

平等是人与人之间建立感情的基础，是公共关系的一项基本原则，平等是建立良好人际关系的前提。人际交往中着重的是人格平等，即尊重他人的人身权利、自尊心、感情，不涉及他人的隐私权。

心理学研究表明，人都有受人尊敬的要求，每一个人都渴望成为家庭、组织、社会中真正的一员，平等地同他人进行沟通。只有在交往中以平等地姿态出现，不盛气凌人，不高人一等，给人以充分的尊敬，才能形成人与人之间的心理相容，产生愉悦、满足的心境，建立和谐的人际关系。

（二）真诚原则

真诚是人际交往最基本的要求，所有人际交往的手段、技巧，都应建立在真诚交往的基础上。在实际工作中诚信有着重要的价值，它实际上是个人的无形资产，是个人忠诚的表现，反映了个人行为的规律和稳定性。在人际交往中“诚而有信”，就能发挥自身优势，得到他人或组织的支持和鼓励，更好地表现自身价值。

（三）宽容原则

宽容指心胸宽广，忍耐力强，不计较个人得失。“海纳百川，有容乃大。”人际交往中应严于律己，宽以待人，关心人、理解人、大事清楚、小事糊涂，原则要坚持，方法要灵活，以德报怨，得理让人。在现实社会中，肯定金无足赤，人无完人。交往时只有对别人的不足与过失宽以待之，才能获得更近的交往距离。

（四）知人原则

社会中每个人的气质、性格都不相同，交往的动机、所抱的目的也不同，我们在开展人际交往时，对交往对象应该有较深刻的了解与把握，掌握主动，“知其可言而不言，为失人；知其不可言而与之言，为失言”。

（五）互动原则

我们都希望别人能够承认自己的价值，希望别人能够接纳自己、喜欢自己。出于这个目的，我们在社会交往中往往更注意自己的自我表现，注意吸引别人的注意力，处处期待别人首先接纳自己。这种从自我单方面出发考虑问题本无可非议，可是它却实实在在地影响着我们的交往。我们应该首先学会赞美同事、欣赏同事、同事才能喜欢你，正所谓“投之以桃，报之以李”。

二、人际交往的艺术

（一）听和说的艺术

在交往过程中，语言是一个重要的媒介，掌握好听和说的艺术，可有效促进人际交往。对于同样的内容，用不同的话语表达出来，会在对方的心理产生不同的影响，从而给双方带来不同的交往质量。

1. 听的艺术

在人际交往中，听的艺术重要表现在以下几方面：

（1）在倾听的时候，应该与说话人交流目光。眼睛是心灵的窗户，要让眼神和表情表达出你正在专心聆听对方讲话。但是要注意，不可死盯着对方的眼睛，给对方造成压力感。

（2）在倾听的时候，要随时点头或者发出“哦”、“嗯”之类的声音以示应答。这样既能表示自己正在倾听，也能激起对方进一步讲话的兴趣。但是认真倾听也不等于一味地附和对方的观点，应该得体地向对方表示自己的观点和意见，以利双方深入交谈。

（3）适时地提问。通过适时提问，可以让对方感觉到，我们对他的谈话内容感兴趣，同时也有利于启发对方谈及我们感兴趣的话题。当交谈出现冷场时，我们可以寻找一些新的话题，及时提问，来解除沉默和尴尬。

2. 说的艺术

任何一句话，都有多种不同的表达方式。而每一种表达方式，都会带来不同的表达效果。

（1）说话要委婉。

（2）学会幽默说话。幽默能创造一个轻松的环境，消除尴尬局面。幽默还可以拉近人与人之间的距离。

（3）赞美对方。赞美是一种不用花钱而又很有效的奖赏。出自内心地真诚地赞扬和欣赏别人，是处理好人际关系的一条重要途径。但在赞美别人时，要注意：一是必须以真诚的微笑去面对别人。笑容是好意的信差，微笑所表达的是：我喜欢你，很高兴见到你。二是要有真正的爱心，因为拥有爱心的人最能发现别人的长处，爱心的心理就是欣赏和赞美。三是要勇敢地恰当地表达你的爱心。

（二）给人留下好印象的艺术

良好的第一印象是人际交往成功进行的首要条件，建立良好第一印象的方法就是要善于表现自己，给别人留下良好而深刻的印象。运用以下几种方法可以帮助你有效地建立良好的第一印象。

（1）注意自己的外表和体态语言的塑造。

（2）建立良好的自信，善于表达自己的优点而不过分夸大。

（3）主动热情，在最短的时间内缩短与别人的心理距离。

（4）运用相似性原则，寻找自己与对方的共同之处。

（5）记住别人的名字。

（三）其他技巧

（1）换位思考。在工作和生活中无论发生什么事情，首先都要想是不是自己做错了，如果自己没错，那么也要站在对方的角度，体验一下对方的感觉，考虑如果我在他的位置上，我会怎样？经常站在对方的角度去思考问题，一切就会变得简单。任何人在工作和生活中都无法避免出差错，如果自己工作出了差错，就应该勇敢地自我批评，主动认错，这比被同事、同学指出来要好得多。

一般而言，善于交往的人，往往善于发现他人的价值，懂得欣赏他人，愿意信任他人，对人宽容，能容忍他人有不同的观点和行为，不斤斤计较他人的过失，在可能的范围内帮助他人而不是指责他人。懂得“己所不欲，勿施于人”，懂得“你要别人怎样对待你，你就得先怎样对待别人”的道理。懂得别人是别人而不是自己，因而不能强求，与人相处应求大同，存小异。

（2）善用赞扬和批评。心理学家认为，赞扬能释放一个人身上的能量，调动人的积极性。所以，真心实意、适时适度地表示你对别人的赞扬，能够增进彼此之间的吸引力。所以嘴巴要甜，不要吝惜你的喝彩声。适时地对同事进行夸奖，会使人产生愉悦感，会使同事产生与你的亲近感。但赞扬不是阿谀奉承，赞扬一定要真诚、实事求是、适度，而不是虚情假意、夸大事实；不分时间、场合，随意而过分夸大的赞扬会让人感觉虚伪、做作，反而会伤害人际关系。与赞扬相对的是批评，批评是负性刺激，一般情况下，应多作赞扬，少用批评。当然，有时候批评也是必要的，但批评要讲究策略、注意方法。批评要用意善良、符合事实、方法得当，才能让对方虚心接受，产生积极的效果。批评的方式要委婉，要注意场合与情景，应对事不对人，不能对一个人全盘否定，这样会挫伤对方的积极性与自尊心，应就现在的一件事而不是将以前的事重新翻出来，措词和态度应是友好的、真诚的。

（3）文明礼貌。礼节要周到，问候时说“您好”，告别时说“再见”；得到别人的帮助要致谢，扰乱了别人要致歉；平时打招呼时要看着对方的眼睛。不说粗话脏话，避免使用他人忌讳的语言；注意回避容易引起误解不快的语言，不用指责的语言，多用谅解的语言；说话要有分寸，注意体察交往对象的内心感受，把握好言辞表达的度。要尊重别人符合道德和法规的私生活方式、衣着、摆设、爱好，在别人的确有缺点时委婉而善意地指出。

（4）帮助别人。心理学家发现，以帮助与相互帮助开端的人际关系，不仅有助于良好的第一印象的确立，而且人与人之间的心理距离可以迅速缩短，使良好的人际关系迅速建立起来。日常生活中的患难之交正说明这一点。患难识知己，逆境见真情。当一个人遇到坎坷，碰到困难，遭到失败时，往往对人情世态最为敏感，最需要关怀和帮助，这时哪怕是一个笑脸，一个体贴的眼神，一句温暖的话语，都能让人感到振奋。因此，别人陷入困境时，你能伸出援助之手，帮助困难者，安慰失意者，可以很快赢得别人信任，建立起良好的人际关系。如果对别人漠不关心，麻木不仁，小心吝啬，怕招引麻烦，交往很可能因此而中止。

（5）主动交往。在现实生活中，有许多人尽管与人交往的欲望很强烈，但仍然不得不常常忍受孤独的折磨，他们的友人很少，甚至没有友人，因为他们在社交上总是采取消极的被动的退缩方式，总是等待别人来首先接纳他们。因此，虽然他们同样处于一个人来人往，熙熙攘攘的世界，却仍然无法摆脱心灵的孤寂。要知道，别人是不会无缘无故对我们感兴趣的。因此，我们要想同别人建立良好人际关系，建立起一个丰富的人际关系世界，就必须做交往的始动者，处于主动地位。我们应少担心，多尝试。当你主动与陌生人打招呼攀谈时，当你在舞会上想去邀请舞伴时，你会发现你的努力几乎都是成功的。

案例聚焦

杨某是某理工大学的大二学生，成绩优秀，但她今年来感到异常苦恼。长期以来她一直经受着心理障碍的困扰和折磨，时至今日，仍然无法摆脱这个阴影。

杨某从小性格内向、胆小、孤僻。父母很正统，很古板，对她要求极严甚至苛刻。不准她和陌生孩子交往。父亲动起怒来特别可怕。他认为女孩子在外蹦蹦跳跳，打打闹闹是不正经的，还容易上坏人的当。所以除了学校和家，杨某很少在外玩耍。

谈到不愉快的经历，杨某还记得：初中时，一向成绩很好的她，一次课堂提问没回答上来被老师当众批评、挖苦，她难过得直流眼泪。再就是大一时，同室一位同学来自农村，家境不好，杨某就经常主动帮助她，可这样反而伤了那位同学的自尊心，她不但不把杨某当朋友，反而时常挑剔她，指责她，刁难她。故意当着她的面和其他同学亲亲热热，孤立她。这使杨某委屈极了，难过极了。她恨自己，自责自己是不受欢迎的人。

不知不觉，杨某就怕和人接触了，越来越害羞了。她认为自己是个怪人，怪毛病就是害羞。一年多来，她从不多与人讲话，与人讲话时不敢直视，眼睛闪躲，像是做了亏心事。一说话脸就发烧，低头盯住脚尖。心怦怦跳，身上起鸡皮疙瘩，好像全身都在发抖。不愿与班上同学接触，觉得别人讨厌自己，在别人眼中自己就是个“怪人”。对老师也害怕，上课时，只有老师背对学生板书时才不紧张。只要老师面对学生，她就不敢朝黑板方向看。常常因为紧张，对老师所讲的内容不知所云。更糟糕的是，在亲友、邻居面前她说话也“不自然”了。由于这些毛病，极少去社交场所，很少与人接触，自己曾力图克服这个怪毛病。

分析点评

杨某患的是一种常见的心理障碍——社交恐惧症。面对人群时，不但觉得害羞，还感到害怕，而且对自己以外的世界有着强烈的不安感和排斥感，这种对社交生活和群体的不适应，而产生的焦虑和社交障碍称为社交恐惧症，它是最困扰大学生的心理问题之一。

对社交恐惧症的治疗，一般通过心理分析和心理治疗。对于前面案例中的杨某，施治方案可采取认知领悟疗法，放松训练法。

首先，让她回顾一下所经历的不愉快事件，分析一下自己性格形成的过程，以找出造成她现在这种情况的真正原因。从叙述中可以知道：

（1）杨某的内向、孤僻、胆小的个性特征是影响人际交往的内在因素。

（2）父母对她交往中的禁忌意识，使她的性格中形成了较强的羞耻心，这对人际交往起着阻碍作用。

（3）少儿时，父亲发怒导致的恐惧反应和老师当众批评、挖苦所产生的羞辱反应在她的心灵深处留下了负性心理印痕。这种印痕会由于日后负性生活事件而被激活，对心理障碍的产生和发展起作用。

（4）在与同学相处中感到“好心未得好报”，反被误解，恶意相待，于是委屈、怨恨、激愤；又由于心理防御机制的作用，这些挫折反应在潜意识中被转换为对那位同学的压抑的敌意和回避反应导致杨某产生了泛化心理现象（即由对某一人的敌意、回避发展为对周围的人都产生了戒备心和回避反应）；另一方面，自责、自怨加重了杨某性格中的羞耻心和胆怯。所以，人际矛盾这桩负性生活事件导致她对人恐惧的直接的、现实的诱因。

（5）当杨某出现对人恐惧反应后，便批评、督促自己该怎样就怎样，控制自己，不要怎样怎样，这就产生了一种暗示、强化“症状”的作用。再加之她越感到“不自然”、“狼狈”、“难堪”，头脑中就越多的出现“想象观念”，这进一步导致了她的自我感觉恶化。如此恶性循环，“症状”便日益严重了。她在这种想改变又未能改变，想摆脱又无力摆脱的困境中，早年的负性心理印痕被激活了，与现实问题交织在一起，产生了综合作用。

当杨某意识到的社会恐惧症是怎样形成的之后，可以采纳以下一些建议：

（1）设身处地地站在那位被她帮助而又对她不友好的同学的角度想一想，理解并宽容她。同时检查自己是否存在过敏、多疑等不利于交往的心理。以此，逐渐解除压抑的敌意。

（2）正确认识人与人之间的正常交往，认识人是需要通过交往来表现自我的，摒弃旧的羞耻感，尊重自己的正当意愿。

（3）找两位关系较好的女生了解一下她们对你在与人交往中的反应，如脸红、发抖、目光恍惚等“不自然”状态是否确实。目的是让她通过调查，克服“想象观众”作用。

社交恐惧症相对来说是后天形成的，也就是社交能力不是与生俱来的。一方面固然需要通过人际交往掌握社交技巧，以扩大社交面；另一方面，要具备健全的人格发展，才可进行人际交往。个人人格发展不健全会导致习惯性的社交恐惧，从而形成社交恐惧症，影响正常的生活和学习。所以，增强自信、参加集体活动是战胜社交恐惧的关键。

第四节　解决人际冲突的策略

人际冲突是一种人与人之间对立的状态，表现为两个或者两个以上的相互关联的主体之间的紧张、不和谐、敌视，甚至争斗关系。冲突发生的原因多种多样，可能是各方的需要、利益不同，或者对问题的认识、看法不同，或者是价值观不同，行为方式做事的风格不同等。当相互关联的两个个体或者多个个体之间的态度、动机、价值观、期望或实际行动不兼容时，并且这些个体同时也意识到他们之间的矛盾时，个体间的冲突就发生了。

在日常生活中，人际冲突是难于避免的。发生人际冲突并不可怕，如果处理得当，人际冲突也可以成为双方增进了解的切入点。许多人就是因为不知道如何正确处理人际冲突，才使人际关系状况恶化。学会建设性地处理分歧或冲突，就可以有效地处理分歧或冲突，可以有效地减少人际关系恶化和破裂的发生。

一、避免人际冲突的原则

（一）尽量避免争论

人与人之间争论是很正常的事，但是争论往往都以不愉快结束。事实证明，无论谁赢谁输双方都会很不舒服。赢者当时可能获得一种心理满足，但很快就会被人际关系恶化的阴影笼罩，一时的满足心理会变得烟消云散。输者的心理挫折感更加强烈，往往会演化为人身攻击，这对于人际关系是非常有害的，争论的结果往往两败俱伤。

（二）不要直接批评、责怪和抱怨别人

直接批评、责怪和抱怨别人会使他人的自尊心和自我价值感受损，尤其是一时面子上会感到难堪。实际上，有时候只要稍稍改变一下方法，变直接批评、责怪和抱怨为间接的暗示和提醒，效果会好得多，这就是所谓的“坏话好说”的艺术。

（三）勇于承认自己的错误

勇于承认错误是人际关系的润滑剂。当人际关系产生障碍的时候，承认自己的错误也是明智之举。虽然承认错误是一种自我否定，但是它能使自己产生道德感的满足；另外，承认自己的错误是责任感的表现，对他人也具有心理感召力，在此情景中的人际关系僵局可能会因此而打破。

（四）学会批评

不到不得已时，绝不要自作聪明地批评别人。但是，有时候批评也是不可避免的。这

时学会批评的艺术是维护人际关系的重要策略。卡内基总结的批评的艺术很值得借鉴：批评从赞扬和诚挚感谢入手；批评前先提到自己的错误；用暗示的方式提醒他人注意自己的错误；领导者应以启发而不是命令来提醒别人的错误；给别人保留面子。

二、处理人际冲突的原则

（一）控制好自己的情绪

给情绪降温，做合理让步。在发生人际冲突时，双方都处于激情状态下，在这种情绪状态下，很容易说出彼此中伤的话而造成无法挽回的局面。此时，做适当的让步不失为一种明智的选择，让步并不代表忍声吞气，把握好度也是一种智慧。而做出让步的前提就是控制好自己的情绪。值得指出的是，控制自己的情绪是为解决人际冲突腾出时间和空间，并不是回避问题或者压抑自己。

（二）当时当地解决冲突

当发生人际冲突时，应该直面问题，坦诚以待，立即处理，而不是暗自较量，更没有必要记仇。人际冲突的起因多半是小事，如果双方彼此说出自己的真实感受，一般都可顺利地解决冲突。事实上，很多人当时都会选择逃避，但几次逃避之后，小问题会积攒成为大问题，到那时发生人际冲突就是算总账了，陈年旧事都有可能翻出来，此时再处理就是难上加难，这一点是需要注意的。

（三）就事论事，对事不对人

所谓就事论事，就是发生冲突或者争执时，将焦点置于事情本身，客观分析冲突的起因与双方对错，不将冲突扩大化。人际冲突的起因大部分是一些生活琐事，而且双方都要承担一定的责任，也很难分清谁是谁非，所以如果将冲突的起因归于某人，双方只会相互攻击，从而激化冲突。一旦进入这种情况时，所谓的客观、理性都被抛在九霄云外，彼此变成口不择言，情绪发泄的怪物了。严重的时候，甚至会产生暴力，造成无可弥补的严重伤害。我们在处理人际冲突的时候一定要认识到，事件可以是暂时的，而人是要长时间共处的；事件是不可以改变的，而人是可以改变的；事件的发生是受到多种因素的影响，而人能控制的往往只有“自己”这一因素。

采用就事论事来处理人与人之间的冲突，一方面能比较客观地看待面临的事情，另一方面也不会将个人的恩怨牵扯进来，这样事情就会单纯得多。否则，一旦将事情“个人化”，那么产生的情绪反应造成的后果也就很难收拾。因此，针对问题的分歧来处理冲突，应该是目前公认的最好方法。

感悟与思考

1. 什么是人际交往？人际交往对大学生的健康成长和成才有哪些作用？
2. 结合自己的体会，谈谈大学生人际认知偏差的调适方法。
3. 人际交往的原则有哪些？

4. 结合影响大学生人际交往的因素，谈自己处理人际关系的经验和体会。

推荐书目

1. 彭贤. 人际关系心理学. 北京：北京交通大学出版社，2008.

2. 曾仕强. 圆通的人际关系. 1版. 北京：北京大学出版社，2008.

3. 戴尔·卡内基. 卡内基沟通与人际关系. 2版. 北京：中信出版社，2013.

第五章　朦胧情愫　青春心跳

心理学家认为：感觉受人所爱，是人类最重要的情绪需求。为了爱，我们可以攀登山岭，横渡海洋，穿越沙漠，忍受说不尽的困苦。一想到自己喜欢的人，就心花怒放、笑逐颜开；与自己喜欢的人分别，就心神不宁、寝食难安；一闭上眼睛，脑海中浮现的都是他（她）的身影……当我们遇到性情相投的异性时，经过一段时间的交往，会感觉彼此心灵相通，自然而然地就想待在一起。当然，也有人在初次邂逅时就凭直觉断定对方就是“我今生要找的人”。总之，爱情是个神奇的东西，但它何时降临就无从知晓了。下面我们就来聊聊大学生的爱情。

第一节　大学生恋爱心理

一、大学生恋爱现状及原因

大学生的人生观趋于稳定但尚未定型，社会阅历相对较浅，大学生的人生目标明确，积极进取，但部分受利己主义和享乐主义倾向影响，有一部分人在恋爱对象的选择上则功利化。当代大学生恋爱的现状主要有以下几种：

1. 不切实际，追求浪漫

这部分学生追求的是一种理想主义的精神恋爱，是一种“花前月下，你侬我侬”的浪漫感受，“不在乎天长地久，只在乎曾经拥有”，强调恋爱时的感觉，看重恋爱的过程，不注重恋爱的最终结果。一部分人谈恋爱时为了摆脱精神的空虚，消磨无聊时间。有些学生在恋爱上花费的时间远远多于学习的时间。恋人间只谈爱慕之情，交流对学习和人生的看法，很少或者根本不讨论结婚、建立家庭等具体问题，离开了恋爱—婚姻—家庭这样一个整体观，恋爱基础就不够坚实，一旦遇到实际问题，比如毕业后工作不在同一个城市等，便会产生动摇甚至分手。

2. 自主性强，盲目性大

这部分大学生认为恋爱是个人的权利和自由，在确定恋爱关系前，甚至在确定恋爱关系后，不征求双方父母意见，显示出较强的自主性。但正是由于过分追求所谓的自由，因而在恋爱过程中也表现出相当程度的随意性和盲目性。恋爱中的大学生往往不善于控制自己的情感，缺乏理智，对恋爱对象过于依赖，稍有波折便觉得痛苦万分。一旦恋爱受挫，就会情绪失控，无法自拔，对学习、精神、甚至身体造成严重的影响。

3. 公开化、开放化

这部分大学生恋人相处公开化，在老师、同学面前不遮遮掩掩，出入成双成对，手挽手漫步校园，学习同桌，用餐同时，形影不离，教室、图书馆、校园里的公共场所都成了大学生恋爱的地方。40%左右的大学生对婚前性行为持理解和宽容的态度，认为“只要真心相爱，无需指责”，传统的贞操观在大学生的思想观念中逐渐淡化，公开卿卿我我，搂搂抱抱，旁若无人，还有的人恋爱不久就过起了同居生活。

4. 低年级化

大学生刚进入大学就恋爱的比例逐渐上升，在谈恋爱的学生中，一年级的学生占20%左右。对新环境的不适应和缺乏学习动力，加上社会阅历浅，思想单纯，很多学生对自己的人生目标还没有明确的认识定位，造成对待恋爱的态度简单、幼稚、不成熟。如在选择恋爱对象标准上重外表，轻内在；在恋爱方式上重形式，轻内容；在恋爱行为上重过程，轻结果，重享乐，轻责任。这种思想上的不成熟加上经济上的不够独立，又缺乏处理恋爱中情感纠葛的能力，极易造成恋爱的周期性中断或对恋爱对象的选择飘忽不定，导致恋爱率高，巩固率低，能发展为缔结婚姻关系的寥寥无几。

5. 恋爱成本增加

维持感情需要浪漫，而制造浪漫则需要金钱。大学生谈恋爱的花费少则几百，多则上千，对于没有经济来源的大学生而言是让人担忧的。一方面，过度的恋爱花费不仅给家庭造成了一定的经济负担，另一方面，也让出资方苦不堪言，由此承受巨大的心理压力。

6. 沉迷网恋

一般来说，容易沉迷网恋的有两种人，一是对于爱情过于理想化，同时对平凡生活和平凡恋爱不满；还有一种是对现实生活的逃避心理和补偿心理。据访谈结果显示，容易沉迷网恋的大学生一般性格内向、孤僻、不合群，学习成绩差，网恋可以给他们带来暂时的成就感和自信心，但网恋不仅严重影响学习，而且容易使他们减少现实中与老师、同学等人际关系的交流，不愿意参加集体活动，性格变得孤僻，甚至造成人格分裂。对心理健康和学业的危害却很大。

案例聚焦

案例1：刚上大一的逸辰（化名）非常喜欢同社团里的一个女孩子明珍（化名），每天脑海里都盘旋着她甜美的笑容和身影，他开始发现，如果有一天没看见她，就像缺少了什么似的。他想，他恋爱了。但是，就在内向的逸辰还没想出什么方法去表达自己的心意时，他发现，同社团里的一个男孩，似乎对明珍也有意思，而且，每次在社团活动结束时，这个“侵入者”总是先开口说，要送明珍回宿舍。他越想越不是滋味，又不敢公开竞争，眼看自己喜欢的女孩快要被人“追走”了，他心里十分难过。后来，他想出了一个方法，就是叫自己从前的好友，急公好义的小翁去警告那个“侵入者”。小翁就气冲冲地跑去找那个人，加油添醋说了他一顿，最后还叫他：离明珍远一点，否则就要他好看！

明珍知道逸辰竟然叫了一个凶巴巴的家伙去警告别人，大叹“知人知面不知心”，对逸辰说：“你怎么连这种事都做得出来，白费我以前对你印象还蛮好的！真是看错人！”此时，逸辰已后悔莫及，后来看到明珍“同情”起那个被警告的家伙，反而跟那个人出双入对，心里的难过更是无以复加！

案例2：2004年6月22日晚，犀浦某校一名计算机系大二男生从女生寝室6楼跳下身亡。

据悉，跳楼男子武卫（化名）来自德阳，在校成绩很好，一直是班上前几名，但平时不爱说话。前日，武卫与外校的女朋友分手了，情绪反常，喝了不少酒。当时就被同学发现并有一同学寸步不离守护他。昨日中午11时许，武卫冲上女生寝室，去六楼找“红颜知己”许开惠（音）聊天，他趁守护的同学不备，关上门从6楼纵身跳下……据赶到现场的医生透露，当时武卫呼吸微弱，瞳孔已经放大，经抢救无效死亡。

分析点评

案例1的逸辰喜欢明珍，本身无可厚非，可惜用错了表达爱意的方式，不但无法达到本来的目的，反而给了明珍一个无法补救的坏印象。爱要怎么表达呢？在大学里不管男追女还是女追男，有三个原则最好信守：

第一个原则是明示不如暗示。暗示的意思是，先找机会接近，近水楼台暗示易。明示有很大的缺点，如果太直接了，受的伤害可能也很直接，比如精心设计的礼物被人家退回，这是不知己知彼，当然百战百败！兵法里，“轻敌躁进”，一定会得到惨败的教训！有一个女大学生，貌虽稀疏平常，却“追”到了一个人人心仪的对象，她得意洋洋地描写当时景象：“我知道他是个画画高手，于是在我们办活动时，我都很恭敬地请他来为我们画宣传海报，当然，在他画好之后，我都不忘对他说：‘如果没有你的帮忙，我真的不知道该怎么办！这样，我请你吃饭好了。’”在盛情难却之下，两个人从“因公”约会到私人约会，进展得非常理所当然。一般来说，尤其是男生，都不会拒绝用他的专长来帮助女孩子。当你点到了他的专长，他一定不会拒绝。如果他拒绝呢？也许有人会这样问。如果他拒绝了，不表示他对你百分之百没兴趣吗？那就不要勉强他了。他如果连一点小忙都不肯帮——你还要他当男朋友吗？

第二个原则是夸奖自己不如赞美别人奏效。凡是你欣赏的人，怎么可能没有优点呢？你一定可以找出优点来赞美他，否则你看上他哪一点？虽然是一个非常简单的道理，可是一般人并没有这么聪明。通常，男孩子明明喜欢那个在画海报的女孩，他明明喜欢看她拿彩笔挥洒的样子，偏偏，走到她的身旁，用负面的方式来吸引她的注意：“哎呀，你把水彩涂到脸上了！”或者，看了老半天，冒出一句：“这边画得怪怪的，那边比例不对……”把她惹得七窍生烟！你即使画得比她好，也可以用赞美她的方式来肯定她，她若有机会发现你比她更高超，她才会死心塌地地崇拜你！爱一个人，你不一定要比他强，但一定要比别人能肯定他的优点。

第三个原则是墨守成规不如出奇制胜。不要以为追女孩子就一定要送花，一定要软言软语献殷勤！这一招未必管用。现代的女孩子，并不喜欢没有个性的吹捧。送礼固有其必要，但一定要了解她的个性，不要以为天下女孩看到礼物就会高兴。就有个女孩已经再三声明她有花粉过敏症，而迟钝的追求者还再三送花，只好将他“三振出局”！还有个男孩效法言情小说，在海滩捡了一天贝壳送给刚认识不久的“帅”性女子，结果换来一句“没有价值的东西不要来送我”！他伤心得要命，大骂女孩拜金主义！其实她不喜欢你的礼物，是她的自由，谁叫你在送礼前不把她的个性摸清楚呢？天底下的女人不是一样的，男人也不是一样的。如果是刚认识不久，也不能送太贵的礼物，因为会让对方收不收都为难，或把你的好意想得太严重了。当然，有些东西是不管对谁都不能送的，我的大学室友曾经收过一个礼物——刚开始追她的医学系男生，在她生日那天送来一把塑料花！结果全女生宿舍传为笑柄，那个以为不谢的塑料花才能代表永恒爱情的可怜鬼，当然没有任何平反的机会。

案例 2 中的武卫因为失恋而做出了让亲人悲痛的偏激行为，他心理承受能力差，没有理解爱情的真谛。爱情是生命中非常重要的东西，但它不是生活的全部。人生有太多的内容，都需要我们用心对待，比如学业、事业、爱好、父母、朋友等，爱情至上的错误在于摆错了爱情在人生中的位置，忽略了爱情是和社会、家庭、亲情、朋友密切相关的这一事实。一个人不可能只是为了爱情而活着，那样就迷失了人生的深邃意义。爱也不是孤立的，当你不顾一切，为爱而爱的时候，实质上已是情欲至上；当你抛开一切，爱情已无所附依，也变成了虚空。

二、大学生恋爱的心理特点

（一）听从内心的呼唤

部分大学生男女在长期学习与交往的过程中相互吸引，增进了彼此了解。如果男女双方是通过自主选择，以感情为基础由相知走到相爱的，而且他们彼此又注重心灵上的沟通，把和谐的精神生活和共同的事业成功作为目标，那么这部分情侣缔结婚姻、成立家庭的成功率就高。

（二）从众心理

每当看到如胶似漆的情侣们在月光下的校园漫步时，每当听到舍友与另一半的甜蜜通话时，每当闻到舍友的另一半送来的美味佳肴的香味时，每当感受到舍友的另一半在他（她）生病时给予的关心时，人们不免从心底由衷地感叹：有个恋人真好！这种耳濡目染常常是激发单身族急切寻觅伴侣的原因，这些由外部因素“催促”来的感情往往昙花一现、不堪一击，因为这种爱情，不是发自内心的呼唤。

（三）把谈恋爱当做大学的“必”修课

许多大学生将谈一场轰轰烈烈的恋爱和逃课、挂科并称为使大学生活完整的三件事，似乎觉得上大学几年没谈过一个男（女）朋友大学就不够完整了。所以为了让自己的大学完整，就抓紧时间谈恋爱，这种为了完成某种任务而谈的爱情岂是真正的爱情，又怎能靠得住？

（四）空虚、无聊找玩伴

大部分的大学生每天都过着“宿舍—教室—食堂”三点一线的生活。许多大学生都希望有人陪解闷儿，没课时陪自己上自习，晚饭后陪自己散散步，周末时陪自己逛逛街，这些在常人看来都是情侣间再正常不过的事情了。这些大学生谈恋爱的时候，不会为将来考虑太多，他们能想到的最远的也许就是大学毕业。“哥谈的不是恋爱，是寂寞”，这也许是大学期间恋爱走向婚姻成功率极低的重要原因之一。

（五）找一位保姆或骑士照顾自己

大学期间，每个人的生活都需要自己打理，对于大学的男生来说，运动量大的话两三天换洗的衣服就能堆满盆，大多数男生从小到大在家里基本不做家务，洗衣服自然就成了困扰他们的大问题，于是一些男生就抱着找个人替自己洗衣服的荒唐想法在大学里寻觅伴侣；对于女生来说，则希望有人宠着，比如酷热的夏日或是寒冷的冬季，到了饭点，却又苦于天气不好，实在懒得动。这个时候，往往就会打电话叫男朋友送。恋人，生活上可以互相帮助，但是以互相利用为前提和目的建立起来的恋爱关系，其价值不会太高。

（六）出于功利，为毕业找出路

一部分大学生把恋爱作为达到自己某种目的的手段，精于为自己的利益打算，刻意与那些家庭经济状况好的、社会地位较高的学生或校外的人谈恋爱，还有些是谁能为自己的吃喝玩乐提供条件就跟谁谈。近年来，大学生做二奶、被包养的例子屡见不鲜。

（七）渴望了解异性，满足好奇心

这正是大学生恋爱的生理因素的表现，同时也由于大学生正处于喜欢探索自我与世界的阶段，未知的事物总是那么神秘与充满诱惑，这对于没有恋爱经历的他们来讲，有很强的吸引力，渴望亲身体验，以满足自己的需要与好奇心。大学里，性不再像过去那么神圣，两个人过早地发生关系直接导致对爱情不负责任的现象频繁出现，其实，那根本算不上什么爱情。

第二节　大学生恋爱的心理问题及应对

一、大学生常见的恋爱误区及问题

（一）错误的爱情观

（1）草稿型。有些大学生把大学阶段的恋爱看成积累经验的过程。认为谈恋爱不过是打个草稿而已，随便谈谈，不考虑将来的结果。草稿纸的命运是可悲的。首先得不到对方的尊重，一般来说被用作草稿的都是无用的纸；其次是得不到珍惜，任人乱涂乱抹；最后是没有好结果，草稿纸的任务完成以后，往往被人丢弃。草稿型的恋爱结果可想而知。

（2）爱情至上型。有些人把爱情放在人生第一位，把爱和被爱视为人生的唯一目标，整天沉溺于爱情之中，把自然景物和周围环境都打上了爱情的印记，无论看什么都是美好可爱的。在学习、工作上心猿意马、注意力不集中。一旦恋爱受挫就悲观厌世，觉得世界一片灰暗，生活没有意义。还有的学生为了所谓的爱情而压抑自我个性，牺牲个人爱好，这种爱情至上的结果，最终只会失掉他人的爱。因为爱是一种吸引，一种魅力的发现，失去自我，哪来的魅力？

(3) 外貌型。有些学生属“外貌协会”的，择偶过分注重人的外表、风度，认为自己的恋人漂亮、帅气，可以成为炫耀的资本，满足自己的虚荣心。

(4) 现实型。追求实用主义，“干得好不如嫁得好”，“宁愿坐在宝马车里哭，也不要在自行车上笑”，把谈恋爱作为自己未来美好事业和生活的踏板。在选择异性方面，着重考虑其是否有利用价值，在经济、学习和生活上是否能帮到自己，从而把对方的门第、家产、地位、名誉、住房、职业等作为恋爱的前提条件，“白富美，高富帅”是他们的首要选择。然而“以利交者，利尽则散；以色交者，色衰则疏，以心交者，方能永恒。”

(二) 错误的恋爱心理

(1) 自卑。在恋人面前，有的女生总担心自己不够漂亮、身材不够好；有些男生认为自己不够健壮，还有一些同学认为学习成绩和经济条件差配不上对方，由此产生自卑心理。其实，每个人都有自己的不足，也有自己的长处。有的人为了获得对方的欢心，不断讨好、取悦对方，实则是自卑的表现，结果往往适得其反。

(2) 嫉妒。爱情离不开带酸味的嫉妒，适当的嫉妒说明了对情爱的珍视。没有爱，就不会有嫉妒。吃醋能促进爱人的追求，当女孩发现爱人对自己的爱减弱时，会采用疏远的方式，以退为进，或声东击西，故意对别的男孩示好来激发爱人对自己的爱。但是爱和嫉妒不一定成正比。爱虽然含有嫉妒，但嫉妒并不一定都代表着爱，那些占有欲越强的人嫉妒心也越强。爱情中的嫉妒，几乎每一个恋爱中的人都不能避免，要分析嫉妒的根源，是否是自己过分敏感，缺乏自信，还是由于对爱人的误解；同时还有学会控制自己的情绪，尊重对方的感情，允许对方有自己的私人空间。另外充实自己的生活，将精力放到学习或者其他事情中去。

(3) 猜疑。无端猜疑是一种彼此不信任的表现，会破坏恋人间充满依赖的亲密感，还会让陷入猜疑的人，做出一些令人不可理喻的事情，例如盯梢、跟踪恋人等。这样的爱让人窒息。许多猜疑主要是由于对自我能力的不信任而产生的，认为只有掌握对方才能获得安全感。然而再真挚的爱情也经不起猜疑的折磨，在猜疑者看来，自己的猜疑总是正确的，对方沉默则被认为是理亏。一旦爱情中的一方投入多于另一方时，就会产生心理失衡，情感失衡的人总是抱怨自己投入过多，对方对自己感情冷漠；喜欢猜疑的一般以女性为多，追求持久、强烈的爱情，热恋过后，会变得失落，并经常沉浸在回忆之中，投入和期望值越高，失望就越多，情感就会失衡，其实把精力投入到学习、工作之中，就可以减轻情感失衡生长起来的猜疑的折磨。

(三) 正视恋爱中的问题

1. 单相思与爱情错觉

单相思是指异性关系中的一方倾心于另一方，却得不到对方回报的单方面的“爱情”。爱情错觉则是指在异性间的接触往来关系中，一方错误地认为对方对自己“有意”，或者把双方正常的交往和友谊误认为是爱情的来临。爱情错觉是单相思的另一种形式，它常会使当事人想入非非，自作多情。

单相思与爱情错觉都是恋爱心理的一种认知和情感的失误。单相思使某些学生陷入痛苦的境地，处于空虚、烦恼，甚至绝望之中。处理不好对以后的恋爱婚姻生活都有消极的影响，因此，陷入单相思的大学生要及早止步另做选择。要想克服单相思和爱情错觉，重要的是正确理解爱情的深刻含义，同时用理智驾驭情感，尊重对方的选择，不可感情用事。

爱一个人，要敢于用正确的方式表白，就算被拒绝了也要尝试一下，以免后悔终生。个性健康的人，在遭受别人拒绝时，当然会难过，但是不会沉溺于痛苦中，也不会马上因爱生恨。

无可否认，被拒绝是很伤自尊心的，但不接受事实也没用。谈恋爱不是体能竞赛，不是坚持到最后一刻的人就会胜利！爱情自有其游戏规则，你要告诉自己，退出，将来你可能找到真正适合你的人！这一次，是没有缘分，还没谈恋爱就被拒绝，根本不叫失恋，不值得伤心那么久。

很多人因为被拒绝而度过了灰暗惨淡的少年时光，每天愁容满面，好像全世界都欠他似的。这是因为，你以为他拒绝你，是因为你不好。不！不要往悲观方面想，也许是他不识货！

从前有一个年轻人，他满怀不平之气，跑到一个师父面前，向他说这个不对，那个不好，全世界都不好。

师父一句话也不说，只是默默地将手上的戒指脱下来，交给年轻人，说："你到那条杂货街上去，看看有没有一个杂货铺商人愿意出一块金币买这个戒指。"

年轻人去了。他很沮丧地回来，说："没有一个商人愿意出一个金币，最多只出到一个银币。"

"你现在再拿到城里唯一的珠宝商那边，看看他愿意出多少。"

结果，年轻人带回来一个金币！因为，那是一个稀世的钻石戒指！

"如果你只想做杂货铺商人，你就看不到真正的价值，"师父对他说，"只有真正的珠宝商，才认得出什么是好东西。"

这是一个值得思索的问题。他是珠宝商还是杂货铺商人？也许他只是个杂货铺商人，他拒绝你，有什么关系？你呢？你是稀世的钻石，还是赝品？所以，被拒绝，不一定是你不够好，也不必太难过。

2. 恋爱动机不端正

有些大学生的恋爱动机不是出于爱情本身，而是为了弥补内心的空虚、孤独或随大流的从众心理。这类学生在择偶时很少把恋爱行为与婚姻结合起来考虑，缺乏责任感。还有极少数的学生为了显示自己的魅力，同时和几位异性同学交往、周旋，搞多角恋爱，甚至和谁都不确定恋爱关系。

不道德的多角恋爱易引起纷争、不幸和灾难，最终对所有当事人都产生不良后果。

3. 恋爱中的感情纠葛

三角恋爱，父母的反对，或周围人的非议，恋人之间的矛盾、误解和猜疑。

案例聚焦

一个叫陶陶的姑娘，爱上了自己的导师。导师比陶陶大 20 岁，大三的时候听他的课，陶陶被他的学识和气质深深吸引，于是经常找机会向他请教问题，为的是引起他的注意和赏识。她心里明白，这种单相思的爱情多半是徒劳，而且他肯定结婚了。畅想和矛盾交织于心，她觉得一半甜蜜一半深受折磨。

听完他一学期的课，见面的机会少了，于是她更加发奋地学习，以转移对他的注意力，希望通过考研之路离开这种诱惑。却没想到天意扰人，陶陶毕业论文的指导教师偏偏是他，陶陶暗自责怪自己选了他擅长的课题。

总之，他们又有机会接触了。凭陶陶的直觉，导师对她也是有好感的，但她又不敢有过多的妄想，生怕自作多情，继而自讨苦吃。

有次他邀请她去他家，说要讨论一下论文的初稿。结果两个人的聊天很快离题万里，谈笑风生中渐渐涉及对爱情的看法，导师盯着陶陶，连说很欣赏她，更喜欢她性格里的一丝别人难以察觉的忧郁。

事情悄悄起了变化。陆续飞来一些微妙的信息，搅得陶陶心绪不宁。有传言说，导师已经离婚两年了。

毕业的时候，导师特意约陶陶出来吃饭，意在为她送行，她要去别的城市了。

陶陶觉得导师是怀着一腔柔情在跟她说话，临别，导师叮嘱她一定和他保持联系，继续一同探讨学术问题。

陶陶很珍惜每次与他的通话，每次电话交谈都仿佛是对他俩爱情的推进，再后来他为她写诗，很快发展为疯狂的追求。最后，陶陶认真地答应了他回去和他在一起。

可是，真正回去了之后，两人的感情却屡屡遭受现实的折磨，这是陶陶始料未及的。随着她对他越发地了解，以前她所不知道的他背后的故事，像黑洞一样困住了她。有一次陶陶问及导师前妻的事情，不想导师却表现得很不耐烦，觉得陶陶不可爱，胡搅蛮缠，他认为过去的事情已经过去，没必要追问，只有心里有鬼的人才会好奇。但陶陶时常控制不住，总是很想了解他的过去。为此，他们经常争吵。导师是陶陶的初恋，而他却有那么多故事，陶陶心里觉得不平衡。

偶然，陶陶还发现过他的手机里有几条略带暧昧的短信，他说那是一些小女生跟他开玩笑的，要她把她们当做是自己的粉丝，不要在意。但陶陶心里万分矛盾，一方面自己爱着他，却不能坦然接受他的一切，总觉得他是个令人捉摸不透的男人；另一方面，陶陶内心深处也担忧，将来两个人结婚了，自己也未必能驾驭他。

更叫人头疼的是，陶陶的父母坚决不同意他们的婚事，母亲有时候会偷偷掉眼泪，觉得陶陶的选择和任性让她伤心。陶陶左右为难，日日处于焦灼之中，甚至心里萌生出放弃爱情，换个城市生活的念头。

分析点评

有人曾经说过，谈恋爱是做乘法，不是做加法，他的各项优点缺点都是以乘法来得出最终数字的，如果他有重大缺陷，即使其他方面再好，所有数值乘起来得出的结果也远远小于一般人。案例中的导师对离婚这种事情讳莫如深、放不开的态度，要么是因为他自己的心虚，要么就是他认为陶陶太不成熟，没必要跟她解释这些。大了陶陶整整 20 岁的他，无论从阅历、生活经历、道德观、价值观等等方面都与她有较大的差距。

一个人有故事不是问题，他的身上可能带有之前遗留下来的伤害这也不是大问题，只要你了解了他故事的始末、看到伤口何在，凭自己的真心和爱意总是有办法能够抚平一个人过往的伤痕的。问题是如果他不肯对你开诚布公，以言词敷衍你，甚至是欺骗你，那么你就要仔细考虑一下了：他到底愿意为你付出多少？

至于陶陶则要追问下自己的内心，自己对导师是真的爱还是只是出于对导师才华的倾慕，只是崇拜冲动？崇拜是一种需要距离的情感，那跟爱差得很远。错把崇拜冲动当成爱，是在较大年龄差距的恋爱中，少女们最常犯的一个错误。当大家在生活中短兵相接时，你看见曾经风度翩翩高高在上的他忽然降下格来，竟然是个臭袜子满地扔、喜欢上厕所抽烟、一边吃饭一边吧嗒嘴的人，我想很多人会听到“咣当”一声满心梦想破碎的声音吧！爱一个人是接受他的一切，包括身前的过往和身后所有的臭毛病，陶陶做好这个准备了吗？

女孩普遍容易犯的一个毛病就是把自己当做世界中心，不切实际耽于幻想，甚至拒绝去研究和挖掘感情的真实层面。跟有故事的男人在一起要当心，一发现自己有可能充当小三的角色时，迅速分手是避免更多内伤的最好方式，要相信自己，一切都会好起来的。

4. 择偶标准不切实际

选择对象理想化、虚荣心强。关于择偶标准的问题是我们达到婚恋年龄的人经常会问的一个问题，比如你对另一半有什么标准，有什么要求，或者你喜欢什么样的人等等。关于这个问题，我们可以这样思考：择偶标准无非是两个方面，精神层面和物质层面，因为从哲学上讲，人的属性分成精神和物质两个层面。精神层面的东西主要是对方的性格、学识等等；物质层面的东西主要是对方的生理特征、物质财富等等，见表 5—1。

表 5—1　　择偶标准

对象	分析			编号	级别（0～100）
另一半	精神层面	性格		A	
		学识	文化程度、智慧水平……	B	
		……		C	
	物质层面	生理特征	外貌长相	D	
			身材	E	
			……	F	
		物质财富	钱财	G	
			家产	H	
			社会地位、社会关系	I	
			……	J	
		……		K	

上面的表格让我们一目了然，对另一半的属性很清楚，而且每项还有级别的不同，这里我们用百分制进行区别。为了便于后面的分析，对每一项用英文字母进行了编号。

比如我们在谈恋爱或结婚中要找个性格合得来的，就是指精神层面中的性格层面，至于性格要好到什么程度就要分级别了。或要找个长得帅的、漂亮的，这就是指物质层面中的生理层面的东西，至于外貌长相好到什么程度也有级别的不同。或要找个有房有车，或有钱的，这就是指物质层面中的财富层面的东西，当然也有级别的不同，如房子、车好到什么程度，钱多到什么程度，等等。

上面这个表也提供了一个方法论，就是对另一半进行分析。如 A：30 分，B：20 分，D：90 分，E：90 分，G：90 分 H：80 分，I：70 分，这个人可能是一个有房有车但人品差，粗俗无知的大帅哥或大美女，如果你是重物质，对精神层面没什么要求，可以选这种人。但是当你选了这种人之后，却要让他/她变好，就是让 A、B 的分数升高，一般比较难，往往没有效果。

其实我们在找伴侣时，都希望上表的每项都是 80 分以上，要质量好的，这是人之常情，好东西谁都想要。但是一般都不尽如人意，那只能对上表中的项分轻重主次了，如有的人偏爱俊男美女，就是生理特征这项是主要的，其他项可放宽要求，只要不是零分或不要太差就行了。如果有的人重视另一半的性格能力，就是精神层面是主要的，其他项就是相对次要的。再如有的人喜欢有钱的，自然就重视物质财富这项，其他项就相对次要了。上表中 A 到 K 这几项哪些是主要的，哪些是次要的，哪些重要的，哪些是不重要的，每个人的看法和认识是不一样的，而且一个人在不同时期对 A 到 K 这几项的看法和认识也是不一样的；有的人对 A 到 K 项是始终坚持自己的标准，有的人会根据具体时期的具体情况标准发生变化。A 到 K 项不同级别的排列组合就形成了不同的标准，如果双方标准不发生冲突，加上机缘巧合，也许就配对成功了。如果一个人的标准老是遇不到对应的另一半，不是机缘未到，就是你的标准有问题了。

5. 失恋

失恋是指恋爱过程的中断。失恋带来的悲伤、痛苦、绝望、忧郁、焦虑、虚无等情绪使当事人受到伤害。失恋是人生中最严重的心理挫折之一。失恋所引发的消极情绪若不及时化解，会导致身心疾病。

案例聚焦

万万跟男友分手已经五个月了，是男孩提的分手，只给她发了一条短信就算作通知她了，原因是他又爱上别人了。然后男孩玩起了失踪，不再和万万有任何的联系。

几经周折，万万才找到这个男孩，把他约出来谈，没想到他清楚地跟她说：“我不爱你了，我早就烦透了跟你在一起，我爱上别人了，我们分手吧，以后不要再找我了。”

万万说到这儿，眼中都是泪水：“我知道你可能要骂我了，骂我贱骂我没出息，自己送上门去让别人羞辱。可是，我跟他在一起三年了呀，三年的感情不能仅凭几句话就分手了呀，我无论如何不能接受这个结果。”

后来万万还是忍不住给前男友打了电话，没想到是个女人接的，原来他们俩已经住到一起去了。万万激动地大骂了那个女人一通，同样没想到的是，那个女人语气平静地告诉她："他已经跟你分手了，他不爱你了，我们现在在一起，希望你不要再打扰我们。"这个女人被万万称为一听口气就是那种不好对付的人。自这天之后，万万故意不停地给前男友打电话，直到有一天发现这个号码已经停机了。

她知道一定是他换了新号码故意让自己找不到他。

于是万万开始不停地去前男友的博客上面留言，把过去两人相爱三年的点点滴滴都写出来，甚至她通过前男友的博客找到了那个女人的链接，每天去那里发表留言骂她。我知道这样做不好。万万说，但是谁让她抢别人的男朋友呢。

万万说她现在每天都在想着怎么找到他，也并不想再跟他回到一起，就是不想让他过得舒服。她还总在想："你说分就分了吗？没那么容易，我的三年就这样白白被你浪费了？"

分析点评

生活中，两个人打架后被拉开，一定是那个吃亏吃得多的在叫骂。从这一点上来说，万万她的遭遇让人同情。换了别人，也一定会狠狠骂他一顿，让他不好过。但是，骂过一顿之后，气就要消了。一个人要是长久地怨恨，大概是因为和他在一起的时候，就觉得吃亏，因此有着太多的委屈和积怨，怨恨这个男人的同时又离不开这个男人。

恋爱是两个人的事，在恋爱里，你怎么折腾都无所谓，但是分手了，你们的关系就由恋人还原为社会的普通关系。要报复他，有很多渠道可以，而展示自己的伤口和叫卖回忆，是最不理智的方式。倘若你还要把第三方拖进这个事件里来，甚至造成更多的围观者，把它变成一个公众行为的话，你就更需要考虑你的公众形象问题。他负了你多少，欠了你多少，外人并不知道，如果你死缠烂打下去，甚至伤及无辜，必然沦为鲁迅笔下的祥林嫂。

被分手的一方，总会感到委屈，但是，并不代表大家都知道你们之间发生了什么事，也不代表大家都理解你，更不代表大家都同情你。

很多被男人背叛的女人也和万万的心态一样，在不断自我折磨的同时，也折磨着对方。一开始对方还有歉疚，后来则变成习惯，到最后则反生出厌恶，因为对方觉得本来就不欠你多少。

所以，请万万放下吧，分手之后，对抛弃你的男人平常心应对，自己过得比跟他在一起时更好，更精彩，才是最好的报复。还有，记得下一次找一个你觉得和他在一起每一分钟都值得的人。

二、培养健康的恋爱心理与行为

（一）人为什么要恋爱

1. 进化心理学

从进化心理学的角度来看，人类恋爱的本质原因是为了"保持物种的延续"。既然我们人类也是生物，当然就有传宗接代、延续遗传基因的本能。

为了留下健康、优秀的子孙，男性会喜欢外表有魅力且年轻的女性。由于男性没有妊娠、分娩之痛，所以与子孙的“质”相比，男性更倾向于追求子孙的“量”。因此，在潜意识中，男性更希望与多个女性，即不特定对象发生性行为。这也是男性更容易出轨的一个深层次原因。

另一方面，女性要面临妊娠、分娩，因此不可能去追求“量”。“十月怀胎”是个漫长的过程，给女性造成的身心负担也很大。所以，女性更注重子孙的“质”。从这个角度看，我们就不难理解为什么大多女性都喜欢经济宽裕、生活稳定、又年长的男性了。

2. 友爱的恋爱

有心理学家认为，恋爱中有一种“友爱的恋爱”。所谓“友爱的恋爱”，是指异性之间在友情的基础上发展而来的恋情。最初，异性朋友之间只有友情，甚至并没有特别在意对方的性别。但随着交往地不断深入，彼此了解的程度逐渐加深，相互间产生了好感，慢慢就变成了喜爱之情。上学时，同班同学谈恋爱的现象非常普遍，最终走进婚姻殿堂的“同学恋人”也大有人在。这就是“友爱的恋爱”的典型例子。

人有一种基本需求叫“亲和需求”，即追求友善及亲密的人际关系的需求。通俗地讲，就是想和他人在一起的需求。人在独处时，常会感到不安；当有朋友陪伴时，就安心多了。而且，有朋友让我们的生活方便很多。中国有句俗话说得好，在家靠父母，出门靠朋友。因此，人在无意识中会寻找同伴、朋友。结识到异性朋友时，一开始会相敬如宾，通过交流发现彼此的共通之处后，会相互产生好感。渐渐地，便想进一步拉近彼此的距离，然后开始依赖对方，并想被对方依赖，甚至牺牲自己帮助对方。最终，产生了想独占对方的感情。这便是恋爱感情。

男女对“友爱的恋爱”的看法存在有趣的差别。女性把友情和恋情的界线划分得很清楚。对男性来说，与女性长时间的亲密友情，都有转变成恋情的倾向。男性对于恋情、好感、友情、爱情等感情划分得并不是那么清楚。“男女之间存在真正的友情吗?”这曾经是一个引起广泛争论的话题。实际上，对女性来说，男女之间可以存在真正的友情；而对男性来说，恐怕就难了，因为男性容易把和女性之间的友情转变成恋情。

3. 深度心理学

一个人从小成长的背景，常会深深地影响他日后被什么样的人吸引，以及日后亲密关系的建立与维护。不管曾经受过多少伤，当爱情来临时，就是最好的医治和疗伤机会，从深度心理学的角度来看，天下最好的治疗者是自己的爱人。但是，因为信任、不设防，所以爱情来临时也是最危险的时候。当人的感情被触动时，就进入了一个非理性的潜意识过程；爱情关系其实很像母亲与婴孩的关系，彼此恋慕、含情对视，都想把最好的献给对方，不在一起时会焦虑、不安，“一日不见，如隔三秋”。

唯有在恋爱中，人的两个基本心理需求可以同时得到满足：一是无条件被人接纳，二是在所爱的人心中居首位，特别心里愈空虚或愈不成熟的人，愈容易依赖对方来支撑你脆弱的自我价值感。不知不觉地，期望对方能随时随地无条件接纳你、随时随地把你摆在第一位；心里愈没有安全感的人，日后对伴侣的要求愈是加倍；过去受的伤，要从现在爱的关系中加倍讨回。例如过去在家中被忽视的，现在会不知不觉地要求伴侣不断给你注意力；过去被管得太厉害的，现在会要求伴侣信任你，给你空间。彼此互许终身之后，你会觉得：为什么我所要的，你却不给我？在爱情中的人，心理上往往退化到婴孩时期——我有什么需要，不用开口，爸妈就应该知道，而得到照顾最好的办法就是哭闹，但在成人的世界中用哭闹，处罚对方，强求他来满足你心理需求的方式，是行不通的。

很多人因为从小在某一方面心理上的匮乏，一旦得到相关的满足，不管那人是否合适，就掉进爱的陷阱了。例如，有位女士，是第四个女儿，从小在家中常被忽视，有次与家人外出走丢了，父亲却浑然不觉。她从小自尊心低落，觉得自己是个丑小鸭，渴望得到父亲珍爱，却未能如愿。上研究所时，有家有室，年近半百，蛮有慈父形象的教授开始注意她，欣赏她时，她就无可救药地爱上了这位教授，本无心破坏别人家庭，却不知不觉掉入了陷阱，成了婚外情中的第三者。许多外遇的悲剧就是这样发生的，其实每个人都情有可原，他们不是十恶不赦的坏人，他们如你我一样充满了人性的软弱。

人的心理需求很多，就像照相机有广角及望远镜头，用望远镜头对准某一对象时，此对象变大，而其他对象就变成模糊的背景。这就像肚子饿时去市场买东西会买得特别多，因为你的需求（食物）被放大；可是当你吃饱后，需求又不一样了。食物像被广角镜头溶回背景中，但吃饱后你口渴了，这口渴的需求又像被望远镜头放大了一般，其他需求都变得不重要，而你把所有注意力放到这个新的对象，新的需求上，直到它得到满足，才重新溶回背景之中。起初，你也许期望一个慈父般的伴侣，但当你被照顾、被关注的需求满足后，你很可能产生一个新的心理需求，开始要求独立、自主。人是会成长会改变的，冲突于是产生。我们刚开始从爱情关系中可以得到满足，但因为我们的心理需求会随人生情况而改变，所以，两人结婚以后还要不断适应，不断学习才好。

4. 爱与“依附理论”

（1）“依附理论”（Attachment Theory）。为什么一个平时很独立的女孩，恋爱后会对男友十分依赖？为什么分手会使一些人做出异常的事情甚至威胁生命？为什么有外遇时丈夫对原配会冷若冰霜、面若阎罗，但对情人却曲意讨好、柔情似水？“依附理论”（Attachment Theory）是通过研究母亲与其 1 岁孩子的互动提出的，因为母婴关系与恋人关系有着很大程度的类似：在一起时的心理满足和所谓的分离焦虑；“被无条件接纳”的心理需求和“最被重视”的心理需求（如果婴儿发现母亲不理它，就会哭闹来引起母亲的注意，期望母亲产生内疚来更好地满足自己）。所以有人戏称所有相爱的人心理年龄都会降到 3 岁以下，退化成为父女或者母子关系。

下面介绍一下依附实验，将母婴引入一间有玩具的房间，观察母亲离开一会儿再回来过程中婴儿的反应，发现了四种典型的表现：

安全型依附。母欲离去时婴欲挽留，表现出不快乐，母不在时无心玩玩具，母回来后张手希望被抱，被抱一会儿后就要下地接着玩儿。这样的婴儿长大后在恋爱中表现较好，包容、谅解、易相处，尊重爱人，不论你需要个人空间还是亲近时，他/她都可以给你。

逃避型依附。母欲离去时婴儿无反应，母回来后也无反应，通过仪器发现婴儿也有焦虑情绪，只是不表露出来。这与母婴平时的相处经验有关，婴儿学会了不期望母亲能长时间相伴。这类的恋人，表现为比较冷漠，但是内心很需要爱情，只是不知道该怎样去爱，他们更倾向于通过网络等其他非面对面的渠道寻找感情。

焦虑型，不安全型依附。母欲离去时婴儿哭喊不从，母回来后还要打母亲，很久之后才会安静下来，边玩边看着母，怕母亲再离去。给予这类恋人的忠告是：首先懂得怎样当一个快乐的单身，才能在关系中找到快乐。

紊乱型依附。母欲离去时婴儿表现慌乱，不知道该怎么办，母回来后亦不知道该怎么办，有时会出现张开手要抱的同时后退不让母接近。因为婴儿希望爱的对象——母亲，也是造成其痛苦的对象，爱恨交织。这种类型的恋人一般受伤很多，分手时常会做出比较出格的事。

孩子在前三年的经验最重要，可以一直影响其行为到青春期，对于他们的情绪，只能进行疏导而不是围堵，父母要做到情感教练（emotion coach）的作用而不是情感忽略（emotion dismissing）。举个例子：孩子的宠物狗死掉了，哭泣不止，母亲抱着安慰说："我很理解你现在的悲伤情绪，妈妈以前养的一只猫也死掉了……"，这就是"情感教练"；父亲来了却直接训斥："哭什么哭？狗死了再买一条！"这就是"情感忽略"。

安全型的人在四种当中是最适合做爱人的，但是数量比较少。即使是紊乱型的爱人，只要找到领航船，绕开暗礁安全停泊也不是不可能的。

每个人都有一个"爱情账户"，加分就是存款，扣分就是提款。举例：对方口渴时，你递给他一杯水，存款；对方十分口渴时，你递给他同样一杯水，大存款；对方十分口渴时，你递给他一个馒头，提款。要懂得投其所好。女人喜欢男人用女人的方式存款，女性对男性最大的抱怨是"他不肯与我沟通，又不听我的话"。两人一起散步，女生一直在说，男生默默无语，过后男生会对朋友说"今天好幸福，跟女朋友一起散步"，女生却会对朋友说"今天好没劲，我一直在说，可那头大水牛一声也不吭"。因为男性是行动取向，女性是语言取向。

给女性的忠告：男性不管多么成熟，在他的心中始终有一个小小孩，对他的努力多多给予赞赏；

给男性的忠告：女性诉苦时需要的不是劝告建议而是认真聆听，并且感其所感，重复"好可怜"、"真惨啊"类似词语。

最后一点，发展健全真我。最好的朋友是遇难时还站在自己这边的朋友。最大的礼物是自己真正的心声，但是不要随便给，否则你会受伤。要通过测试确认是否安全，安全性的朋友会仔细听、理解你的感受、替你保密、也会与你分享他的心声。同时也要从自己做起，当一个安全性的朋友，多关心、鼓励别人。

（2）"依附理论"的运用。根据"依附理论"可以分出四种类型的人：安全型。能安抚自己的情绪，给人空间，会真心原谅你的生气。逃避型。虚假的自尊心，认为人都不可靠，对东西更有兴趣，不了解自己和别人的内心情绪，不可能发展成亲密关系。焦虑型。紧张，要你给他亲密感，怕被抛弃，不断去抓——危险的时候你是不是站在我这边？我是不是值得被爱，可以被接纳？不把心打开，就伤不了我。混乱型。没有存活的计策，会拒绝，但是决不让你走。

了解自己的依附形态，尽量走向安全型，懂得处理冲突和差异；用心去经营爱情和友情；培养健全的人格，不逃避冲突。

解决冲突的办法：第一，认识到冲突不是坏事，克制自己。第二，不要争对错，每个人的看法不同。第三，看到伤害对方后他的伤痛。第四，吵架的时候学会暂停，安静下来才会思考。第五，学习沟通技术。学会经营友谊要投其所好，而不是给己所要。

5. 恋爱中的三大"忌讳"

（1）丧失自信。因为你没有自信，你会担心恋人日后移情别恋而陷入恐慌、绝望中。

具体表现：你觉得他（她）是你能遇到的最好的人，害怕失去他（她）。你觉得自己配不上他（她），担心他（她）看不上自己。害怕别的优秀的女（男）孩会把他（她）抢走。

心理分析：怀疑恋人是因为你不自信。这种想象中的自我伤害，表面上是怀疑恋人，实际上是对自己的不信任。但是如果怀疑的一方在爱中不找回自己的自信，即使最后侥幸获得恋人的爱，在未来的婚姻生活里也难免不发生同样的困扰和磨难。通常，男女交往总要经历三个阶段：寻找感觉、相互了解、进入关系。在这一过程中，从寻找感觉到相互了解需要一定的时间，尤其是感觉好的情况下，为防止感觉失误，更需要人为地冷却感情，以使双方在顺其自然的理智中触摸到彼此的真实脉搏。

要实践上述恋爱规则，自我意识的觉醒和清醒同样重要。觉醒的自我将告诉你“我”的需要。清醒的自我将把握你理智的思考。两性关系中，没有了“我”的需要，你就会一味地取悦恋人，导致猜疑的伤害。

第一，学会和异性做朋友。多参加集体活动，多和异性建立正常的接触，一旦打开接触的渠道你会发现，女人并非你想象中那么脆弱，男人也不像你想象中那么坏。两性关系自有它内在的游戏规则，只要你真诚大方又自重自爱，爱情自然而然就来了。

人们在交友时总喜欢寻找自己的同类，若你属于传统女人，不妨走出既定的交友氛围，有意寻找一些开放女性做朋友，一来可以开放自己的思维，二来也可以从别人身上吸取经验。这里的依据是：女人毕竟是女人，不管传统还是开放，女人本质的情感追求大都是一致的。如果你在保留爱情信念的同时，又学到开放女人的达观、辩证等思维，便会很快以理智管住感情，摆脱想象中的自我伤害。

第二，学会和自己做朋友。生活中不能没有朋友，谁都愿意交好朋友，所谓“好”有两个标准：一是对方的品质好，二是对方对你有所帮助。按照这个交友原则，若把自己当做自己的朋友，就会在自我帮助的道路上主动起步。

眼下虽然你觉得自己很传统、无法向开放迈进，但若你心目中的“朋友”已经开始了摆脱传统禁锢的努力，你就会认同他并竭力跟上他的步伐。记住，生活中没有一成不变的东西，人更是如此。一旦你有了第一个进步，自我伤害的想象很快会转化为自我帮助的行动。

（2）不信任爱情。因为你对爱情没有信心，你会被自己想象出来的情节所伤害。

具体表现：他（她）有一天不给你打电话，你就猜想他（她）是不是变心。每看到朋友被恋人抛弃，你就想，男（女）人都是一样的，也许他（她）也会像他们一样对你。你可能有过不愉快的童年，或者是父母离异，或者是亲人中有对方变心的例子。

心理分析：这种对恋人的恐惧来源于对恐惧的恐惧。生活中很多恋人对对方的判断来自于他人的信息，由于是亲朋好友，他人的不幸自然成为我们的经验和参照，这时，吸取他人的教训本无错处，但是如果走向全盘否定异性的那一面，你自己就会陷入紧张的不幸中。这表面看来是性格问题，实际是思想压力造成的心理障碍。这就是“害怕恐惧症”。

世界上没有恐惧，只有对恐惧的恐惧。这一信念同样适用于两性关系。小齐自小父母离异，这个挥之不去的阴影就成了她的心理恐惧，造成了后来她不信任男人、不相信人间有可靠的爱情，于是陷入了害怕恐惧的恶性循环。两性关系中，一旦误入了对恐惧的恐惧，它势必会影响你和异性的关系，破坏你原有的感觉和自信，因为自信是骄傲的资本，在与异性的交往中若没有了自信，你就自动解除了诱惑和吸引。更有甚者，恐惧感将强化你的自卑，加深你的忧郁。反过来，忧郁和自卑会再次导致你对异性的恐惧，这就是害怕恐惧的恶性循环，这也是心理学家常说的“失落里的失落”。

第一，寻找有益的倾诉。倾诉的功能远不是说话，而是找到情感自由进出的通道。倾诉中，你道出了心底的郁闷，在倾听和回应中，你得到了别人的关怀和理解，这就是人与社会的良性循环。只要大胆地倾诉一次，心里的积怨会自然涌出，畅通的心路也会把你引向光明。

第二，大凡会赌博的人都懂得生活的“平均率”，也就是我们常说的人生福祸各半的道理。有意锻炼自己接受不幸和失败的能力，你就易于保持乐观的心态，以避免困顿中夸大不幸；失败时自暴自弃；受骗后无端猜疑。

第三，为自己设定多种困难场景以求得乐观的解答，可以帮助你体验失败的疼痛，锻炼自己对现实生活的承受力和免疫力。

（3）不切实际的爱情梦幻。具体表现：幻想自己能经历一场像小说情节那样完美和轰轰烈烈的爱情。认为男（女）友一旦爱上自己，就应该生死不渝、永远不会改变。不能容忍男（女）友任何的冷落和疏离，一旦男（女）友对自己不够热情，就认为他（她）一定是看上了别人。

心理分析：爱情梦幻中的人容易陷入另一种精神自闭——完美主义自闭，不同的是，和异性的交往中，传统型的迟迟不敢进入关系，梦幻型的急于走入关系。然而，不管是传统还是梦幻，他们对异性的渴求和焦虑都是一样的，他们都渴望恋人的忠诚，害怕恋人的变心；他们的“病症”表现也没什么两样。只不过，梦幻型的不愿意用理智管理自己，他们一心想管住恋人，让恋人成为自己的所属。结果，过分严厉的牵制反倒引起恋人的反感，原来害怕的焦虑终于成了现实的梦魇。

第一，为自己制定恋爱时间表。若你过分任性、不会约束自己，最好的办法是为自己制定一份恋爱时间表，严格规定赴约时间和电话次数。比如对女生来说，规定时间外，就算恋人特别热情，你也不要心猿意马放任自流。自我约束的好处在于：一来你可以更含蓄地以女性魅力保持对男人的吸引；二来你可以在独立自主的主动里摆脱对男人的猜疑。

第二，让想象的移情别恋来抵御想象中的伤害。恋爱时，男人移情别恋的事时有发生，若静心细想，不光男人，女人也有可能在恋爱的旅途中朝三暮四。恋爱时的犹豫和动摇多少反映了两人之间的问题。较之婚姻，恋爱时的出墙也许更加“合理且稳妥”。只要不是真正的两情相悦，任何委屈迟早都会在婚姻里暴露无遗。对女性来说，恋爱中，若你能明白男人移情别恋是正常的，那么就算发生了真的变故你也不至于一蹶不振。心理学上有一个矛盾意向法：一旦你发现自己被想象中的情景所伤害，索性想象男友已经彻底变心。这种以毒攻毒的方法也许会对你有所帮助。

相关链接

热恋中的女孩往往对自己男友的恋情吃不准，恐怕“一失足成千古恨”。这里心理学家教给你几招判定男友心理隐患的方法。如果你的男友存在着以下的求偶心理中的任何一种，他的爱情中便潜藏了某种隐患。

（1）绝对自我心理。这种男人把寻找的恋人是否对自己“前途”有利作为牢不可破的唯一条件。他要求女友能把“优势”时常体现出来，并给他带来某种好处。一旦他的期望值没有达到或没有达到的可能，便会怒火中烧，甚至觉得你有负于他。

（2）逻辑错误联想。这种男人通常表现为富有联想和多疑。他一般来说对爱情看得很重，但理解狭隘，对恋人的举动非常敏感。一旦女友做出了他不能理解或不高兴的事，便会“浮想联翩”，生搬硬套地找出各种不和他同心的证据。

（3）非感情移入心理。这种男人评价、对待女友时，没有同情心，不是设身处地地给予评价和理解。特别是当女友身处困境需要感情移入地对待她时，却退缩或置之不理。他只能和你共欢乐而不能和你共患难。

（4）错误反衬心理。这种男人经常把他的长处与女友的短处相比，或以女友的短处和他人的长处相比。这种男人在开始和你交往时，能很快发现你的优点并十分欣赏，你们的感情也会直线升温。但如果他发现你身上的优点原来是那么不起眼时，对你就会冷漠，而这种冷漠，又常常使你捉摸不透甚至还会成为一种诱惑，使你愈感神秘。

（5）顺应激动心理。这种男人一般喜欢时髦，感觉敏锐，但缺乏自主性和自信心，个体意识受外界潮流所左右，特别喜欢新潮女性。对女友的打扮、发型、服装等外观形象注重，且十分乐意在这方面为女友投资。然而，一旦你不能适应他的“审美”要求，他便会抱怨不止。

当你发现男友存在上述任何一种心理时，不要掉以轻心。当然，严格地讲，任何男性或多或少总会存在上述心事中的一种或几种。这也不必惊慌，更没必要一发现就“断交”，这样你永远找不到如意的伴侣。如何掌握这个“度”，标准在于：你的确爱他，不妨将你的担心开诚布公地和他谈开，让他认识到这种隐患的危险。如果你们是初交，感情尚不深，同样可以和他谈谈，以观后效。如果你认为没有必要，断交便罢。但是，采取任何一种做法。需要把握的一点是，你对他的判断是否正确和全面，否则，想当然和自以为是都会给你带来终身痛苦。

三、保持健康的性心理

大学生性意识困扰的产生，并非突发的，而应追溯到少年时期。其产生原因主要有：

（1）性压抑。大学生处在性心理发展的交往异性和恋爱期这两个阶段，本应通过适当的异性交往来满足自己的心理需要，但产生性意识困扰的学生，大多是人为地压抑了自己合理的需求。由于内心的自责、恐惧不安，而主动回避异性，更加重了焦虑、紧张、困惑和压抑。这种性压抑往往导致强迫性观念和神经衰弱，越想让自己不去想与“性”有关的内容，结果越适得其反，以致心理失调，学习成绩下降。

（2）性罪恶。性罪恶和性淫秽观念与我国几千年来封建社会遗留下来的保守观念相联系。多数大学生在中小学未受到系统的性科学教育，学校、家庭、社会未给他们消除陈旧观念提供必要的客观条件。所以，有些大学生一出现性的想法，就认为是“下流的”，这就不足为奇了。

（3）性无知。即对青春期性意识发展的特点缺乏正确认识。在性发育基本成熟后，由于性激素和性生理的巨大变化，必然在心理上产生相应的反应，如出现性梦、性幻想、关注异性，或者产生接触异性的念头。若将这种正常的心理反应视为异常，自然会心情焦躁、丧失自信、产生自我否定的评价。此外，性行为所致的心理困扰，也与个体的认知密切相关。例如，手淫作为一种常见的性心理活动，本来是一种自然的性行为，但如果手淫过度，特别是个体因为手淫行为而产生了强烈的自我道德谴责感时，那就可能导致大学生的心理困扰，使其产生自卑感，进而影响其正常的学习与人际交往，有的甚至产生社交恐惧症。

(4) 严重的情感障碍。发生性意识困扰的大学生，不能与同龄人自然和谐地相处，陷入自卑、抑郁、焦虑、紧张、烦恼、担忧等消极情绪的怪圈中，难以自拔，易诱发各种心理疾患。

同时，一些资料显示，有边缘性行为的大学生中，约1/4的男生和1/2的女生在事发当时就对其心理构成了严重困扰，如心理上的不安、烦恼、自卑、自责、恐惧等，这些都对他们的学习、生活、交往等产生了不良影响。有婚前性行为的大学生中，心理上出现严重不安、自我否定、恐惧焦虑的男女学生均占82.2%，对该性行为持有害评价的男生占37%，女生占82.2%。可见，在大学阶段发生性交行为，是一种对当事人心理影响严重、社会问题多的有害行为，应引起大学生的充分注意。

有句话说："女人为了爱而性，男人为了性而爱。"这不是正确的观念！男人与女人，如果性中无爱，在性之后，只会让他更觉得生命的苍白与空虚。爱中无性，爱也只是表层的幻觉。只有对两个相爱且互相尊重的人来说，性是一件美好的事。不要用性来毁坏爱情，如果有性，要用性来提升爱情，性关系于人类的本能，而爱具有更崇高的品质，也需要更高的生活艺术。性需要热情，爱更需要了解与宽容。在爱情中，性是必需的过程。西蒙娜·德·波伏瓦在《第二性》中曾说：任何一个女人，想忽略性而好好安排自己，未免太不诚实了。你应该接受，性是你人生中的重要部分，你需对你的性真实坦然，不要把它当成手段，也不要受制于它！

被性欲支配，等于毁坏爱情。什么叫做被性欲支配？被性欲支配者倾向于：第一，把性欲与爱情混为一谈。第二，被对方的性吸引，除此之外不认为对方有什么优点，无法沟通，无法做朋友。被性欲支配的爱情是不健康的，趁关系还在萌芽阶段，斩断它吧。你不会失去什么，反而，将来一定有更大的愉悦来回报你清醒的决定。

该说"不"时就说"不"，这不仅在恋爱中很重要，在人生中，在工作上都很重要。尤其是女人，你要告诉自己：女人说"不"就是"不"！如果你真的想赢得别人的尊重，不就是不！如果他对你的"不"置若罔闻呢？你可以想想台湾著名性学专家何春蕤说过的名言："男友对女友身体的掠夺和使用，若没有让女友在经验中得到肯定的满足，只是挂着爱情的羊头，遂行强暴事实。"你为什么总是压抑自己，满足别人呢？这样的牺牲，并不会带来尊重。

心理测验

(一) 恋爱观测试

恋爱观就是对恋爱问题的看法。它表现为青年人对美的认知尺度、择偶的标准、恋爱的目的、使用的方式及对幸福伴侣的理解等等。你可以做一做下面的测验题，看看自己的恋爱观是否正确。每题只选一个答案，计分表见表 5—2。

1. 你认为恋爱作为人生一个极其重要的环节，其最终所达到的目的应当是（　　）

A. 找到一个情投意合的爱侣。　B. 成家过日子，抚育儿女。

C. 满足性饥渴。　D. 只是觉得新鲜有趣，没有明确的想法。

2.（男女分开做）

（1）你是个小伙子，你对未来妻子的要求最主要的是（　　）

A. 善于理家做活，利落能干。　B. 面貌漂亮，风度翩翩。

C. 人品不错，能体贴帮助自己。　D. 只要爱，其他一切都无所谓。

（2）你如果是个姑娘，你在选择丈夫时首先考虑的是（　　）

A. 潇洒大方，有男子风度。

B. 有钱有势，社会能力强。

C. 为人诚实正直，有进取心，待人和蔼可亲。

D. 只要他爱我，其他都不考虑。

3. 你决定和对方确定恋爱关系时，所依据的心理根据是（　　）

A. 彼此各有千秋，但大体相当。　B. 我比对方优越。

C. 对方比我优越。　D. 没想过。

4. 对最佳恋爱时间的考虑是（　　）

A. 自己已经成熟，懂得了人生的意义和爱情的内涵，并且确定了事业上的主攻方向。

B. 随着年龄增长，自有贤妻与佳婿光临，"月老"不会忘记每个人的。

C. 先下手为强，越早越主动。

D. 还没想过。

5. 你希望自己是这样结识恋人的（　　）

A. 青梅竹马，情深意长。　B. 一见钟情，难舍难分。

C. 在工作和学习中逐渐产生恋情。　D. 经熟人介绍。

6. 你认为推进爱情的良策是（　　）

A. 极力讨好取悦对方。　B. 尽力使自己变得更完美。

C. 百依百顺，言听计从。　D. 无计可施。

7. 人们通常认为：恋爱过程是个相互了解、相互适应和培养感情的过程。既如此，了解、适应就需要花时间。那么，你希望恋爱的时间是（　　）

A. 越短越好，最好是"闪电式"。　B. 时间依进展而定。

C. 时间要拖长些。　D. 自己无主张，全听对方的。

8. 谁都希望完整全面地了解对方，你觉得了解他（她）的最佳途径是（　　）

A. 精心布置特殊场面，对恋人进行考验。

B. 坦诚恳切的交谈，细心观察。

C. 通过朋友打听。

D. 没想过。

9. 你十分倾心的恋人，随着时间的推移，暴露出一些缺点和不足，这时你（　　）

A. 采用婉转的方式告诉并帮助对方。　B. 因出乎意料而伤脑筋。

C. 嫌弃对方，犹豫动摇。　　　　　　D. 不知如何是好。

10. 当你已初涉爱河之中，一位条件更好的异性对你表示爱慕时，你于是（　　）

A. 说明实情，挚情于恋人。　　　　　B. 对其冷淡，但维持友谊。

C. 向其谄媚并瞒着恋人和其来往。　　D. 感到茫然无措。

11. 当你久已倾慕一异性并发出爱的信息时，你忽然发现她（他）另有所爱，你怎么办（　　）

A. 静观待变，进退自如。　　　　　　B. 参与角逐，继续穷追。

C. 抽身止步，成人之美。　　　　　　D. 不知道。

12. 恋爱进程很少会一帆风顺，而你对恋爱中出现的矛盾、波折怎么看呢？（　　）

A. 最好平顺些。既然已经出现，也是件好事，双方正好趁此考验和了解对方。

B. 感到伤心难过，认为这是不幸。

C. 疑虑顿生，就此提出分手。

D. 束手无策。

13. 由于性情不和或其他原因，你们的恋爱搁浅了，对方提出分手。这时你（　　）

A. 千方百计缠着对方。　　　　　　　B. 到处诋毁对方名誉。

C. 说声再见，各奔前程。　　　　　　D. 不知所措。

14. 当你十分信赖的恋人背信弃义，喜新厌旧，甩掉你以后，你怎么办（　　）

A. 权当自己眼下认错了人。　　　　　B. 你不仁，我不义。

C. 吸取教训，重新开始。　　　　　　D. 痛苦难以自拔。

15. 你爱情坎坷，多次恋爱均告失败，随着年龄增长进入“老大难”的行列，你（　　）

A. 一如从前，宁缺毋滥。　　　　　　B. 厌弃追求，随便凑合一个。

C. 检查一下择偶标准是否实际。　　　D. 叹息命运不佳，从此绝望。

表 5—2　　计分表

选项 / 题号	A	B	C	D
1	3	2	1	1
2	2	1	3	1
3	3	2	1	0
4	3	2	1	0
5	2	1	3	1
6	1	3	2	0
7	1	3	2	0
8	1	3	2	0
9	3	2	1	0
10	3	2	1	0

续前表

题号＼选项	A	B	C	D
11	2	1	3	0
12	3	2	1	0
13	2	1	3	0
14	2	1	3	0
15	2	1	3	0

35—45 分，甲：恋爱观科学正确

你是一个成熟的青年，你懂得爱什么和为什么爱，这是你进入情场的最佳入场券。不要怕挫折和失败，它们是考验你的纸老虎，终将在你的高尚和热忱面前逃避。尽管大胆地走向你梦中的恋人吧，你的婚姻注定美满幸福。

25—34 分，乙：恋爱观尚可

你向往真挚而美好的爱情，然而屡屡失误，一时难以如愿。你不妨多看看成功的朋友，将恋爱视为圣洁无比的追求，不断校正爱情之舟的航线，这样你与幸福就相隔不远了。

15—24 分，丙：恋爱观需要认真端正

与那些情场上的佼佼者相比，你的恋爱观存在不少问题，甚至有不健康之处。它们使你辛勤播撒的爱情种子难以萌发，更难结出甜蜜的果实。如果你已经贸然地进入恋爱，劝你及早退出。

7 个以上 0 分，丁：恋爱观还未形成

你或许年龄太小，不谙世事；或许虽年已老大，却天真幼稚。爱情对于你是一个迷惘可怖的世界，你须防备圈套和袭击。故建议你读几本婚恋指导书籍，稍许成熟些，再涉爱河不迟。

（二）大学生人际关系行为困扰测试

请你根据自己的实际情况，逐一对每个问题做“是”或“否”的回答。为了保证测验的准确性，请你认真作答。

1. 关于自己的烦恼有口难开。
2. 和生人见面感觉不自然。
3. 过分地羡慕和忌妒别人。
4. 与异性交往太少。
5. 对连续不断的会谈感到困难。
6. 在社交场合，感到紧张。
7. 时常伤害别人。
8. 与异性来往感觉不自然。
9. 与一大群朋友在一起，常感到孤寂或失落。

10. 极易受窘。
11. 与别人不能和睦相处。
12. 不知道与异性如何适可而止。
13. 当不熟悉的人对自己倾诉他（她）的生平遭遇以求同情时，自己常感到不自在。
14. 担心别人对自己有什么坏印象。
15. 总是尽力使别人赏识自己。
16. 暗自思慕异性。
17. 时常避免表达自己的感受。
18. 对自己的仪表（容貌）缺乏信心。
19. 讨厌某人或被某人所讨厌。
20. 瞧不起异性。
21. 不能专注地倾听。
22. 自己的烦恼无人可倾诉。
23. 受别人排斥，感到冷漠。
24. 被异性瞧不起。
25. 不能广泛地听取各种意见和看法。
26. 自己常因受伤害而暗自伤心。
27. 常被别人谈论、愚弄。
28. 与异性交往不知如何更好地相处。

（计分标准：选择“是”的加 1 分，选择“否”的给 0 分）

结果分析

如果你的总分为 0—8 分，那么说明你在与朋友相处上的困扰较少。你善于交谈，性格比较开朗，主动，关心别人。你对周围的朋友都比较好，愿意和他们在一起，他们也都喜欢你，你们相处得不错。而且，你能从与朋友的相处中，得到许多乐趣。你的生活是比较充实而且丰富多彩的，你与异性朋友也相处得很好。一句话，你不存在或较少存在交友方面的困扰，你善于与朋友相处，人缘很好，能获得许多人的好感与赞同。

如果你的总分为 9—14 分，那么，你与朋友相处存在一定程度的困扰。你的人缘一般，换句话说，你和朋友的关系并不牢固，时好时坏，经常处在一种起伏之中。

如果你的总分为 15—28 分，那就表明你同朋友相处的行为困扰比较严重，分数超过 20 分，则表明你的人际关系行为困扰程度很严重，而且在心理上出现较为明显的障碍。你可能不善于交谈，也可能是一个性格孤僻的人，不开朗，或者有明显的自高自大、讨人嫌的行为。

感悟与思考

1. 你认为大学生应该用什么样的态度来对待爱情？
2. 你认为应该如何培养表达爱的能力、拒绝爱的能力和发展爱的能力？
3. 你如何看待网恋？

推荐书目

1. 吴淡如. 校园恋爱学分. 桂林：漓江出版社，2000.

2. 盖瑞·查普曼. 道歉的五种语言. 北京：中国电影出版社，2007.

3. 约翰·格雷. 男人来自火星，女人来自金星. 于海生译. 北京：吉林文史出版社，2005.

4. 苏珊·海特乐. 爱就是彼此珍惜. 李淑烟译. 南昌：江西人民出版社，2010.

第六章　绸缪生涯　设计人生

大学生择业问题是社会十分关注的一个热门话题，随着我国高校毕业生就业制度改革的不断深入和毕业生就业市场体制的逐步完善，毕业生就业由传统的计划分配向市场调节转变，即大学生就业主要形式转变为“双向选择，自主择业”。这一制度的建立为广大毕业生就业提供了公平竞争和施展才华的机会，同时也对大学生心理素质提出了严峻的挑战。加上我国目前人口基数大、高校扩招等原因造成就业人数急剧增加，就业矛盾日趋突出，就业难度日渐增大，这必然给大学生择业带来较大的心理压力，及时进行心理调整，纠正择业中的心理偏差是大学生成功就业的基本保障。

第一节　择业心理偏差及调适

一、不良择业心态分析

就业是大学生走向社会的第一步，是我们人生中的一次重要选择，当前严峻的就业形势加重了大学毕业生的就业压力，大学生的就业心理问题日益凸显出来，主要表现为功利心理、攀比心理、依赖心理和自卑心理等，这不仅严重影响大学生顺利就业，而且有害大学生的心理健康。

（一）大学生择业的不良心态

1. 功利心理

案例聚焦

小杨，23岁，毕业于某专科学校计算机系，大专学历，专业和外语成绩都很优秀，表达能力强。在大学时，只要在电视或电影的镜头里看到那些出入高级写字楼的外企白领就很羡慕，进外企一直是小杨的追求，所以在大学里小杨努力学习外语。2012年，小杨在一场激烈的竞争中有幸被一家私营公司录用，做公司的财务分析，为此小杨放弃了读“专升本”的机会，并满怀憧憬地开始了工作。

工作了半年后，小杨发现，自己不喜欢财务工作，尤其是不喜欢成天面对着电脑做数字分析，这是件很枯燥的工作，每天都与10个阿拉伯数字打交道。工作非常累，私营公司常常把一个人当几个人用，无休止的加班占据了小杨的大部分生活，一个女孩子连和朋友一起去逛街的时间都没有，下班后唯一的事情就是睡觉，因为工作了一天的小杨已实在没有精力去做其他事情。工作、睡觉就是小杨的全部，而这是小杨无论如何也不能继续忍受的，于是小杨辞职了。

小杨常常在想，一个女孩子，工作有必要这么辛苦吗？虽然这份工作的薪水相对不错，但是她并不开心。小杨曾经以为自己是个成功欲望很强的人，为了成功可以放弃很多东西，可是工作后小杨发现自己不能放弃的是自己的青春、健康，还有好好享受生活的感觉。

分析点评

案例中，小杨的问题突出了一个好工作标准的问题，一份好工作到底是外在的“三高”（高薪水、高职位、高发展前景）呢？还是自己喜欢、适合呢？

似乎小杨的行动已经给出了答案。职场中人，尤其是刚毕业的大学生，一定不要只重视“三高”，而忽略了内心追求，不考虑工作是否是自己喜欢、是否能做就盲目从事。职场所带来的只是短暂功利，最终一定会因为自己不喜欢而放弃。

很多同学选择职业时都愿意选择工资高、待遇好的职业，其实不管你身处哪里，企业通常对新进人员都是一视同仁的，无论你是多么优秀的人才，在刚进企业时，一般都是从基层一些简单的事情做起。不要过于计较职务薪酬的高低，只要有工作机会，就不妨去试一试，也许很多你看不上眼的工作，却正是你将来创业的基石。

求职功利心理在受过高等教育的大学生或其他知识分子身上常常可以看到。大学生求职或择业的动机既有为国家、为社会、为人民做出贡献的强烈愿望，也有获取高收入、高地位的渴求。许多大学本科生、硕士生、博士生涌向经济特区，涌向三资企业，或者是开创民办科、工、贸一体的公司，往往出于这种心理。在有关部门最近对北京高校2 000多名学生的调查中，可以明显地看出这种择业倾向。当问及“你对人生价值怎么看”时，选择“人的价值既在于贡献，也在于取得功利”答案的，一至四年级学生分别为70.1%、69.0%、72.3%、74.3%；当问及“您追求怎样的人生”时，选择“既追求为社会做贡献，也追求个人生活的幸福”答案的，一至四年级学生分别为92.4%、92.9%、94.1%和90.3%；当问及“您的人生哲学是什么”时，选择“多贡献，多得利”答案的，一至四年级学生分别为80.3%、78.2%、80.6%、84.4%；当问及“您选择工作的标准是什么排序”时，大学生把“工作条件好，有利于发挥才能”排在第三位。从这些调查答案结果中，我们可以清楚地看到大学生求职择业的功利心理。特别是知识分子的清贫、社会潮流的影响以及校园经商的启发，诱发了择业中追求高经济收入的求富心理。

锦囊妙计

当代大学生在应对求职功利心理时，有以下几点可供借鉴：

（1）正确自我认知。正确地认识自我，适度地设计自我并追求与社会相适应的自我价值，养成良好的自我意识，对大学生择业具有重要的意义。身为大学毕业生，并不代表自己就是一个完美无缺的人。毕业生要客观冷静地做一些自我分析，清楚自己的优势与特长、劣势与不足，对自己有一个全面、客观、正确的评价。只有自我认知，才可以避免求职中的盲目性，不过高定位工作目标，才能有的放矢地找到适合自己的位置，只有通过自我认知，才可以避免因个人自负清高而遭到就业失败，只有实事求是地对待自己，才能避免心理冲突，减缓择业受挫和焦虑带来的痛苦。

（2）及时调整就业期望值。及时调整就业期望值，不是降低职业理想，而是说在迈出择业的第一步时，不要过于追求职业声望。不要对职业条件要求太高。不能过于讲工作条件和物质生活待遇，应在职业理想的引导下。立足现实的社会需要，抵制功利主义，享乐主义的影响，充分体现发展事业。服务社会、奉献社会的精神面貌，在现实可能的条件下积极就业，在实践中开拓事业，增长才干。

（3）保持乐观的择业心态。择业心理是与个人的思想、品质、修养，分不开的。大学生应不断加强自我修养，使自己达观大度，宽容悦纳，不尽如人意之事莫耿耿于怀，自己力不能及之事莫一味强求。找一个好工作是每个毕业生的共同愿望，但在如今“买方市场”条件下，好的工作不会等待你去挑选。在择业的过程中。不能一步到位属正常现象，但毕业生不能因此而沮丧。只要能保持一种谦虚平和的心态，不急不躁，不图虚荣，能退而求其次，毕业生还是有很多就业机会可以选择，哪怕是暂时的，只要能够脚踏实地，一步一个脚印地向前走，就能够在工作中积累经验，为以后的重新选择和发展创造有利的条件。同时，在择业受挫后，能正视现实。敢于自我解剖，找出差距，主动提高和完善自我，也是很值得提倡的积极心态。

2. 攀比心理

案例聚焦

阿林与阿祥在学校时是同窗好友，毕业后，都先后找到了工作。可没多久，阿林就有些心灰意冷了。原来，阿祥做的是管理职位，工作相对轻松，薪酬也比较高，颇有发展前途。而阿林被一大公司录用后，只是担当普通员工，工作劳累不算，月薪比阿祥还低了不少。阿林心想，自己学历、能力同阿祥不相上下，怎么我这么窝囊？心态失衡的阿林选择了跳槽，可奔波了近 3 个月，不仅没找到如意的工作，连生活也只能靠借钱维持。

分析点评

案例中，阿林在工作后，因不满与同学阿祥待遇的落差，选择盲目跳槽，这是典型的择业攀比心理。大学毕业生在选择单位时，往往是拿自己身边同学的就业标准来定位自己的就业标准，从而导致不同程度的攀比心理。表现在就业过程中主要有：忽视自身特点，对自我缺乏客观正确的分析，不从自身实际出发，不考虑所选单位是否适合自己。而是与同学攀比，过多把注意力集中在他人的就业取向上，自己的既定目标受到他人的干扰，特别是看到与自己成绩能力差不多的同学找到令人羡慕的工作，获得客观的收入时，觉得自己找不到理想职业很没面子。常常会出现“他（她）都能找到那样的工作，凭什么我不能”的心理。为了获得心理上的平衡，将自己就业的目标定位过高，其结果是高不成、低不就，陷入苦恼中。

有人说，攀比是一把双刃剑。一方面，攀比能激发人奋斗的潜力，给人带来向上的动力；另一方面，攀比也让人活得很累，让自己的心理失去平衡。因为后者的攀比只是拿自己的缺点和别人的优点比，那么结果自然可想而知。部分大学生在择业时，缺乏独立思考的能力，无主见，人云亦云，容易受他人就业取向的影响，拿同学的择业标准来定位自己的择业目标，而不顾自己是否适合该职业，总想挤进社会地位高、效益好、收入高的好单位，与同学一比高低，盲目攀比，结果往往落空。

锦囊妙计

职场中盲目攀比的现象并不鲜见，谁不追求理想职业，获得丰厚的报酬呢？如果把握得好些，恰当的攀比也是不断向前的动力。然而有些求职者，往往出现心态失衡，又无法及时纠正。其实，无论就业或择业，不仅受到知识、技能等的制约，而且兴趣、性格、机遇等因素也很重要。每个人都有自己的人生轨迹，求职也是同样道理。也许两人条件差不多，但别人善于推销自己，把握机会的能力强些，最终的职业取向，乃至职位、薪酬、福利等回报都要好些。更不用说原本自身实力就相差甚远，只能适合做普通员工，却一厢情愿地同别人比岗位、比薪酬，这是不符合实际的。

因此，怎样保持理智清醒的头脑，对自己的职业定位选择有准确的了解，是十分关键的。自己能做什么，如何能干出成绩，离开了实事求是的自我定位，容易陷入盲目攀比的误区，既可能妨碍目前的就业与择业，更会给长远的发展留下后患，实在得不偿失。即使对自己的处境不满意，向往更高目标，也应立足保住饭碗，脚踏实地，等待时机。

看别人偷懒你也磨洋工，看别人出色你也想较劲，或者想踩下去别人自己往上爬，到头来只会给自己惹麻烦。想去除攀比心要有个基本出发点：个人的言行是对自己负责，而不是要与别人比或秀给别人看。例如，当资历水平不如自己的同事被提拔为上司，是否甘愿被其领导？失去了高薪职业，是否能够接受薪资低得多的新职？拿了高学位却找不到称心工作，能否泰然任职于普通岗位？住过了大房豪宅，搬入小屋能否住得惯？曾经有过名声显赫时期，退休之后能否承受冷落？

在“万般皆下品，唯有读书高”的意识下，职业也被人们分了三六九等，认为白领高于蓝领，科研业高于服务业，当老板总比为人打工强等等。常有人因“大材小用”而感到心理失衡，因落入生活就业低谷而产生沮丧，甚至发生精神变态或厌世悲剧。

人往高处走，追求任高职挣高薪是人之常情，但也要根据自己的实际能力，掂量是否配坐此交椅挣这份薪水。如果此职位或行业对你来说压力太大或过度辛苦，说明并不适合于你，最好有自知之明主动降级转行，反而会工作得舒畅而持久。因为在经济不景气时，高职高薪者往往是首当其冲的。

3. 依赖心理

案例聚焦

在学校今年3月举办的小型招聘会上，毕业生小李的父母亲在招聘会尚未开始时，就早早地到会场打听单位的情况。招聘会开始很久以后，小李才姗姗来迟，并由家长陪同前往用人单位摊位前面谈。面谈过程中，小李发言的时间还没有其父母多，结果谈了一家又一家，最终仍一无所获。

分析点评

案例中，小李的问题出在择业过程中过分依赖父母，其实，依赖他人是难以选择到一份满意的工作的。现在的毕业生中，独生子女所占的比例越来越大，他们的生活一帆风顺，没有经历过什么波折，再加上父母亲的过分呵护，客观上也培养了他们的依赖心理。这些毕业生大多缺乏主见，自我意识模糊，在择业中常会茫然不知所措，自己独立进行择业决策的能力差，以致在人才市场上，父母代替子女，亲友代替本人与用人单位洽谈的场面屡见不鲜。难怪有用人单位对依赖性过强的毕业生说："你本人都要靠别人来推销，企业还能靠你来推销产品吗?"甚至，部分大学毕业生想凭借父母的良好社会关系的优势，耐心等待工作的到来。结果一等就是三年、五年甚至十年；本来完全可以利用自己的能力，做一番轰轰烈烈的事业，由于这种心态的影响，白白错过了一生中最宝贵的时间。由于对他人的依赖，即使找了个工作，也不踏实工作，总想着很快就离开这个"是非之地"，以致到被老板"炒"掉的时候才意识到自己失去的是什么。种种依赖心理的作怪，致使这些大学生们"耐心而焦急"的等待工作，造成社会资源的极大浪费。

锦囊妙计

精彩的人生是从选择开始的。一次独立的选择，积淀的是决策者的思考力和意志力，叠加的是人生的专长和特色。对于刚出校门的大学生而言，自己独立决定的第一次择业至关重要。一方面，可以试探、锻炼自己决策的勇气和胆量。有勇气、有胆量，才会有担当。而担当是一个人走向成功必须具备的素质。另一方面，独立决策更利于大学生们培养自己的"慧眼独具"。现在是一个信息爆炸的时代。任何一项决策，都必须要有能力对周围大量的信息、建议以及设想进行筛选和过滤。培养这样的能力，唯一的办法就是从养成独立决策的习惯做起，尤其要在决定个人前途命运的大事中去领悟和实践。

当前，对于大学生就业社会上有很多声音。有学者专家的传道，有"过来人"的体验，更有亲人们的苦口婆心甚至是"施压"。大学生们能否从这个现实环境中突围出来做到独立决策，这既是一种考验也是一个成长的过程。有一句俗语叫"风吹荷叶根不动"，这个根就是大学生们自己的主见，就是自己需要什么，自己适合什么以及希望自己今后往哪个方向发展，成为什么样的人。

4. 自卑心理

案例聚焦

路某，男，25岁，来访时面容憔悴，愁眉不展，可以看出精神状态不是很好。自述原因是年后的几次求职都以失败告终，马上就要大学毕业了，这段时间一直在为找工作的事忙活，然而，两个多月来参加了数十场招聘会，求职简历送出了一匝一匝，也接受通知去了几家不同的单位参加了面试，可是最后的结局都是泥牛入海，到现在工作还是没有着落。面临毕业，觉得学业和经济的压力都很大，感觉“我的脾气越来越坏，内心非常焦虑，这样下去怕是不好”。

分析点评

案例中，路某由于多次求职的失败使其丧失信心，甚至产生了自卑心理，在即将毕业之际，陷入了求职的茫然当中。毫无疑问，自卑心理是毕业生求职的大敌。有些同学因为自己的形象问题或者对自己拥有的专业知识没有足够的自信而表现出自卑心理，带着这种心理阴影去求职，也往往给面试官留下一个缺乏朝气，信心不足的印象，当然被录用的可能性也大大降低了。其实，求职的大学生需要明确的一点是，现在企业大多不以貌取人，主要看的是求职者的能力。除一些特殊岗位：形象代表、主持人等要求形象外，其余职位对求职者而言是：内在素质要高于外在形象，所以求职者不要自卑，自信本身就是一种素质和气质。一些知名企业的某些岗位久招不至，使得企业很困惑，公司规模不小，名气也不小，按理说招人不难，听说求职者因为不自信而不敢走近大企业时，招聘人员表示，求职者应给自己一次机会，自信是做成一切事情的前提，不会的东西可以学，只要有信心，万事皆有可能。自卑，就是自己轻视自己，自己瞧不起自己。凡有自卑心理的人，并不一定是其本身具有某些缺陷和短处，而是不能正视自己，自惭形秽，常把自己放在低人一等的位置，并由此陷入不可自拔的痛苦境地。

部分大学生尽管具备一定的竞争实力和竞争优势，各方面表现均不错，但由于对自己缺乏信心，过低认识与评价自己，认识不到自身的长处，觉得自己什么都不如别人，在择业过程中，面对激烈的竞争，他们往往缺乏勇气，临阵退缩；或表现得畏畏缩缩，不敢向用人单位展现自己；或供需双方见面时表现得神情紧张、心神不定、面红耳赤、举止拘谨、谈吐失常，从而错失良机，失去了许多就业机会。

锦囊妙计

人的自我认知是一个持续的，稳定的过程（不然会发生人格紊乱），且与真实自我在社会中所处的位置，及个人的情绪特征有关（敏感、悲观性格人更容易自卑）。要想彻底改变自卑心理，是一件系统的实践的工程，限于篇幅，此处就不赘论。然而，人的“自我认知”也经受着局部环境与短期情绪的影响，这使我们得以在具体环境与时段下战胜“自卑心理”。下面针对面试这一具体场景，从心理层面提供一些有效建议：

（1）了解“自信”与“自卑”的象征意义。人们会自然地认为一个自信的人，是一个有着相对较高价值的人，而自卑的人却恰恰相反。虽然有些时候这种判断并不准确，但却符合社会认知规律。甚至有时候，在面试时，自信的态度比实际内容，更容易对面试官造成一种认知错觉。这里想强调一点，即使在自己有缺陷的不如他人的部分，也应用一种自信的语气与微笑来进行表达。一名自信的人，会对自己有限的缺点坦然处之。

（2）短时间内提高自我认知。即在面试的当天或面试高峰的一段时间内，提高对自我的积极认知。这其中最有效的一个手段就是“自律”，自我约束去做一些积极的事情，例如：按时起床、定期运动、读书习惯，以至于去奉献爱心，帮助他人，这些都能够有效地提高自我认知，在无形中提升自己的自信。相应，最忌讳的就是将自己的生活搞得一团糟。此外，就是在面试当天，一定要早到，一定要将形象调整到最佳，这些细微的，外表上的优势，都能够直接地提升自信。

(3) 自我暗示法。每个人都有过辉煌的经历，将你最辉煌的经历写成清单，在你面试前于心中进行默诵。比如：在某次比赛中获取过第一名；在某些时候得到他人的大力赞许。当你心中汇聚了你最有价值的时刻，你的自卑在便不知不觉中被驱赶至无形了。

(4) 对客体的想象。面试官的霸气与强势，对手优秀的背景与履历，都会直接对你产生一种压力，致使你产生自卑心理。你要做的就是不要被这种唬人的表象所震慑，在表象背后是一个个与你一样有着缺点与怯懦心理的人。有一种有意思的说法，当你惧怕一个人时你就想想他上洗手间时的样子。通过类似的想象，一个个外表光鲜，趾高气扬的面试官与对手，都退化成与你平等的活生生的人。

(5) 承认最坏的结果。当你失去到无所失去时，你就不再惧怕失去。想想，你的自卑心理背后，究竟是在惧怕什么。他人的攻击与奚落？面试的失败？丢人的经历？那么在你面试之前，试着将这些“可怕”的后果全然地去接受。每个人都会有失败，每个人都会有自己的缺陷，坦然地去接受一些吧。有些人会用“爱咋咋地，哥就这样”这种方式来增加自信。这背后的心里便是：当你承认了自我不好的一面，且一定程度否认了与他人的“连结”。他人对你的眼光与评价将不再形成任何压力。你呈现出的将是一个真实的，同时又很自信的自己。

(6) 懂得一种心理效应。人总是高估周围人群对自己的关注与评价，这点已经过社会心理学家的验证。当你认为所有人都盯着你且在意你的不足与缺陷时，其实他们实际上并不是这样。多数时候，你仅仅是他们的一个过客。你过分地在意与心理的防御，更多时候只会造成不必要的自卑。

5. 自负心理

案例聚焦

某高职学院学生王某，电气自动化专业学生，学习成绩中上等，性格活泼开朗，人际关系良好，具有远大理想和抱负，上进心强。进入三年级后，班上同学都在积极寻找适合自己的职业。王某觉得自身条件较好，一心想找个工作环境好、收入高、发展空间大的理想单位。可是半年过去了，王某寄发了 200 多份求职信，参加了 7 次大型人才招聘会，与几家自己满意的单位接洽后，都没有被录用。到了临近毕业的时刻，同意录用王某的几家单位都不能在某些方面完全满足他的愿望，他拒绝了。结果，到了毕业时王某仍然没有找到他所要找的理想单位，此时，他情绪低落，茫然不知所措。

分析点评

案例中，王某在求职过程中，认为自身条件较好，产生了与高于自身能力的求职期望，也就是自负心理，这导致王某在求职过程中错过了一些好的求职机遇。择业自负是心理上的欺骗行为。认为“我有知识你就得用我”，相信自己不会找不到工作，表现出很强的优越感，自命不凡，骄傲自大，把自己的学历作为资本，认为到某个单位求职就是“屈辱”、“赏脸”；面试时，夸夸其谈，海阔天空，常常挑剔攀比，提出过分的要求，使用人单位难以接受；择业失败时，又缺乏自知之明，不进行自我批评，总认为自己是对的，全是用人单位的错，抱有“此处不留爷，自有留爷处”的想法。看到别人签约时，常常牢骚满腹，怨天尤人，对社会、学校和他人都怀有不满情绪。

我们鼓励大学生择业时树立自信心，不自卑，但也不能过了头，产生自负心理。择业自负的心理多见于名牌高校毕业生、热门专业毕业生和优秀毕业生。择业自负，容易使毕业生产生错误的择业观念，心理定位偏高，结果是高不成低不就；择业自负会埋没毕业生的才华，给用人单位留下不好的印象，在择业中失去机遇；择业自负也会挫伤毕业生就业的积极性，引发思想情绪的波动和心理失衡，让毕业生沉浸在牢骚、不满、冲动的心理痛苦之中，有时也会向相反的方向发展，出现比较严重的择业自卑心理。

锦囊妙计

那么如何才能避免产生择业自负的心理呢?

首先，应当正确地认识自我。适度地设计自我，并追求与社会相适应的自我价值，养成良好的自我意识，对大学生择业具有重要的意义。大学毕业并不代表自己就是一个完美无缺的人，要客观冷静地作一些自我分析，清楚自己的优势、特长与不足，对自己有一个全面、客观、正确的评价。只有自我认知，才可以避免求职中的盲目性，不把工作目标定位过高，使自己在工作中尽快实现自我价值；只有通过自我认知，才可以避免因个人自负、清高而遭遇就业失败；只有实事求是地对待自己，才能避免心理冲突，防止择业受挫和焦虑带来的痛苦。

其次，要及时调整就业期望值。调整就业期望值不是降低职业理想，而是说在迈出择业的第一步时，不要过于追求职业声望，不要对职业条件要求太高，不能过于讲工作条件和物质生活待遇，应在职业理想的引导下，立足现实的社会需要，抵制功利主义、享乐主义的影响，充分体现发展事业、服务社会、奉献社会的精神面貌，在现实可能的条件下积极就业，在实践中去开拓事业，增长才干。

再者，保持达观的择业心态。择业心理是与个人的思想、品质、修养分不开的。大学生应不断加强自我修养，达观大度，宽容悦纳，不尽如人意之事莫耿耿于怀，自己力所不能及之事莫强求。找一个好工作是每个毕业生的共同愿望，但在如今“买方市场”的情况下，不会有许多好的工作等待你去挑选。在择业的过程中，不能一步到位属正常现象，但毕业生不能因此而沮丧。只要保持一种谦虚平和的心态，不急不躁，不图虚荣，能退而求其次，毕业生还是有很多就业机会可以选择，哪怕是暂时的；只要能够脚踏实地，一步一个脚印地向前走，就能够在工作中积累经验，为以后的重新选择和发展创造有利的条件。同时，在择业受挫后，能正视现实，敢于自我解剖，找出差距，主动提高和完善自我，也是很值得提倡的积极心态。

6. 从众心理

案例聚焦

张九江（化名）毕业于一所高校的计算机专业，在学校时，性格内向的他在班中年龄最小，与大他两三岁的同学一起玩，干什么不干什么从来用不着他做决定。毕业求职时，他的几位玩得好的同学根据自己所学专业商量决定到公司去工作。于是，他们纷纷行动，很快与几家公司签了约。而张九江深知自己的性格不适于从事商业气息太浓的工作，但又想几个朋友都去了，自己不去不是显得太懦弱太迂腐了吗？于是他也和一家中型商场签了约，同时拒绝了一份自己较适合的在中专学校当计算机老师的工作。但工作没几个月，他觉得自己实在无法融入单位的那种商业氛围之中，也觉得自己不能充分发挥优势，因而他感到压抑，情绪低落。最后，他还是决定找所学校当老师。

分析点评

张九江择业遭遇到挫折，关键在于他的人云亦云、盲目追随，也就是存在严重的从众心理。从众心理是指个人由于受到团体压力，而在知觉、判断、行为方面做出与众人趋于一致的行为。当一个人的行为动机是“别人都这么做”的时候，那么他的行为就是从众行为。从众心理产生的原因是多方面的，个体的个性特征，包括能力、气质、性格、性别、年龄、社会阅历和文化差异等。美国心理学家克拉奇菲尔德提出具有以下特征的人容易产生从众心理：智能较不发达、思维过程缓慢、缺乏己见，坚韧性不强，应激能力较差，情绪沮丧，明显的自卑感，自信心不足，自尊心不强，人际交往消极被动，容易受人暗示，依赖性强；另外，据研究证明：女性从众多于男性，年龄小的人多于年龄大的人，社会阅历浅的人多于社会阅历丰富的人，文化程度低的人多于文化程度高的人。

造成大学生在择业中的从众行为的原因归结为主观和客观两个方面。

(1) 大学生择业中的存在从众心理的主观因素如下：

一是求同心理。人是社会群体的一员，在社会性的压力下形成了自己的价值观和行为规范。马斯洛把人的需要分为五个层次，认为人们在满足了最基本的生理需要后，则渴望获得安全感和亲密感。人以群体生存，无依无靠的孤独和不安全感最可怕。在生活中每个人都希望得到大多数人的肯定评价，大学生在择业中如果没有信息供自己参考，则普遍倾向于求同，这样就会有安全感，不与大多数人对立。求同心通常发生在自信心比较弱的大学生中，他们认为大部分人都这样做应该有充分的理由，在一般情况下都是正确的，以求安慰自己不安的心。

二是缺乏自我认识。有些大学生自我定位不准，自我认知程度较低，特别是与就业有关的专业倾向、个人兴趣等认识不足。当代大学生因为缺乏系统的职业生涯方面的辅导，对自己适合什么样的职业以及将来的职业规划没有一个准确的定位和目标。当外来信息模棱两可时，就会给自己的判断和认知带来困难，这时就会倾向于和群体的意见取得一致，从而增加了盲目从众行为的可能性。

三是功利及竞争心理。许多大学生择业时都优先考虑经济发达地区和高经济收入的三资企业、公办和国有企业。经调查发现：大学生把“工作条件好，有利于发挥才能”排在第一位，把“经济收入高”排在第二位，把“社会地位高”排在第三位。从这些调查中可以清楚地看到大学生求职择业时的功利心理，以致当代大学生的就业趋势大都涌向发达地区以及热门职业，就业竞争压力日趋增加。这种在功利与竞争心理驱使下的从众毫无意义，反而会使很多适合自己的就业机会丧失。

（2）大学生择业中存在从众心理的客观因素如下：

一是传统文化方面。传统文化中的“群体归属”意识对大学生择业从众心理的影响根深蒂固。自古我国人民就形成了大一统的集体思想，同时也形成了中国人民的独特性格。数千年的传统文化积淀，使我们在处理个人和社会关系时有着很强的团体意识，在这个社会里“他人”的意见对个体的行为有很大影响。人的才能和价值表现在他人的评价上，这是社会群体给予的，这使我们尤其注重他人的评价和社会舆论，在择业过程中就容易迎合众人的选择，将群体的评价作为主要标准。

二是社会发展与需求方面。现代科学技术发展的时代，经济得到快速发展，需要更多的经济、科技和金融类专业人才，而另外一些还未被熟知或发展的专业被大学生所冷漠，如社会工作、社会劳动与保障和城市规划与建设等。相对以上经济类专业所对应的职业来说这些冷门专业所适应的职业是不被当代大学生所青睐的，不是社会不需要这方面的职业，而是社会还没发展到大量需求此类职业的程度而已。因此，就有热门与冷门职业之说。大学生在选择专业上也优先考虑了这些热门专业，即使没有就读此类专业也会选择辅修或自考第二专业为以后就业转型做准备，在已存有投奔经济类职业的思想准备下，大量的大学生涌向经济招聘市场，在一定程度上我们也不能说这种从众是错误的或是不理性的。

三是学校因素方面。学校自身的盲目从众导致学生的被动从众。随着社会的不断变化，学校也设置各类新型的专业，例如前些年的计算机热，各个学校纷纷设立计算机相关专业，近年来又出现了电子商务、物流管理、金融等与社会发展紧密结合的专业，一些高校在没有充分了解社会需求、不考虑自身的办学实力的前提下，盲目地设置此类专业，在大学生就业过程中没有正确地引导，由于专业的限制，导致此类专业的大学生在择业过程中不得不从众。

四是家庭因素方面。主要是家庭在对待子女的态度上盲目攀比从众，使得子女在择业中也盲目从众。家人会根据自己的经验对社会形势进行判断，根据自己对某一行业的了解来影响他们的决定，也常常把别人家的孩子与自己家的孩子进行比较从而得出相应的结论。据有关调查，大学生在求职择业中考虑家人的意见的学生占不小比例，这种家长的参照体系导致大学毕业生的从众心理和行为加剧。

锦囊妙计

大学生要谋求理想的职业就必须认清形势，合理调整就业值。当前，高校急剧扩招，就业形势异常严峻。大学生在择业时，要结合自己所学的专业和方向，充分了解自己专业的社会需求情况，从自身的兴趣、爱好、专业、特长、个性、能力以及家庭情况等出发点定位职业期望值，在职业定位基础上构建正确的择业观。然而，现代大学生择业过程中出现的求闲、怕苦、虚荣、功利、攀比等心理，在一定程度上会阻碍他们的职业选择与发展。所以大学生在择业过程中应该完善认知偏差、自我认知和自我评价不完整的情况，加强对社会、就业信息、就业形势及就业政策等的了解，把自身的实际情况与社会的需要结合起来，树立正确的择业观、价值观，强化自身创业意识和创新精神，避免在择业时出现盲目从众、自负自卑等状况。

（二）大学生不良择业心理形成的原因

大学生经历比较简单，对就业形势了解不清，心理承受能力和自我调节能力较差，情绪波动性大，情感较为脆弱，遇到困难容易产生焦虑心理，受到打击后也容易产生自卑心理。由于心理上的不完全成熟，自我同一性混乱，这种混乱表现在大学生对自己的知识结构、能力素质、特长以及适合职业的判断上紊乱不清、自主性弱化、自我目标的追求受他人和同伴群体的影响。由于自我同一性的混乱，在就业中很容易出现心理失衡，盲目从众和攀比。新时期的大学生大多数为独生子女，父母为子女操办一切，学生独立生活和解决问题的能力十分欠缺，缺乏艰苦创业的心理准备，承受不起挫折和失败，容易依赖他人。

造成大学生择业心理障碍的原因是多方面的，有客观原因，也有主观原因，归纳起来有：

1. 客观因素

社会价值导向对大学生择业观的影响。市场经济的等价交换和竞争，唤起人们的热情和积极性的同时，也促使人们最大限度地追求个人的物质利益，实现人生价值。如获得高薪、职业待遇提高等，使大学生在择业过程中出现了个人主义和功利主义的倾向。家庭因素，如父母的价值观、家庭经济情况等的影响。有的学生来自于偏僻落后的农村，希望自己能够去一个远远高于自己生活环境的地方生存发展。而下岗职工则希望子女大学毕业后能到层次较高的单位，不希望子女碌碌无为、平平庸庸。所以，这些学生在择业时必然要考虑物质利益，更重视社会地位和生活环境。西方资本主义价值观和我国传统封建主义糟粕也影响着大学生的择业观。在大学生中存在着拜金主义、实用主义、享乐主义等错误价值观。另外，就目前我国高校教育体制而言，还不能完全实现大学生从学校到社会的顺利过渡，无法让他们在心理能力上完全适应社会的要求。这也是造成大学生择业心态不正常的原因之一。

2. 主观因素

大学生们是社会的一个非凡群体。大学生主体意识较强，在探寻人生价值过程中崇尚自我，主张自我选择、自我成才、自我发展，突出强调个人价值，追求人格独立。在贡献和索取之间，在义与利的价值选择上，功利色彩日益浓厚。表现在择业上便形成了追求个人价值实现，追求才能的发挥和较高的物质待遇，寻找良好的工作环境等。

二、大学生择业心理调适与训练

大学生在求职择业中，遇到困难、挫折和冲突是不可避免的，关键是大学毕业生要懂得如何去调适自己的心态，以减轻或消除心理障碍，用健康的心态去求职择业。

（一）客观地认识自我

自我评价是个体对自己的生理、心理和社会特征及行为的某一方面或整体的评价过程。正确的自我评价是大学生择业的基础，客观全面地分析自己的实力，做出对自己实事求是的评价非常重要。大学生应该全面恰当地认识和了解自己的理想、价值观、素质、个人的气质、性格、兴趣爱好、能力、知识，甚至身高、外貌等，不要以己之长比他人之短而自大，也不能以己之短比他人之长而自卑，要在实事求是地肯定自己长处的同时，善待自己的不足，通过努力逐步克服缺点。以社会需求标准来衡量自己，把个人客观性与社会客观性统一起来，注重以个人服从社会，认真分析用人单位的录用条件，看看自己具备了哪些，不能把就业理想建立在不切实际的幻想之上。

（二）树立正确的择业观

大学生的择业观，即大学生由毕业走向社会时选择职业的观点和态度，实质上是世界观、人生观和价值观的反映。在择业问题上，价值观不同，择业态度和行为会有所不同。在市场经济条件下，社会价值观趋于多元化、功利化和务实化，影响部分学生过分注重物质待遇，出现不顾国家和社会需求的倾向。

职业是人生的重要组成部分，选择职业就是选择自己的未来，因而大学生树立正确的择业观是十分必要的。树立正确的择业观，必须要认识社会、了解国情，充分认识当前的就业形势，正确处理好国家利益和个人利益的关系。大学生要树立远大的理想，树立起报效祖国、献身社会的责任意识，树立竞争和拼搏意识，自觉地服从社会的需要，到基层去实现最大的人生价值。大学生在择业时必须具备超前意识、危机意识、社会意识，把价值观由个人本位转向社会本位，明确“自我实现”是一个为社会和他人做贡献，履行社会责任的过程。

（三）调整择业期望

择业期望是指大学生对职业在多大程度上能满足个人愿望的评估。适中的期望值是大学生正确择业的一个关键因素。因此，大学生的择业期望值必须选择恰当的定位点，突出重点，扬长避短，选择适合发挥自己才能和施展抱负的职业。不能一味追求物质待遇和地域条件，应根据自己的兴趣、爱好和志向把握就业机会，主动出击，力争在就业竞争中处于主动地位。

（四）增强自身的就业力

大学生就业力的高低直接影响着他们就业的质量。所谓就业力，简单概括就是就业竞争力，它包括工作能力、适应能力和求职能力。其中，工作能力实际上就是对专业能力的要求。同时，大学生应具备适应环境和适应社会的能力。大学校园与社会毕竟有差距，甘于从基层做起，吸取经验，关键就是依靠适应力。还应有一定的求职能力，包括个人面试素养，前期准备工夫等，这些不是一朝一夕或“临时抱佛脚”可以换来的，而是要长年累月地锻炼。现在大学生就业困难与“就业力”的缺失不无关系。

（五）提高抗挫折能力

当前“双向选择，自主择业”的就业制度为毕业生提供了难得的契机，同时也给毕业生带来了前所未有的挑战。大学生们纷纷加入到竞争的行列中去，在竞争中寻找自己的位置，在竞争中实现自己的抱负。但是竞争遵循的是优胜劣汰的原则，是成功与失败俱存的。参与竞争就难免遇到挫折，毕业生应当对择业中的挫折有充分的思想准备，敢于面对现实，把挫折看成是锻炼意志，增强能力，提高心理素质的一场考验。要及时减轻思想负担，消除急躁情绪；要积极总结经验教训，冷静理智地分析择业挫折产生的原因，找出不足之处加以改进，将消极因素转化为积极因素；要根据客观实际调整自己的心态和择业目标，使之适应社会的需要，然后为实现这个目标做出努力，绝不能一遇到挫折就灰心丧气怨天尤人，乃至一蹶不振。

锦囊妙计

大学生要控制自己的心境，自觉地调整内在的不平衡心理。增强心理素质，保持乐观向上的情绪就需要不断地对自己进行心理调适。下面介绍几种常用的心理调适方法，供大学生在择业过程中根据自己的实际情况有选择地加以使用。

1. 自我激励法

自我激励法主要指用生活中的哲理、榜样的事迹等来激励自己，同各种不良情绪进行斗争，坚信未来是美好的，因为失败挫折已经成为过去，要勇敢地面对下一次，尽可能地把不可以预料的事当成预料之中的，即使遇到意外事件出现或择业受挫，也要鼓励自己不要惊慌失措、冲动、急躁，而是开动脑筋、冷静思考、寻找对策。大学生在择业过程中，要相信自己的实力，通过自我激励，增强自信心，消除自卑感，保持良好的情绪和心态。

2. 注意转移法

注意转移法即把注意力从消极情绪转移到积极情绪上。当不良情绪出现时，可以采取转移注意力的方法寻找一个新颖的刺激，激活新的兴奋中心以抵消或冲淡原来的兴奋中心，使不良情绪逐渐消失。如听听音乐，参加体育运动，进行自我娱乐，接受大自然的熏陶，参加有兴趣的活动等等，使自己没有时间沉浸在因各种原因引起的不良情绪反应中，以求得心理平稳。

3. 适度宣泄法

当遇到各种矛盾冲突，引起不良情绪时，应尽早进行调整或适度宣泄，使压抑的心境得到缓解和改善。宣泄的较好方法是向你的挚友、师长倾诉你的忧愁、苦闷，使不良情绪得到疏导。在倾诉烦恼的过程中，可以获得更多的情感支持和理解，获得认识和解决问题的新思路，增强克服困难的信心。也可通过打球，爬山等运动量较大的活动，消除压抑心理，恢复心理平衡，但应注意场合、身份和气氛，注意适度，宣泄应是无破坏性的。

4. 自我安慰法

自我安慰法又称自我慰藉法，关键是自我忍耐。在择业中大学生常常会遇到挫折，当经过主观努力仍无法改变时，可适当地进行自我安慰，以缓解动机的矛盾冲突，解除焦虑、抑郁、烦恼和失望情绪，这样有助于保持心理稳定。在因受挫折而情绪困扰时，可用“亡羊补牢，犹未为晚”，“塞翁失马，焉知非福”等话语来做自我安慰，解脱烦恼。

5. 合理情绪疗法

合理情绪疗法认为，人们的情绪困扰是由于不正确的认知（即非理性信念）所造成的，因此通过认知纠正，以合理的思维方式代替不合理的思维方式，就可以最大限度地减少不合理的信念给人们的情绪带来的不良影响。例如，有的大学生择业不顺利就怨天尤人，认为“人才市场提供的岗位太少”、“用人单位要求太高”等等，其原因就在于他只从客观上找原因，认为“大学生择业应当是顺利的”、“社会应该为大学生提供充足的岗位”等等。正是由于这些不正确的认知信念，造成了他的不良情绪，而这种不良情绪恰恰来自于他自己。所以，如果能改变这些不合理的观念，调整认知结构，不良情绪就能得到克服。大学生运用合理情绪疗法时要把握三点：第一，要认识到不良情绪不是源于外界，而是由于自己的非理性信念所造成的。第二，情绪困扰得不到缓解是因为自己仍保持过去的非理性信念。第三，只有改变自己的非理性信念，才能消除情绪困扰。

自我调适的方法还有很多，如环境调节法、自我静思法、广交朋友法、松弛练习法、幽默疗法等。这些都是应变的一些方法，但最主要的是大学生要树立正确的择业观，对择业要充满信心，要注意磨炼自己的意志，培养乐观豁达的态度，不要惧怕困难、挫折，要始终保持积极向上的精神状态和健康的心理。

总之，在择业求职过程中，大学生应提高自我调适的自觉性，立足于自身的努力使自己保持一种良好的心态。同时，社会、学校和家庭各方面也应提供热忱的关注和积极的引导，帮助学生面对现实，排除心理困扰，缓解不必要的心理压力，促使他们尽快实现角色转换，顺利走向工作岗位。

相关链接

1. 职业发展理论

职业发展理论是研究人的职业心理与职业行为成熟过程的理论。这个理论认为，职业发展在个人生活中是一个连续的、长期发展的过程。职业选择不是个人生活中面临择业时的单一事件，而是一个过程。人们的职业态度和要求也并不是面临就业时才有的，而是在童年时期就开始孕育职业选择的萌芽，随着年龄、经历和教育等因素的变化，人们职业心理也会发生变化。职业发展如同人的身心发展一样，可以分成几个既相区别又相联系的阶段。每个阶段都有其不同的特点和特定的职业发展任务。如果前一阶段的职业发展任务尚未很好完成，就会影响后一阶段的职业意识与行为的成熟，最后导致职业选择障碍。职业咨询的任务是要注意考察人们职业发展阶段和他的职业意识与行为的成熟水平，指导人们通过各种途径增进对职业、职业选择、实现职业目标的途径与方法的认识。

2. 金兹伯格的发展理论

就业心理，指个体在环境因素影响下收集与职业有关的信息进行利弊权衡，从而做出择业决定并付诸行动的心理过程。职业心理中，金兹伯格（E. Ginzberg）的发展理论认为个体职业心理形成的过程与他心理的发展是同步的，随着个体心理由低级到高级，由简单到复杂，其职业心理也由低级到高级，由简单到复杂。因此，个体在选择职业的时候，不仅要考虑自己的兴趣、能力与价值观的发展，还要与社会需求之间实现平衡。其理论认为职业选择不是某一时刻完成的一次性的决定，而是从幼儿期就开始的包含一系列决定的长期过程。职业选择的初期和中期在青年期，青年的每一个决定都与本人的经验有关，并且这些决定是连续的、演进的。为了进行职业选择，应充分理解兴趣、能力、价值观等一系列个人因素，以及这些个人因素与社会需要、职业空缺之间的关系。人的职业选择可分为三个时期，第一为空想时期，此时期发生在儿童期，职业愿望还停留在空想阶段，职业心理主要被各种欲求所左右，而且很不稳定容易改变。第二为尝试期，此时期一般为11～17

岁，个人的兴趣、能力、价值观都反映到职业意向上，职业心理被主观因素左右，兴趣、能力、价值观等主观因素影响深刻。第三为现实时期，这是面对现实进行选择职业的时期。这一时期一般从18岁以后就业或进入具有职业限定性的教育机构中学习直到最后确定职业，职业心理不仅受到兴趣、能力、价值观等主观因素的制约，更被当时的客观因素所左右，主观与客观最终相互协调。

3. 萨帕关于人的职业心理与职业行为成熟过程理论

萨帕提出的关于人的职业心理与职业行为成熟过程理论的主要思想包括以下几个方面。

(1) 人的才能兴趣和人格各不相同，因而适合从事不同类型的职业。

(2) 人们的职业偏好心理与从业资格、生活和工作的境况及其自我认识，都随着时间、经历和经验的变化而改变。从而使职业选择行为和心理调适成为一个不断变化的过程。

(3) 人的职业行为可以分为不同的阶段，包括成长阶段、探索阶段、确立阶段、维持阶段和下降阶段。

(4) 个人的职业生活受其父母的社会经济地位、个人智力、人格及其机遇的影响。

(5) 通过指导有利于人生发展更好地进行。

(6) 个人的职业发展过程是"自我概念"(对自己的认识) 的形成发展和完成的过程，也是主客观的一种折中调和过程。

(7) 工作与生活的满意感，与个人的才能、兴趣、人格特质和职业价值观密切相联系。

萨帕的职业发展理论为职业咨询理论的丰富与发展做出了贡献。特别是他指出的职业发展的五个阶段，对处于不同职业阶段的人的职业咨询和职业决策有重要的指导作用。这五个阶段的特点分述如下：

(1) 成长阶段 (1—14岁)。这个时期的个体是通过在家与学校中的游戏，想象和模仿来发展自我概念来认识社会的。其中4—10岁为幻想期，常常扮演幻想中的角色。11—12岁为兴趣期，兴趣成为影响儿童活动的主要因素。13—14岁为能力期，这时更多地考虑任职条件和自身的基本能力训练。

(2) 探索阶段 (15—24岁)。这一阶段的个体开始尝试职业角色，认识不同的职业，并不断改变对职业的期望。其中15—17岁为试验期，个人对自身的需要、能力、价值、就业机会都有所考虑，并据此进行试验性的尝试。18—21岁为过渡期，是个体进入劳动力市场或专门训练机构进一步完善自己的时期。22—24岁为尝试期，个体选择一种自己认为适合自己特点的职业，并试图把它作为终身职业。

(3) 确立阶段 (25—44岁)。这一阶段个体已找到一个适合的工作领域，并努力在其中确立永久的地位。这一阶段的早期 (25—30岁)，有时会对自己从事的职业领域不满意，也可能变换一两次工作岗位。直到31—44岁才完成职业选择的探索进入稳定期。

(4) 维持阶段 (45—60岁)。这时人们在工作中已取得一定地位，一般不再寻求新的工作领域，而是朝着既定的目标前进。

(5) 衰退阶段 (60岁以上)。这一阶段的特点是个体生理与心理能力逐渐衰退，职业活动范围开始缩小，活动兴趣开始发生变化，并由此引起职业转换，直到最后退出职业岗位。不同的人，由于个人条件和外界环境不同，其职业阶段可能呈现出不同的特点。从事不同职业的个体其职业阶段也往往不同。

4. 施恩的职业锚理论

美国麻省理工大学斯隆管理学院教授埃德加·H·施恩（Edger. H. Schein）提出的职业锚理论在美国社会心理学界和组织行为学界有着广泛而深入的影响。他认为职业锚是个人的长期职业定位，由三部分构成：第一部分是自己认识到的自己的才干和能力（以实际成功经历为基础）；第二部分是自己认识到的自我动机和需要（以自我感知和他人反馈为基础）；第三部分是自己认识到的自己的态度和价值观。职业锚要通过个人的职业经验逐步稳定、内化，当个人面临多种职业选择时，职业锚是其最不可能放弃的职业意向。施恩通过研究总结出了八种职业锚：

（1）技术、职能型职业锚。

（2）管理能力型职业锚。

（3）创造型职业锚。

（4）安全型职业锚。

（5）自主型职业锚。

（6）纯挑战型职业锚。

（7）服务型职业锚。

（8）生活型职业锚。

5. 大学生就业心理理论

大学生就业心理，是指大学生在就业过程中表现出来的一般心理特征，是大学生在对自我、就业和社会认识基础上形成的对待就业行为的一种心理定势和情感倾向。大学生的就业心理可以划分为职业价值选择标准、就业方向和就业意识三个维度。职业价值选择标准，也称职业意向，是个人希望从事某项职业的态度倾向，也就是个人对某一项职业的希望、愿望和向往。职业价值观是个人职业价值观的直接反映，职业价值观是个人对某一职业的价值判断。就业方向是指对职业的定位和工作地的预期。大学生就业意识是指大学生对现在就业形势的认识，就业困难的准备，就业的态度与积极性等。

第二节　大学生气质类型与职业选择

一、根据个人兴趣与能力设计职业生涯

兴趣和能力是决定职业适应性（即职业成功和工作满意）的两个最主要的方面，也是职业生涯规划和职业选择决策过程中所应着重考虑的因素。

案例聚焦

小键学的是厨师专业，并已从业三年，收入也不错，可近几年，IT 精英们的光环效

应也影响着已经 28 岁的小键。他突然发现，原来计算机才是自己最喜欢的行业。于是他毅然放弃了厨师的工作岗位，开始追求自己的兴趣，并不断参加计算机培训，渴望在计算机领域找到一席之地。经过一年多努力，他完成了多项科目的学习，然而他的实际操作能力却远远不及那些科班出身的人，再加上他没有实际工作经验，因此，迟迟未找到合适的工作。当我们告诉他，仅凭他目前所掌握技能，并不能胜任 IT 行业的工作，不如回到原来的厨师岗位，却遭到他的断然拒绝。

分析点评

小健的困惑深刻地体现了职业选择过程中专业与兴趣带来的影响。小健学的是厨师专业，却偏偏对计算机感兴趣，可在大学毕业就业时却是按照专业对口的原则选择了厨师。由于在择业过程中没有考虑自己的兴趣爱好，所以才导致几年后，小健又盲目选择了 IT 行业，却无法在 IT 业中有所作为。大学毕业后按照专业对口来选择职业，看似顺其自然，也是很多人在现实中采用的方法，然而却带来了更多的困惑，这是因为在选择过程中，没有充分重视兴趣的重要性。

一个人对工作具有兴趣和爱心，不仅会积极热忱地工作，同时会从工作中享受到很大的乐趣。真正的幸福就是能自动培养工作兴趣而愉快地工作，积极地去学习那些不热爱，甚至可恶的工作。改变对工作态度的方法，是要重新认识自己所从事工作的意义。如果总认为现在从事的工作和自己的兴趣不合，必定会对工作提不起兴致，感到工作起来简直就是受罪。毕竟，能和你兴趣相吻合的工作实在是少之又少。既然你感兴趣的工作并不容易找到，那就应该试着把现在的工作变成兴趣，从而享受其中的乐趣。

比尔·盖茨曾经说过："成功的秘诀是把工作视为游戏，这似乎就是所有成功者的工作态度。我们可以尽力找出能令我们蓬勃兴奋的事来，把许多游戏时的方式带到工作中。"

为什么游戏能吸引人，让人集中精力呢？那是由于参与者朝着同一个目标争夺胜负，赌注的心理占着很大的比例。因此，参与者才能忘却原来单调的游戏，从中找到乐趣。比如，和同事打个小赌，看谁先完成手中的工作，用赢来的钱去喝杯咖啡什么。当然不能天天都这样做，应设立明确的目标，向自己挑战。这样就既不会为时间、地点和场合所限制，又能随时随地地完成工作。同时，把工作成果绘制成进度表，也会使每天的工作更加生动有趣。这样一来，在工作中拥有一份好心情也就易如反掌了。

对于工作，无论从整体或部分中，尝到成功滋味或发现乐趣，都是种快乐的体验，这种体验对于改善工作心情、提高工作意识有很大的帮助。常言说得好，喜欢之后才能熟巧，只要拥有快乐的体验，再苦、再累的工作也会让你集中精神去做。

锦囊妙计

兴趣是工作潜力发挥的原动力，据专家研究表明，如果一个人对某种工作有兴趣，他能发挥其全部才能的 80%～90%，并且能长时间保持高效率而不知疲惫；相反，如果他对某种工作没有兴趣，则只能发挥全部才能的 20%～30%，还容易精疲力竭。所以在进行职业时，对于自己兴趣的考查，主要可以从以下几点来考察当前潜在的职业兴趣：

第一，对各种职业中的每一种，想象自己去做这种工作，然后确定它是否会引起你的兴趣。例如，想象自己做办公室中的事务性工作，通过考虑自己是否喜欢每天做一些例行事务来确定办公室中的事务性工作是否会引起自己的兴趣。

第二，考察自己生活的其他领域，以设法确定自己感兴趣的事情。例如，在学校期间自己最喜欢的科目是什么，自己在业余时间做什么，有什么特别的爱好或天分，获得过什么样的奖励或证书，等等。这些都可以成为确定引起你兴趣的职业的依据。

第三，如果以往做过其他工作，把它们汇总起来，分析在每一种工作中你特别喜欢及特别不喜欢的事情，把特别喜欢的事情列到一起，也把特别不喜欢的事情列到一起。在各种职业中，哪一种更多地包含你特别喜欢的事情，可能就是能引起你兴趣的职业。相应地，哪种职业更多地包含你特别不喜欢的事情，可能就是不能引起你兴趣的职业。

第四，可以在各种职业中先找出自己不喜欢或不能引起自己兴趣的职业，剩下的可能就是能引起自己兴趣的职业，这样做往往更容易一些。

相关链接

1. 职业兴趣分类

兴趣是指一个人寻求并参与某些特定活动的心理倾向。职业兴趣就是个人对某种类型职业和与其相关的活动、学习科目等的喜好，它主要是指适应职业选择的需要。因为大学生在选择职业时，需要知道自己对哪类工作感兴趣并能满足个人的意愿，只有将能力和兴趣结合起来考虑，才更有可能取得职业适应和成功。从行为心理学上说对某事物有兴趣就会更喜欢了解它，对某种工作有兴趣就会倾向于这类工作，兴趣对减少大学生在职业生涯发展中的迷茫感起着重要的作用。兴趣可以增强大学生的职业适应性，并通过工作动机促进个人能力的发挥。是对某种工作满意度、职业稳定性和职业成就感的重要因素，同时也是对职业进行分类的重要基础。因此，兴趣是大学生职业生涯规划中进行自我探索的重要方面，对个人的兴趣类型有了正确的评估后，就有可能预测或帮助人们进行职业选择。

对大学生来说，如果能够选择到与自己的兴趣爱好相符的职业，可使自己的潜能得到充分的调动，使自己的主动性得到最大的发挥。一个人对某种职业感兴趣，他在学习和工作中就能全神贯注、积极热情、富有创造性地投入。一个对自己的专业或工作毫无兴趣的人，即使聪明能干，如果缺乏自觉地、主动地不断追求新成就的热情，也不可能在本专业或本行业有所建树。

与职业选择有关的兴趣称之为职业兴趣。职业兴趣根据不同的标准可分为不同的类型，见表6—1。

表6—1　　不同兴趣类型所对应的职业类型

兴趣类型	兴趣特征	适宜从事的职业
1	愿与事物打交道。喜欢同具体事物打交道，默默无闻，埋头苦干。	制图、地质勘探、建筑设计、机械制造、计算机操作、会计、出纳
2	愿与人接触。喜欢同人交往，结交朋友，对销售、公共关系、采购、信息一类活动感兴趣。	推销员、公关人员、记者、咨询人员、教师、导游、服务员

续前表

兴趣类型	兴趣特征	适宜从事的职业
3	愿干规律性工作。喜欢常规性、重复的、有规则的活动，习惯在预先安排好的程序下工作。	图书管理员、文秘、统计、打字、公务员、邮递员、档案管理员
4	喜欢从事帮助人的工作。乐于助人，试图改善他人状况，帮助他人排忧解难。	福利工作、慈善事业、医生、律师、保险员、护士、警察
5	愿做领导和组织工作。喜欢掌管一些事情，希望受人尊敬并获得声望，在活动中时常起骨干作用。	政治家、企业家、社会活动家、行政管理、学校辅导员
6	喜欢研究人的行为。对人的行为举止和心理状态感兴趣，喜欢讨论人的问题。	社会学、心理学、人类学、组织行为学、教育学、政治学等方面的研究和调查分析
7	喜欢钻研科学技术。对分析的、推理的、测试的活动感兴趣，善于理论分析，喜欢独立工作并解决问题，也喜欢通过试验作出新发现。	生物、化学、工程学、物理学、地质学
8	喜欢从事抽象的和创造性的工作。对需要想象力和创造力的工作感兴趣，大都喜欢独立的工作，对自己的常识和才能颇为自信。乐于抽象的问题，而且急于了解周围的世界。	哲学研究、科技发明、经济分析、文学创作、数理研究
9	喜欢从事操作机器的技术工作。对运用一定的技术、操作各种机械、制造新产品或完成其他任务感兴趣，喜欢使用工具。	飞行员、驾驶员、机械制造、建筑、石油、煤炭开采
10	喜欢从事具体工作。希望能很快看到自己的劳动成果，愿意从事制作能看见、摸得着的产品的工作，并从完成的产品中得到满足。	室内装饰、园林、美容、理发、手工制作、机械维修、厨师

2. 霍兰德职业兴趣理论及其测评

霍兰德对于职业选择从1959年起即做了多次大规模实验研究，著有《职业决策》（1973年）等书。其职业理论中对我国影响最大的莫过于人格—职业匹配理论。在他的理论中，人格分类模式等同于兴趣分类模式，所以其人格分类也常作为兴趣分类来介绍。

霍兰德的职业理论，其核心假设是人可以分为六大类，即现实型、研究型、社会型、传统型、企业型、艺术型，职业环境也可以分成相应的同样名称的六大类，人格与职业环境的匹配是形成职业满意度、成就感的基础。各个兴趣类型的特点及较为适宜的职业环境如下：

（1）现实型（Realistic），又译技能型。具有这类倾向的个体，属于技术与运动取向。往往身体技能及机械协调能力较强，对机械与物体的关心比较强烈。稳健、务实，喜欢从事规则明确的活动及技术性工作，甚至热衷于亲自动手创造新事物。不善言谈，对于人际交往及人员管理、监督等活动不太感兴趣。这一领域的职业有：需熟练技能方面的职业、动植物管理方面的职业、机械管理方面的职业、生产技术方面的职业、手工艺技能方面的职业、机械装置与运转方面的职业等。

（2）研究型（Investigative），又译调查型。具有这类倾向的个体，喜欢理论思维或偏爱数理统计工作，对于解决抽象性问题具有极大的热情。他们通常倾向于通过思考、分析解决难题，而不一定落实到具体操作。喜欢具有创造性、挑战性的工作，不太喜欢固定程式的任务。对于人员的领导及人际交往也非情所愿，独立倾向明显。适合的有分析员、设计师、生物学家等。

（3）艺术型（Art），具有此类倾向的个体，对具有创造、想象及自我表现空间的工作显示出明显偏好。他们和研究型倾向的个体相同之处在于创造倾向明显，对于结构化程度较高的任务及环境都不太喜欢，对于机械性及程式化的工作了无兴趣，也比较喜欢独立行事，不太合群。但两者所不同的是艺术倾向明显的个体好自我表现，重视自己的感性，直觉力较好，情绪变化较大。这一领域的职业有：美术雕刻以及工艺方面，舞蹈、戏剧等。

（4）社会型（Social），具有此类倾向的个体，喜欢以人为对象的工作。他们通常言语能力优于数理能力，善于言谈，乐于与人相处，给人提供帮助，具有人道主义倾向，责任心也较强。习惯于与人商讨或调整人际关系来解决面临的问题。不太喜欢以机械和物品为对象的工作。适合从事咨询、培训、辅导、说劝类工作。这一领域的职业有：学校教育以及社会教育方面、社会福利事业、医疗与保健方面、各种直接为人服务的和商品营销方面的职业等。

（5）传统型（Conventional），又译事务型、常规型。具有这类倾向的个体，喜欢高度有序、要求明晰的工作，对于规则模糊、自由度大的工作不太适应。不喜欢主动决策，习惯于服从，一般较为忠诚可靠，偏保守。与人工作中的交往会保持一定的距离。工作仔细、有毅力。对社会地位、社会评价比较在意，通常愿意在大型机构做一般性工作。相应的职业领域有：银行职员、图书管理员、会计、出纳、统计人员、计算机操作人员、办公室职员等。

（6）企业型（Enterprising），又译经营型。具有这种兴趣倾向的个体，喜欢制定新的工作计划、事业规划以及设立新的组织，并积极地发挥组织的作用进行活动；喜欢影响管理领导他人，自信，有支配欲且冒险性强。他们不喜欢具体精细或需要长时间集中心智的工作。

霍兰德所划分的六大类型，并非是并列的、有着明晰的边界的。他以六边形标示出六大类型的关系，如图 6—1 所示。

图中可以看出：每一种类型与其他类型之间存在不同程度的关系。大体可描述为三类：

（1）相邻关系，如 RI. IR、IA. AI、AS. SA、SE. ES、EC. CE、RC. CR。属于这种关系的两种类型的个体之间共同点较多，现实型 R、研究型 I 的人就都不太偏好人际交往，这两种职业环境中也都较少机会与人接触。

（2）相隔关系，如 RA. RE、IC. IS、AR. AE、SI. SC、EA. ER、CI. CS，属于这种关系的两种类型个体之间共同点较相邻关系少。

（3）相对关系，在六边形上处于对角位置的类型之间即为相对关系，如 RS. IE、

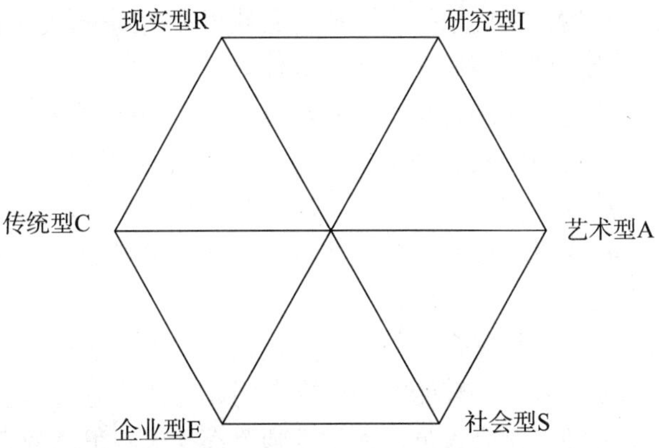

图 6—1　霍兰德职业兴趣分类

AC. SR、EI. CA，相对关系的人格类型共同点少，因此，一个共同人同时对处于相对关系的两种职业环境都兴趣很浓的情况较为少见。

人们通常倾向选择与自我兴趣类型匹配的职业环境，如具有现实型兴趣的人希望在现实型的职业环境中工作，可以最好地发挥个人的潜能。但职业选择中，个体并非一定要选择与自己兴趣完全对应的职业环境。一则因为个体本身常是多种兴趣类型的综合体，单一类型显著突出的情况不多，因此评价个体的兴趣类型时也时常以其在六大类型中得分居前三位的类型组合而成，组合时根据分数的高低依次排列字母，构成其兴趣组型，如RCA. AIS等；二则因为影响职业选择的因素是多方面的，不完全依据兴趣类型，还要参照社会的职业需求及获得职业的现实可能性。因此，职业选择时会不断妥协，寻求与相邻职业环境甚至相隔职业环境。在这种环境中，个体需要逐渐适应工作环境。但如果个体寻找的是相对的职业环境，意味着所进入的是与自我兴趣完全相左的职业环境，则可能难以适应，或者难以做到乐业。

3. 能力与职业生涯规划

能力是个性心理特征的重要组成部分。对于高校学生而言，要判定自己的职业目标是否可行，则必须分析和测试自身的能力，找准自我能力优势，并形成自身多元的能力结构。大学生的能力可分为一般能力和特殊能力两大类。一般能力通常又称为智力，包括注意力、观察力、记忆力、思维能力和想象力等，一般能力是人们顺利完成各项任务都必须具备的一些基本能力。特殊能力是指从事各项专业活动的能力，也可称特长，如计算能力、音乐能力、动作协调能力、语言表达能力、空间判断能力等。由此可见，能力是一个人完成任务的前提条件，是影响工作效果的基本因素。因此，了解自己的能力倾向及不同职业的能力要求对合理地进行职业选择具有重要意义。能力的不同，对职业选择就有差异。从能力差异的角度来看，在职业选择时应遵循以下原则：

（1）注意能力类型与职业相吻合。从能力差异的角度，人的能力类型是有差异的，即人的能力发展方向存在差异。职业研究表明，职业也是可以根据工作的性质、内容和环境而划分为不同的类型，并且对人的能力也有不同的要求，因而应注意能力类型与职业类型的吻合。能力水准要与职业层次一致或基本一致。对一种职业或职业类型来说，由于所承担的责任不同，又可分为不同层次，不同的层次对人的能力有不同的要求。因而，在根据能力类型确定了职业类型后，还应根据自己所达到或可能达到的能力水准确定相吻合的职业层次。只有这样，才能使能力与职业的吻合具体化。

(2) 充分发挥优势能力的作用。每个人都具有一个多种能力组成的能力系统，每个人在这个能力系统中各方面能力的发展是不平衡的，常常是某方面的能力占优势而另一些能力则不太突出。对职业选择和职业指导而言，应主要考虑其最佳能力，选择最能运用其优势能力的职业。同样，在人事安排中，如能注重一个人的优势能力并分配相应的工作，会更好地发挥一个人的作用。

(3) 注意一般能力与职业相吻合。一般能力包括注意力、观察力、记忆力、思维能力和想象力等。不同的职业对人的一般能力的要求不同，有些职业对从业者的智力水准有绝对的要求，如律师、工程师、科研人员、大学教师等都要求有很高的智商；智力在相当大的程度上决定着其所从事的职业类型。下面简要介绍几种能力与职业的联系：

语言能力。语言能力强的人，善于表达自己的思想和观点，语言或文字富有感染力和鼓动性，可从事教师、节目主持、演说、外事、律师、咨询、导游、商业营销等职业。

观察能力。观察能力强的人，善于发现，对事物及物体细节具有较强的知觉能力，可从事记者、工程师、生物研究、医生、护士、绘图师等职业。

数理能力。数理能力强的人，能够快速运算，进行推理，解决应用问题，可从事会计师、审计师、工程师、软件开发、建筑设计、医药配剂、金融投资、经纪人、信息服务等职业。

社交能力。社交能力强的人，善于进行人与人之间的交往，思想活跃，联系广泛，能够协同工作并建立良好的人际关系，可从事公关人员、对外联络员、新闻发布、物业管理、调解员等职业。

实际操作能力。实际操作能力强的人，善于迅速而准确地操纵物体或工具，可从事机构操控与检修、模型创造、计算机操作、民间工艺、汽车驾驶等职业。

组织管理能力。组织管理能力强的人，善于协调，擅长事务和活动的组织安排，以及协调参加人之间的各种关系，可从事公共事业管理、企业经理、公务员、保险代理、行业主管等职业。

逻辑思维能力。逻辑思维能力强的人，善于思考和推理，理解较为深刻，擅长综合分析。适合从事策划、顾问、技术工作、编辑、文秘、理论研究等职业。

运动协调能力。运动协调能力强的人，身体能够迅速而准确地做出动作，能根据要求做出必要的动作反应，适合从事运动员、飞行员、外科医生、舞蹈演员、健身教练等职业。

(4) 注意特殊能力与职业相吻合。特殊能力是指从事某项专业活动的能力，也可称特长，如计算能力、音乐能力、动作协调能力、语言表达能力、事务能力、空间判断能力、形态知觉能力、手指灵活度与灵巧度等。要顺利完成某项工作，除要具有一般能力外，又要具有该项工作所要求的特殊能力，如从事教育工作需要有阅读能力和表达能力；从事数学研究需要具有计算能力、空间想象能力和逻辑思维能力。如法官就应具有很强的逻辑推理能力，却不一定要很强的动手能力；而建筑工应有一定的空间判断能力，却不需要良好的语言表达能力。

二、结合自身气质，合理就业

案例聚焦

杰妮在大学毕业后的五年时间里，前后换了十几份工作，最长的一份工作干了一年多，而最短的才干了三天。杰妮有很强的挫败感，她想知道自己为什么这么失败，心理测评结果显示，杰妮是典型的完美型（抑郁质）的人。一般而言，完美型的女性是思想家，她们对待目标严肃认真，强调做事的先后次序和组织，崇尚美感和才智。另外，完美型的人天生悲观，总是预计将来可能面对问题的最差局面，她们敏感，容易忧虑、忧郁。

综合杰妮的气质特点及她的从业经历，职业发展顾问指出完美型的人喜欢清单、表格、图示和数据，习惯把工作做得井井有条，而杰妮大部分时间是在广告、公关行业工作，跳跃、速战、灵活的工作氛围与她的个性格格不入。另外，她习惯将上司、同事没有针对性的话语误认为是对她有意见或不满，因而，常常为一两句不经意的话与同事闹别扭或争吵。很多认识杰妮的人都认为她是个不好相处的人。

最后，职业发展顾问建议杰妮发挥个人的气质优势，如擅长处理数据，注意力不易被分散，工作不辞劳苦、细心准确，能很好地独立工作等。与完美型气质相匹配的职业有行政经理、销售信息（数据）分析、会计、研究员等。

现在，杰妮在一家家电生产企业销售部门担任销售行政主任，负责统计与分析各区域、渠道的销售数据及销售费用预算和决算控制工作。

分析点评

气质是人的个性中最稳定的因素，在选择职业时，一定要注意自己的气质类型，因为不同气质的人完成同一种工作的效率和所付出精力的大小是不同的。例如，性格安静的人难以胜任应急性很强的工作，脾气暴躁、易冲动的人难以胜任秘书、财会等工作。案例中的杰妮毕业五年后一直从事与自己气质类型不相符合的工作，挫败感很强。气质不同，对职业的适应性也是不同的，如果一个人具备了从事职业所要求的气质特点，就可以为所从事的这项工作提供有利的条件。因此，在选择职业中，气质应作为重要的参考因素之一。大学生应在了解个人人格特征的基础上，结合将来职业生涯做好个人气质的优化。

锦囊妙计

由于气质反映了人的活动的能量和时间方面的动力特点，它对人的日常生活、工作有一定的影响。因此，了解气质的意义是很重要的。

1. 气质类型无好坏之分

可以把人们相对地分为不同的气质类型，但却不能据此就把人区分为优劣、好坏，因为气质类型并不是人品的标签。任何一种气质类型在此一种情况下都可能是具有积极意义的，而在另一种情况下则可能是具有消极意义的。因此并不能说这种气质是好的，那种气质是坏的。举例来说，多血质的人情绪丰富，工作能力较强，容易适应新的环境，但注意力不稳定，兴趣容易转换。抑郁质的人工作中耐受力差，容易感到疲劳，但感情比较细腻，做事审慎小心，观察力敏锐，善于体察到别人不易发觉的细小事物。有谁能说多血质就是绝对优良的，而抑郁质则是彻底劣质的呢?

2. 气质不决定人的社会价值和成就高低

在气质和社会价值、成就之间，同样没有对应关系。据研究，俄国的 4 位著名作家分别就是 4 种气质的典型代表：普希金是明显的胆汁质气质，赫尔岑是典型的多血质，克雷洛夫属于黏液质，果戈里则是抑郁质。他们各自具有不同的气质类型，但他们同样都在文学上取得了令人瞩目的成就，气质并没有决定他们社会价值的高低。同样气质的人可以是对社会贡献差别极大的人，而不同气质的人也可能在成就上相差无几。气质只是属于人的各种心理品质的动力方面，它使人的心理活动染上某些独特的色彩，却并不决定一个人性格的倾向性和能力的发展水平。

3. 培养良好的气质

无论哪种气质，只要你努力，都可以培养出良好的品质，可以从如下几个角度重点培养：

（1）顺其自然，愉快地认识并适应自己的气质特征。

（2）扬长避短，充分把握自己的气质优势。

（3）加强锻炼，适当消除气质的消极方面。

相关链接

1. 气质与职业

气质是指个体不以活动目的和内容为转移的典型的稳定的心理活动的动力特性，是一个人心理活动在发生速度、灵活性、强度和指向性等方面特征的综合。心理学中把人的气质分为多血质、胆汁质、黏液质和抑郁质四种。人的气质不同，在活动中的表现也不一样，其职业活动的适应性也会有一定的差异：

（1）多血质（活泼型）。多血质的心理特征属于敏捷好动的类型。由于神经过程平衡且灵活性强，这种人更易于适应环境的变化，性情开朗、热情、喜闻乐道，善于交际。在群体中精神愉快，相处自然，常能机智的解脱困境。在工作和学习上肯动脑筋，常表现出机敏的工作能力和较高的办事效率。对外界事务有广泛的兴趣，充满自信，不安于循规蹈矩的工作，情绪多变，富于幻想，易于浮躁，时有轻诺寡信、见异思迁的表现，缺乏忍耐力和毅力。多血质气质类型的人适合从事与外界打交道、灵活多变、富有刺激性的工作，如外交、管理、记者、律师、驾驶员、运动员等。他们不太适合做过细的、单调的机械性工作。

（2）胆汁质（兴奋型）。胆汁质的心理特征属于兴奋而热烈的类型。表现为有理想、有抱负、有独立见解。他们精力旺盛，行动迅速，行为果敢，表里如一。在语言上、面部表情和体态上都给人以热情直爽、善于交际的印象。不愿受人指挥而愿意指挥别人。一旦认准目标，就希望尽快实现，遇到困难也不屈不挠，有魄力，敢负责，但往往比较粗心，容易感情用事，自制力差，性情急躁，主观任性，有时刚愎自用。由于神经过程的不平衡，工作带有明显的周期性，能以较大的热情投身于事业，一旦筋疲力尽，情绪顿时转为沮丧而心灰意冷。胆汁质的人喜欢从事与人打交道，工作内容不断变化，环境不断转换并且热闹的职业，如导游、推销员、节目主持人、公共关系人员等。

（3）黏液质（安静型）。黏液质的心理特征属于缄默而安静的类型。由于神经过程平衡且灵活性低，反应较迟缓，无论环境如何变化，都能基本保持心理平衡。凡事力求稳妥，深思熟虑，一般不做无把握的事，具有很强的自我克制能力。外柔内刚，沉静多思，很少露出内心的真情实感。与人交往时，态度持重适度，不卑不亢，不爱抛头露面或做空泛的交谈。行动缓慢而沉着，有板有眼，严格恪守既定的生活秩序和工作制度，心境平和，沉默少语。因此，能够高质量地完成那些要求有坚忍不拔、埋头苦干的品质和长时间的集中注意力、有条不紊的工作。其不足之处是过于拘谨，不善于随机应变，常常墨守成规，故步自封。

总之，黏液质人的出色之处在于，他们大多数都能很好地利用协调性、积极性、社会性及情感稳定性冷静而出色的表现自己的才能，发挥卓越的能力。而且，无论地位高低，都能在自己的行业中占有重要位置。他们不仅能从事学术、教育、研究、技术、医生等内向职业，而且可以活跃在政治家、外交官、商人、律师等外向型职业领域。他们中，以其独特才能驰骋在作家、艺术家、广告宣传、新闻报道领域的也不少。在实际工作岗位上，黏液质人多数精明强干，如出色的公务员、有才气的作家、头脑精明的银行家。

（4）抑郁质（抑郁型）。抑郁质的心理特征属于呆板而羞涩的类型，对事务敏感，精神上难以承受过大的精神紧张，常为微不足道的小事引起情绪波动。情绪体验的方式比较少，极少在外表上流露自己的情感，但内心体验却相当深刻。沉静含蓄、感情专一、喜欢独处、交往拘束、性格孤僻，在友爱的集体里，可能是一个很容易相处的人，对力所能及的工作认真完成，遇事三思而后行，求稳不求快，因而显得迟缓刻板。学习工作易疲倦，在困难面前怯懦、自卑、优柔寡断。遇事多疑，往往缺乏果断和信心。抑郁质的人只需要一个人刻苦奋斗，不需要人际交往的学术、教育、研究、医学等内在要求慎重、细致、周密思考的职业领域往往有较好发展，校对、打字、排版、检验员、化验员、登记员、保管员等工作也比较适合他们。值得一提的是，气质并不代表一个人的智力发展水平，每种气质均有优缺点，如多血质的人思维灵活、反应迅速、好交际、敏感，但易浮动、急躁不稳；胆汁质直率热情、精力旺盛，但比较鲁莽、易冲动、准确性差；黏液质的人安静沉稳、自制忍耐，但反应缓慢，朝气不足；抑郁质的人细腻深刻、踏实细致，但多愁善感、孤僻迟缓。

气质和职业之间是有一定的适合性关系的，所以大学生了解自己的气质类型，尽可能好地确定适合的发展领域。而在现实中，我们的气质类型不一定能恰好符合职业要求，这时候该考虑的不是改变气质或改变职业，而是应当控制和指导人的气质。

2. 气质的测验

本测验 60 道题目，可帮助你确定自己的气质类型。该气质量表由山西大学教授张拓基和北京师范大学发展心理研究所教授陈会昌编制。你认为最符合自己情况的记 2 分；比较符合的记 1 分；介于符合与不符合之间的记 0 分；比较不符合的记－1 分；完全不符合记－2 分。请将分值填到表 6—2 中。

1. 做事力求稳妥，不做无把握的事。
2. 遇到可气的事就怒不可遏，把心里话说出来才痛快。
3. 宁可一个人干事，不愿很多人在一起。
4. 到一个新环境很快就能适应。
5. 厌恶那些强烈的刺激，如尖叫、噪音、危险镜头等。
6. 和人争吵时，总是先发制人，喜欢挑衅。
7. 喜欢安静的环境。
8. 善于和人交往。
9. 羡慕那些善于克制自己感情的人。
10. 生活有规律，很少违反作息时间。
11. 在多数情况下情绪是乐观的。
12. 碰到陌生人觉得很拘束。
13. 遇到令人气愤的事，能很好地自我克制。
14. 做事总是有旺盛的精力。
15. 遇到问题常常举棋不定，优柔寡断。
16. 在人群中从不觉得过分拘束。
17. 情绪高昂时，觉得干什么都有趣；情绪低落时，又觉得干什么都没意思。
18. 当注意力集中于一事物时，别的事物就难使我分心。
19. 理解问题总比别人快。
20. 能够长时间做枯燥、单调的工作。
21. 对学习、工作、事业怀有一种很高的热情。
22. 能够长时间做枯燥单调的工作。
23. 符合兴趣的事情，干起来劲头十足，否则就不想干。
24. 一点小事就能引起情绪波动。
25. 讨厌做那种需要耐心细致的工作。
26. 与人交往不卑不亢。
27. 喜欢参加热烈的活动。
28. 爱看感情细腻描写人物内心活动的文艺作品。
29. 工作学习时间长了，常会感到厌倦。
30. 不喜欢长时间谈论一个问题，愿意实际动手干。
31. 宁愿侃侃而谈，不愿窃窃私语。
32. 别人说你总是闷闷不乐。
33. 理解问题常比别人慢些。
34. 厌倦时只要短暂的休息就能精神抖擞，重新投入工作。
35. 心里有话宁愿自己想，不愿说出来。
36. 认准一个目标就希望尽快实现，不达目的，死不罢休。

37. 同样学习工作一段时间后，常会比别人感到疲倦。

38. 做事有些莽撞，常常不考虑后果。

39. 老师或老师傅在讲授新知识技术时，总希望他讲慢些，多重复几遍。

40. 能够很快忘记那些不愉快的事情。

41. 做作业或完成一件工作总比别人花时间多。

42. 喜欢运动量大的体育活动，或喜欢参加各种文娱活动。

43. 不能很快把注意力从一件事转移到另一件事上去。

44. 接受一个任务后，希望把它迅速完成。

45. 认为墨守成规比冒风险强些。

46. 能够同时注意几件事物。

47. 你烦闷的时候，别人很难使你高兴起来。

48. 爱看情节跌宕起伏激动人心的小说。

49. 对工作保持认真严谨始终如一的态度。

50. 和周围的人的关系总是相处不好。

51. 喜欢复习学过的知识，重复做已经掌握的工作。

52. 喜欢做变化大、花样多的工作。

53. 小时候背诗歌，你似乎比别人记得清楚。

54. 别人说你"出语伤人"，可你并不觉得。

55. 在体育活动中，常因反应慢而落后。

56. 反应敏捷，头脑机智。

57. 喜欢有条理而不甚麻烦的工作。

58. 兴奋的事情常使你失眠。

59. 老师讲新概念，常常听不懂，但是弄懂以后就很难忘记。

60. 假如工作枯燥无味，马上就会情绪低落。

表 6—2　各项气质类型对应题号

气质类型	题号	总分
胆汁质	2、6、9、14、17、21、27、31、36、38、42、48、50、54、58	
多血质	4、8、11、16、19、23、25、29、34、40、44、46、52、56、60	
黏液质	1、7、10、13、18、22、26、30、33、39、43、45、49、55、57	
抑郁质	3、5、12、15、20、24、28、32、35、37、41、47、51、53、59	

评价方法

如果某一项或两项的得分超过 20 分，则为该项典型气质。

如果某一项或两项以上得分在 20 分以下 10 分以上，其他各项得分较低，则为该项一般型气质。

若各项得分在 10 分以下，但某项或几项得分较其余项为高（相差 5 分以上），则为略倾向于该气质（或几项的混合）。

一般来说，正分值越高，表明该项气质特征越明显，反之，正分值越低或得负分值，表明越不具备该项气质特征。

气质分析：气质并无好坏之分，任何一种气质都有其积极和消极的一面，气质并不能决定一个人的社会价值和成就大小。每种气质类型的人都可以在大部分职业中有所作为。所以，确定职业意愿要考虑气质因素，但又不能将它的作用扩大化、绝对化。

3. 斯特劳气质调查表

调查目的：通过斯特劳气质调查表测评了解你自己属于哪一种气质类型。

调查要求：斯特里劳气质调查表共有134个测试题目，请按顺序回答。全卷答完前，请不要回头查看，因为气质无好坏之分，所以回答要诚实。回答这些问题时请注意：符合自己情况的记+1分；介于符合与不符合之间的或无法回答的记0分；不符合自己情况的记−1分。

调查过程

1. 你很容易交朋友吗?
2. 得到一定信号之前，你能控制自己不做某件事吗?
3. 短暂休息能解除你的工作疲劳吗?
4. 你能在不利环境中工作吗?
5. 讨论中，你能抑制无理的情绪性的争论吗?
6. 你能轻松恢复一项停顿了较长时间的工作（由于假日等）吗?
7. 当你埋头工作时，是否能忘记疲劳呢?
8. 当让某人做某事时，你能耐心等到他完成工作吗?
9. 无论一天中什么时候，只要一上床，你就能很快入睡吗?
10. 你能容易坚持一个信念吗?
11. 你能很容易恢复一项停止了几个星期或几个月的工作吗?
12. 在提供说明时，你有耐心吗?
13. 你喜欢脑力劳动的职业吗?
14. 当进行一项单调工作时，你感到很疲倦吗?
15. 经过强烈情绪之后，你很容易入睡吗?
16. 必要的时候，你能控制表现自己的优势吗?
17. 控制激动或愤怒，对你来说困难吗?
18. 在陌生人面前，你能按你习惯的方式活动吗?
19. 在面临困难的时候，你能控制情境吗?
20. 必要时，你能适应小组成员的行动吗?
21. 你准备从事一些有责任性的工作吗?
22. 你的心情常常受到周围环境的影响吗?
23. 你能战胜挫折吗?
24. 当碰见一个人并希望使他有深刻印象时，你能保持平静吗?
25. 在你生活中出现未遇见的事件时会激怒吗?
26. 你准备回答每一次争论吗?
27. 当等待着一个能改变个人命运的时机出现时，你能保持平静吗?

28. 在假日里，你能很快平静下来吗?
29. 你会对未期望的刺激迅速做出反应吗?
30. 你能调整自己的步伐速度或吃饭习性适应比你慢的人吗?
31. 在床上，你能很快地入睡吗?
32. 你喜欢在集会或会议上发言吗?
33. 你很容易受挫吗?
34. 你很难从全神贯注地工作中解脱出来吗?
35. 当谈话打扰他人时，你能停止吗?
36. 你的脾气暴躁吗?
37. 当你与同事合作时，你能轻松地跟上他的节奏吗?
38. 在决定一项活动之前，你会思考再三吗?
39. 当阅读书一类的作品时，你能很容易地按作者的思路从头到尾读完吗?
40. 与陌生人同行时，你会很快加入谈话吗?
41. 当争论毫无结果时，你能停止与一个说法错误的人的争论吗?
42. 你喜欢从事手工灵巧的工作吗?
43. 当遇到新争论时，你能改变主意吗?
44. 你容易习惯新的工作安排吗?
45. 经过一天的工作，你还能在夜里工作吗?
46. 你阅读小说的速度快吗?
47. 由于一些困难，你会经常放弃计划吗?
48. 当情况需要时，你能保持平静吗?
49. 你能毫无困难地迅速醒来吗?
50. 你能控制没有预想到的反应冲动吗?
51. 噪音会干扰你的工作吗?
52. 当需要保密时，你能控制向他人报告实情的欲望吗?
53. 当你等待一个考试或一种不愉快的事情时，你能控制自己吗?
54. 你能迅速适应新环境吗?
55. 你喜欢经常性变化和转换吗?
56. 睡一宿觉会消除你一天紧张活动造成的疲倦吗?
57. 你会回避在短时间内需要不同操作的工作吗?
58. 通常你能独立解决自己的问题吗?
59. 当其他组织成员不提出自己的建议时，你能提出自己的看法吗?
60. 假如会游泳，你会跳入水中抢救一个要溺死的人吗?
61. 你工作（或学习）努力吗?
62. 你能抑制做不合时宜的评论吗?
63. 你喜欢在工作、学习或演讲大厅中有个固定的座位吗?
64. 你容易转换工作吗?
65. 当面临重要抉择时，你仔细选择“是”或“否”吗?
66. 你会迅速克服困难吗?

67. 当有机会观看他人日记或私事时，你很难控制这种好奇心吗?
68. 当进行常规性活动时，你会感到厌倦吗?
69. 你很容易在公共场所遵循规则吗?
70. 当进行谈话、公开发言或口语测验时，你能消除多余的姿势或活动吗?
71. 你喜欢混乱和喧闹的环境吗?
72. 你喜欢高强度的职业吗?
73. 你能长时间地集中精力工作吗?
74. 你需要迅速活动的工作吗?
75. 在困难情况下，你能保持平静吗?
76. 必要时，你能立即醒来吗?
77. 如果必要的话，你自己做完工作后，还能耐心等待他人结束吗?
78. 当看到一个不愉快的悲痛的情景时，你能以正常的效率活动吗?
79. 你能迅速浏览一天的报纸吗?
80. 有时候，你说话会快得难以理解吗?
81. 当夜里睡眠不好时，你能像平时一样正常工作吗?
82. 你能够长时间不受干扰地工作吗?
83. 牙疼或头疼会严重地干扰你的工作吗?
84. 当需要结束一项工作时，尽管你的同事喜欢休息或等待你去做，你也能去完成这项工作吗?
85. 未期望的问题出现时，你会迅速做出反应吗?
86. 你说话快速吗?
87. 你能在等客户时工作吗?
88. 在有说服力的争论中，你会容易地改变自己的看法吗?
89. 你有耐心吗?
90. 如果一个人的工作节奏很慢时，你也能适应他吗?
91. 如果可能的话，你计划自己同时进行几项工作吗?
92. 一个幽默的同伴会使你从抑郁中解脱出来吗?
93. 你能同时进行几项活动而不需过多努力吗?
94. 当看到一起交通事故时，你能保持平静吗?
95. 当看到心爱的人遭到痛苦时，你能保持平静吗?
96. 你能轻松记住陌生人的姓名吗?
97. 在关键时刻，你会很自信吗?
98. 在许多人和陌生人面前，你感到很舒服吗?
99. 到时间时，你能立刻结束交谈吗?
100. 你容易适应他人的工作方式吗?
101. 你经常改变自己的职业吗?
102. 事故发生时，你会迫切感到自己是否应行动吗?
103. 你能抑制不合时宜的微笑吗?
104. 你能迅速开始一项工作吗?

105. 如果你确信自己是正确的，你会对一般本可以接受的问题产生怀疑吗？
106. 你能抑制住瞬息间产生的沮丧心情吗？
107. 经过一天紧张而疲劳的脑力劳动之后，你会难以入睡吗？
108. 你能静静地排长队吗？
109. 当你对住宿情况的抱怨毫无意义时，你能停止抱怨吗？
110. 在激烈的讨论中，你能平静地争论吗？
111. 你能对环境中的突然变化立刻做出反应吗？
112. 当需要时，你能平静地活动吗？
113. 你能忍受痛苦的药物或手术治疗吗？
114. 你会十分紧张地工作吗？
115. 你准备改变娱乐或休息的地点吗？
116. 你很难适应新的生活规律吗？
117. 发生事故时，你期望自己解决问题吗？
118. 在体育比赛中，你能抑制大声地喊叫或一些过分地活动吗？
119. 你喜欢与他人谈话的工作吗？
120. 你能控制自己的滑稽动作（拉长脸阴笑）吗？
121. 你喜欢需要强烈的活动的工作吗？
122. 你认为自己是个很有勇气的人吗？
123. 在关键时刻，你的声音会降低吗？
124. 你能克服失败造成的沮丧吗？
125. 必要的时候，你能静静地很长时间地站着或坐着吗？
126. 如果你的欢乐会刺伤他人时，你能控制吗？
127. 你很容易从悲伤转入愉快吗？
128. 你很容易激动起来吗？
129. 你会很容易遵守你生活中的规则吗？
130. 你喜欢公开演说吗？
131. 没有经过长期的准备，你能迅速的开始工作吗？
132. 即使会危及个人生命安全，你也会立刻抢救面临危险的人吗？
133. 你喜欢剧烈运动吗？
134. 你喜欢有责任性的工作吗？

调查总结

本测验有 44 个兴奋强度的题目，44 个抑制强度的题目和 46 个神经过程灵活性的题目。它们的题号分别为：

兴奋强度：3、4、7、13、15、18、19、21、23、24、32、39、45、47、51、55、56、58、60、61、66、72、73、78、81、82、83、94、97、98、102、105、107、113、114、117、121、122、123、124、130、132、133、134；

抑制强度：2、5、8、10、12、16、17、27、30、34、35、36、37、38、41、48、50、52、53、59、62、65、67、69、70、75、77、84、87、89、90、95、99、103、108、109、110、112、118、120、125、126、128、129；

神经过程灵活性：1、6、9、11、14、20、22、25、26、28、29、31、33、40、42、43、44、46、49、54、57、63、64、68、70、71、74、76、79、80、85、86、88、91、92、93、96、100、101、104、111、115、117、119、127、131；

请分别计算在每一部分的得分，并参考气质评测表（见表 6—3），就可以了解你的各种特性的状态和气质类型。

表 6—3　　气质评测表

气质类型	高级神经活动类型	各种神经过程		
		兴奋程度	抑制强度	灵活性
胆汁质	强而不平衡型	正分	负分	负分
多血质	强、平衡灵活性	正分	正分	正分
黏液质	强、平衡、不灵活性	正分	正分	负分
抑郁质	弱型	负分	负分	负分

第七章　分清网络　把握传播

第一节　网络与大学生活

全球性的网络化、信息化进程正改变着人们的生活方式，互联网应用技术的飞速发展给人们生活和工作的各个方面带来了深刻的影响。互联网在中国发展势头之快，显示了其广阔的前景。据中国互联网络中心的报告，截至 2012 年 12 月底，我国网民人数已达到 5.64 亿，互联网普及率达到 42.1%，超过世界平均水平。

互联网是人类社会有史以来第一个世界性的图书馆和第一个全球性论坛。任何人，无论来自世界的任何地方，在任何时候，他都可以参加，互联网永远不会关闭。而且，无论你是谁，你永远是受欢迎的，不会由于不同的肤色、穿戴和宗教信仰而被排挤在外。在当今的世界里，唯一没有国界、没有歧视、没有政治的生活圈属于互联网。通过网络信息的传播，全世界任何人，不分国籍、种族、性别、年龄、贫富，都可以互相传递经验与知识，发表意见和见解。而当代大学生是在网络信息的全球化过程中成长起来的，他们是网络使用的主要群体，网络已成为他们学习知识、获取信息、交流思想、建立联系、开放潜能、休闲娱乐的重要平台。

一、网络与大学生的心理需要

网络心理是指一切与网络有关的心理。网络在大学生人群中流行，这背后就隐藏着相应的心理需要。美国人本主义心理学家马斯洛在总结前人的大量研究的基础上，将人类的需要分成 7 个有序的层次（如图 7—1 所示），以此来说明需要对人的行为的推动力量。马斯洛认为这 7 个层次是可以按照由低到高的顺序排列的，也就是人的需要发展是有层次的，低层次的需要没有满足时，就不会产生高一级的需要。他在解释动机时强调需要的作用，他认为所有的行为都是有意义的且有其特殊的目标，这种目标来源于我们的需要。当代大学生面对互联网时展现出极大的热情和参与，一方面与大学生的身心发展特点有关，另一方面也是因为互联网满足了他们的多种心理需要。

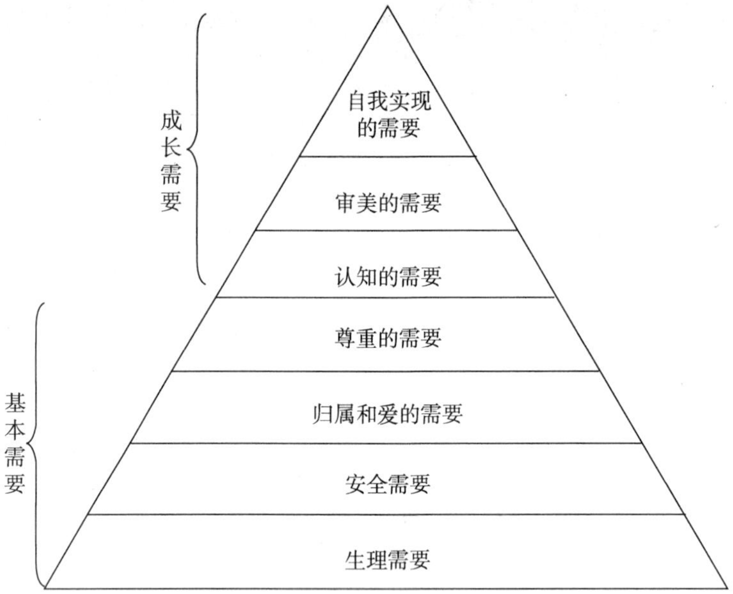

图 7—1　马斯洛的需要层次模型

（一）生理需要之释放压力，表达性心理

在马斯洛的需要层次理论中，位于最底层的是基本的生理需要，包括食物、水、氧气、休息的需要，性欲表达的需要，消除紧张的需要等。青年大学生在激烈的社会竞争背景下，求学与就业过程中不可避免地会出现种种矛盾和挫折，许多大学生在这种情况下承受着巨大的心理压力，常会产生紧张焦虑的情绪。通过网络大学生可以适时地转移、倾诉自己的不良情绪，有助于消除或减轻紧张焦虑感。其次，生理上的成熟使大学生对性知识有着强烈的了解欲望，网络上的性知识、性资料极大地满足了大学生的好奇心和探索欲。此外，大学生的性观念虽然开放，但是由于个体的道德意识较强，价值体系也较为严谨，因此其性行为与一般社会青年相比较为保守，这种开放的性观念和保守的性行为之间的矛盾冲突常给大学生带来性压抑，而网络空间的匿名性及开放性使青年大学生不需要顾忌现实生活中的道德准则及种种制约条件，为大学生性心理的表达提供了机会和可能性。

（二）获取自我接受和认同，寻求爱和归属感

归属和爱的需要是个体希望融入别人中间并和他人建立联系的需要，是爱以及被爱的需要。这种需要的满足使个体有归属感，能够感到被群体接纳、爱护、关怀和支持，不满足就会引发强烈的需求和焦虑感。首先，网络以其高速度、跨地区、信息传播面广的优势，打破了现实生活中依靠地域建立起来的人际关系圈，使人与人的交往不必受时间及空间的限制；其次，网络交往中个人的主观意识起很大的作用，个体无法获得全方位的信息，仅能通过视觉、听觉来推断和估计对方，这种主观想象的形象都是在自己心里过滤的，适合自己口味的；最后，在网络空间里，交往对象往往是模糊的或虚拟的，因此，网

络世界的人际关系赋予现实社会人际关系所不同的新内容、新特征，不需要过多地考虑现实生活中人的社会阶层、地位、职业、性别等差异，增强了个体间的平等性。以上这些因素使大学生可以在网络的虚拟空间里尝试新的社会角色，并且在这个虚拟空间里方便地找到志趣相投的族类或群体，获得自我接受和认同并产生归属感，随着交流的进一步深入，产生喜欢或爱的情感。

（三）网络交往中重塑自信，寻求尊重

尊重的需要是个体对自己社会价值追求的需要，包括自信的需要、价值和能力感的需要。自尊和受别人尊重的需要，这一需要的获得是建立在良好的人际关系基础上的，现实生活中，有些大学生由于害怕泄露隐私或与朋友相隔较远，在遇到困难或挫折时无处诉说。有些大学生由于人际关系的复杂性及自身心理的单纯性，会在交往中遇到挫折，这些问题压抑在心中很容易导致心理障碍。在网络的虚拟世界里，大学生可以大胆说出自己想说的话以及自己的压力、抑郁，这种表达不需要过多的掩饰，较为真实，对于那些缺乏自信的学生非常具有吸引力。网络交往空间的拓展使大学生可以与世界各地的人进行交流，发展友情或爱情，在这种交往的过程中，大学生很容易产生自信，受人尊重的感觉。

（四）多元文化信息与认知需求

认知的需要是个人对自身和周围世界的探索，理解及解决疑难问题的需要，是高级的成长需要。在信息时代，课堂上所学到的知识已经远远不能满足大学生的需要，而网络信息的及时性与便捷性大大缩短了大学生求知的路径和时间；另一方面网络信息的丰富性与开放性在一定程度上减少了大学生获取知识的成本。此外，在多元文化交融的网络世界里，不乏现实生活中通过正当渠道难以了解的事物或信息，如一些明星隐私、奇人轶事、色情内容等，对于有着强烈好奇心的大学生来说充满着巨大的吸引力。

（五）网络空间中升华审美情趣

审美的需要是人类对秩序和美感的渴望和需求，它展示了人性富有创造性的一面，是高级的成长需要。心理学上认为人的低层次的需要得到满足后会产生高层次的需求，大学生在具备了较高的文化素养的同时，又掌握了一定的现代科技手段，由此便会引发审美的需要。上网冲浪，在网络上饱览无穷无尽的知识，不仅能够提高大学生的文化素养，还能满足大学生审美的需要：在因特网上可以追逐时尚、紧跟潮流，并且网络能够激发个体的联想力、创造性，驱使个体追求更高级、更丰富的主观自由心理状态，实现人的自由天性，最终实现审美。

（六）网络空间中体验成功，追求自我实现

自我实现的需要是个体对自己的潜能得到充分发挥及拥有意义深远的目标的需要，它是需要层次的最高端，是每个人力求达到的理想自我的动力。现实生活中存在种种标准与限制，并且个体的理想自我与现实自我之间常会存在一些差距，因此大学生有时难以体验到自我价值感或者得到他人的认可。在虚拟的网络世界里，大学生却能轻易地实现自己的理想，比如，将自己的文学创作发布到博客上或者将新添置的衣物、烹饪的菜肴晒到网

上，很快就能获得其他人的评论，进而增添自信和快乐；在网络游戏中可以尽情地搏斗厮杀，体验王者的风范。在这种不断地感性体验和网络思维过程中，大学生会体会到成功的乐趣，找回辉煌的自我，整个自我价值的评价体系在逐渐发展中得到了重塑。

二、网络与大学生的生活方式

大学阶段是人生中一个重要的阶段，是风华正茂的时期，也是危机四伏的时期，身处这一时期的大学生往往被称作天之骄子，作为社会中文化层次较高，发展潜能较大的人群，在众人眼里是积极乐观、健康向上的群体，但同时他们也承载着家庭和社会较高的期望，他们的生理发展已基本成熟，心理发展正经历着逐渐完善并走向成熟的过程，这一过程中充斥着理智与情感、理想与现实、独立与依赖、渴望交往与自卑胆怯等众多矛盾和冲突，那么，网络究竟给大学生带来了什么？

（一）网络使大学生走向了世界

21世纪的大学生，基本上步入了网络时代。在这个时代，大学生不再仅仅是依赖书报、杂志、广播、影视等传统媒介去认识社会、了解他人和自我，获得交往和娱乐，而是利用网络所提供的一切服务去发展自己，享受生活。他们通过网络走出学校，走向社会甚至走向世界。学生不再受时空的限制，可以自由自在地对以前老师传授的、教科书上写的、媒体宣传报道的内容进行考证，可以无拘无束地认识世界，了解世界，评判世界。在走向世界的同时，大学生可以培养相互理解相互依存的全球观念和开放意识。

（二）网络扩大了大学生的创造空间

信息公路的开通和网络的广泛使用彻底改变了我国大学生的“课堂—食堂—宿舍”三点一线的生活方式。网络所提供的虚拟世界将为学生提供更广阔的实践舞台，为他们创造更多的独立思考的空间，并促进他们创新意识的觉醒。在网络这个全新的发展空间里，大学生的创造力得到了极大地发挥，由于虚拟的网络减少了大家创业的不平等性和进入的障碍，使得大学生在这里求得了大量的创业机会，开拓了发展的新兴领域。随着中国的计算机和网络热潮不断升温，大学生们的创造热情被调动到极限，他们凭着自己的知识兴趣创业，以实现自己的梦想。

（三）网络提升了大学生的现代意识

网络的显著特点是快速、高效、使用简便，它以快捷的速度传送和处理巨大数量的数据、信息，使世界各国和各地区形成一种崭新的通信系统。网络技术使得公众的效率大大提高，这将有利于大学生效率观念的形成。同时，网络传播方式的交互性，使得大学生的主体地位得到了体现，他们可以在这里主动地获取、发布、评论和反馈各种信息，这种交互性使他们真正体会到了自由沟通和地位平等。而且，网络本身就有许多规则，对这些规则的遵守实际上就是培养一种平等意识和契约意识。

（四）网络使大学生获得了终生学习的本领

随着科技的迅猛发展，知识的更新速度也在不断地加快，只有不断地更新自身的知识，完善知识结构，才能适应时代的发展。而网络所提供的丰富信息，极大地开阔了大学生的视野，为大学生提供了广阔的学习空间，大大拓展了他们的求知途径。在这里，他们懂得了怎样有效地去获取对自己有用的信息，也知道怎样去充分利用网络资源，不断地充实自己，完善自己，以适应不断变化的社会。这将有利于他们形成终生学习的观念，获得终生学习的本领。

（五）网络改变了大学生的消费方式

大学生作为社会消费群体中的一个特殊组成部分，利用网络技术，很快成为网络消费的主体。他们网购时不受时间和空间的限制，可以在任何时间、地点进行网上购物，购得的商品有专人送货上门，大量节省了时间成本。网络消费的方便快捷性受到大学生的喜爱，进而成为大学生日常生活中不可缺少的一部分。

第二节　网络依赖催生的心理问题及调适

中国从 1994 年开始接入互联网，虽然起步较晚，但是发展速度迅猛，在近 20 年的时间内，中国上网人数已突破 4 亿，成为世界互联网/超级大国，互联网一方面在大大改善着大学生的生活方式，但是另一方面，大学生的心理准备却并未与技术的发展保持同步，随之而来的是各种各样的网络心理问题。

案例聚焦

北京《青年报》报道了这样一件事情：小朋是北京某市属大学学生，20 岁，是个超级网虫，每天都要在网上泡 10 多个小时。他和一个 17 岁的女孩在网上认识半年后，两人很快就发生了“网恋”，并在某网站进行了“结婚”注册，在网上建立了自己的“家庭”——一个共同的网页。他们在这个网上的“家”真的太像家了，这个用文字和图片堆砌的家不但有像模像样的家具和房间布置，而且有每日三餐的菜谱，甚至还有他们虚拟的“夫妻生活”描述！当小朋和那个女孩“结婚”不到 3 个星期时，网站通知他，他的“爱人”怀孕了，小朋大喜，每天抱书痛读产妇注意事项。6 个星期后网站通知他，说他们已经拥有一个可爱的小宝宝，小朋更是兴奋得睡不着觉。15 个星期后，网站又告知小朋，他的“妻子”、“儿子”均病重，小朋于是整天愁眉苦脸，无精打采。直到第 18 星期，网站宣布：因医治无效，他的妻儿双双“去世”，他的“婚约”宣告结束！此时的小朋沉浸在痛苦之中，因为太投入，他竟然受不了打击，一病不起。到现在，好好的大学上不了，每天起床要做的第一件事就是到网上的墓地去悼念他的“妻小”，然后垂头丧气，喃喃自语。

从对小朋的描述中，他患上了网络成瘾症（IAD）。网瘾综合征患者的最主要表现是：上网时精神兴奋，心潮澎湃，欲罢不能，时间失控。沉溺于网上聊天或网络互动游戏，并由此而忽视与社会的交往，与家人的沟通，甚至对上网形成越来越强烈的心理依赖，以致不能分离。

一、网络心理问题

（一）认知障碍

由网络依赖引发的认知障碍主要表现为：注意力涣散、记忆力减退、思维僵化、幻觉等。

1. 注意力涣散

当人们在电脑前工作或学习时，常常被弹出的聊天窗口或广告所吸引。有统计数字表明，人们在持续性上网时每隔 3 分钟就会被打断一次，就算排除外界干扰他们自己也会打断自己，而注意力每被打断一次，重新恢复至少需要花费 15 分钟。久而久之，就造成注意力涣散，而这种注意力涣散的症状进一步加剧的话很容易引发一些精神疾病，如精神分裂症、多动症等。

2. 记忆力减退

当个体的注意力出现持续分散，不断扫描外界的变化以追求刺激时会陷入持续性的局部注意力状态，由此状态衍生的是一种叫做多任务处理的强迫症状，表现为大脑不断强制命令身体一次性处理更多的事情以弥补落下的效率。偶然发生这种情况时人体能通过分泌应激激素提高自身能量水平以增强记忆力提升工作效率。但是，经常出现这种现象的后果则是：大脑细胞会受到这些应激激素带来的伤害，海马回的记忆细胞会被压缩，继而导致个体理解困难，记忆力减退，对于过度依赖网络的大学生来说，离开网络后常会出现理解困难、记忆力减退的现象。一方面与个体生理因素的变化有关，另一方面还因为长期不学习专业知识，大脑的记忆力没有机会得到锻炼。

3. 避开深度思考，思维僵化

对于信息时代的大学生来说，遇到问题时首选的解决方式可能就是利用搜索引擎搜索答案。毫无疑问，搜索引擎的出现为快速检索、引用知识提供了极大的便利，在搜索引擎出现之前，人们通过记忆、理性和想象三种方式对知识进行分类，这种分类方式会附带许多相关的知识，可以使知识有体系地呈现在我们面前。而搜索引擎这种关键词式的检索将知识分成细小的片段，常造成我们的认知越来越零碎，很难系统化条理化，这种检索方式使我们的大脑倾向于接受浅显的琐碎的知识，且渐渐地躲避深度思考。这种浅阅读的思维方式使大学生在学习专业知识时，不懂得举一反三触类旁通，不善于归纳和总结。此外，网络信息集文字、声音、图像于一体，这种信息的高度综合性使大学生的形象思维能力发达，逻辑思维能力退化，长此以往便引发思维僵化。

4. 幻觉

迷恋于网络游戏的大学生，往往在长时间激烈的网上游戏后产生虚幻的感觉，就是由于大脑皮层感受区异常兴奋所致。

（二）情感障碍

德国哲学家叔本华在人生的智慧书中做过这样的描述：痛苦和无聊是人类幸福的两个

死敌，人的内在空虚就是无聊的真正根源，内心空虚之人无时无刻不在寻求外在刺激，试图借助某事某物使他们的精神和情绪活动起来，能够让我们免于痛苦的手段，莫过于拥有丰富的内在，即丰富的精神思想。许多依赖网络的大学生都有过这样的感受，上网的初衷只是为了打发无聊的时光，寻求某种快乐。比如，通过成人网站或网络游戏获得高强度、持续的快感，但是也正如著名网瘾治疗专家陶宏开所说的：网络游戏是越放松越不松，在游戏中获胜时所表现出的一段时间异常持续性的情绪高亢，实际上是一种病理性愉快心境；反之游戏不能过关时所表现的异常持续性心境不佳，则是一种病理性情绪低落。网络可以让我们隔着距离跟朋友聊天发信息，即使孤身一人，也感觉和大家在一起，但是当我们相互陪伴时，却又让自己置身于感觉孤独的环境中，不断地使用各种移动通讯设备。人们对时下 90 后的评价有这样一条：参加朋友聚会时，一人对着一部手机各玩各的。另有一则笑话描写所谓标准网虫的生活：当睡醒起来碰到室友打招呼，首先反应为发愣，然后则是打开电脑，通过 QQ 回复一声“早!”。由此可见，过度依赖网络长久地与电脑终端打交道容易造成情感活动减退，对周围的刺激缺乏相应的反应。久而久之个体的情感趋于淡漠，不去理会他人幸福，对社会发展也漠不关心。

（三）意志行为障碍

过度依赖网络的大学生，意志行为障碍有如下表现：其一，迷恋网络游戏的大学生，常常不顾疲劳地追求取胜过关，显现意志增强的病态反应；其二，依赖网络的大学生在下线时，表现为意志消沉，对学习、生活都提不起兴趣并逐渐对生活失去信心。

（四）人际交往障碍

数据表明，人们使用电脑 1 小时，与他人通过面对面这种传统的交流时间就减少 30 分钟。人们在网络环境中度过大部分的闲暇时光，那么，现实中的人际交往必定会减少，而大脑神经和肌肉一样，都是需要锻炼的，长期专注于这种人—机—人的交往方式时，控制人类大脑神经的回路就会发生退化，在进行面对面交流时常常无法集中注意力，不能捕捉到对方的表情含义或曲解对方的语言信息，社交能力变得愈发窘迫；另一方面，网络上虚幻的人际交往，不需要现实中的人际交往原则或技巧，当大学生脱离网络、步入现实时，对突如其来的现实中的人际交往显得束手无策，无法自如应对，一些原本性格内向的大学生不适应感会更强烈，严重者会造成社交恐惧症。

（五）人格障碍

网络依赖对于大学生人格的改变，最主要的表现有：其一，丧失自我。网络环境中，个人过分关注他人对自己的评价和接受，为了亲近他人往往虚拟自我，不能欣赏、发展和完善真实的自我，常造成个人的主体体验弱化，成为分散的不属于主体的自我，当这种偏离自我感觉的评价渐渐失去平衡时，就会丧失自我。其二，网络双重人格。当个体在现实中的表现与网络中的表现出现偏差，久而久之甚至判若两人，就会形成双重人格。

（六）网络成瘾症

如果说网络依赖还未涉及疾病状态，那么当依赖程度进一步加深，即达到网络成瘾，便发展为一种心理疾病。网络成瘾这一现象自20世纪末提出后，随之引起广泛的关注，且出现许多不同的称谓，如网络依赖综合征、病理性网络使用、问题性网络使用等，但内涵基本一致。世界卫生组织将网络成瘾定义为：由过度使用网络所导致的一种慢性或周期性的着迷状态，并产生难以抗拒的再度使用的欲望。同时，会产生想要增加使用时间、耐受性提高、出现戒断反应等现象，对于上网所带来的快感会一直存在心理与生理上的依赖。我国颁布的网络成瘾临床诊断标准将网络成瘾定义为：个体反复过度使用网络导致的一种精神行为障碍。

相关链接

怎么判断一个学生是否对网络游戏上了瘾？国外心理学家提出八项标准可以自我诊断“网瘾综合征”：

第一，是否觉得上网已占据了你的身心？

第二，是否觉得只有不断增加上网时间才能感到满足，从而使得上网时间经常比预定时间长？

第三，是否无法控制自己上网的冲动？

第四，每当因特网的线路被掐断或由于其他原因不能上网时，是否会感到烦躁不安或情绪低落？

第五，是否将上网作为解脱痛苦的唯一办法？

第六，是否对家人或亲友隐瞒迷恋因特网的程度？

第七，是否因为迷恋因特网而面临失学、失业或失去朋友的危险？

第八，是否在支付高额上网费用时有所后悔，但第二天却仍然忍不住还要上网？

如果你有四项或四项以上表现并已持续一年以上，那就表明你已患上了“网瘾综合征”。

二、网络心理问题的调适

通过教育，我们希望个体朝着预期的方向发展；通过心理治疗，我们希望消除个体存在的心理问题或心理障碍；如果说教育和心理治疗只是提供了一定的可能性，那么起决定作用的还是学生主体。在网络心理问题干预中，学生个体应做到以下几点：

（一）树立理想，合理规划大学生活

高等教育大规模扩展，引发的结果是高校毕业生数量急剧扩大，就业形势愈发严峻。尽管许多调查数据显示就业问题是大学生生活中最关注的问题，但现实情况是，踏入大学门槛后多数大学生失去奋斗目标，专业知识的学习抛诸脑后，多数时间与电脑为伴，在浑浑噩噩中度过宝贵的大学时光，邻近毕业时徘徊于考研的抉择，恐惧于就业的门前。于是，继续在网络世界中麻痹、颓废，缺乏理想，对人生没有长远规划，是许多大学生存在的问题，也是许多大学生沉迷于网络的根本原因。哲学家冯友兰先生在《新原人》一书中写道“人做事时知道自己在做什么，这是一种自觉，自觉行为使人的生活有了意义”。所以，每一位大学生都应当明确自己的人生理想，清楚自己在大学生活中需要做什么，合理

规划大学生活，为实现理想而努力奋斗。

（二）培养现实的兴趣爱好，积极参加集体活动

追寻快乐是人类的本能，但凡事必须有度。因此大学生要在网络娱乐之外，多培养现实的兴趣爱好，并且积极参加各类集体活动。通过培养现实的兴趣爱好以及参与集体活动，个体能够感受到真实的生活，这对于塑造良好的行为方式，增进人际交往，促进社会化都有莫大的帮助。

运动心理学的研究发现，各项体育运动都需要有较强的自我控制能力，所以多参加体育活动，对于干预网络依赖有一定的效果。体育运动不仅有身体的较量，还有智力的抗衡。一方面能够增强体质，增强对环境的适应能力；另一方面，有针对性的体育运动，还能改善个体的心理缺陷，完善个性。有学者结合体育运动的特点提出以体育运动为基础的干预网络成瘾的模式，这种模式利用体育运动的功能，通过疏导的方式用体育运动这种健康的生活方式所带来的心理满足替代消极的生活方式（网络依赖）带来的心理满足，以此达到戒除网瘾的目的。

（三）把握虚拟与现实生活关系，构建多元平衡生活

由于网络的虚拟性，一些大学生在现实生活中遭遇看似无法解决的重大问题或不被他人认可时，将注意力转投于网络，在虚拟世界里寻求解脱，沉迷于虚拟的快乐；一旦脱离网络，面对现实时就会出现许多不适应，生活失去支撑点，最终导致多种网络心理障碍。因此，大学生应当意识到网络只是生活的一个方面，应该把握好虚拟和现实的界限，不能使自己沉溺于网络的单一事物中，注重在现实中建立个人的社会支持系统，如家庭支持、朋友帮助等，通过构建多元的平衡生活，才能学会处理现实中的矛盾，享受真实生活中的踏实感和满足感。

（四）关注心理健康，提升心理品质

首先，大学生要改变对健康的片面理解，不仅要关注个体的生理健康，而且要认真对待个体的心理健康，提高综合健康水平。其次，了解自身的心理特点，探索化解自身不良情绪的最佳途径。人生不可能一帆风顺，挫折在所难免，痛苦、失望、悲观等负性情绪也会伴随出现。因此，大学生要关注自身的心理特点，通过学习一些心理健康知识，了解个体的情绪变化及发展过程，提升个体心理品质。最后，能够客观评价自己，认真选择自己的生活目标，避免沉溺于网络中。要善于发现自身的优点及缺点，充分肯定个人价值，悦纳自我，减少不必要的自卑感。

（五）提高自我调控网络行为的能力

信息时代，网络是大学生生活中的必要组成部分，这已是无可厚非的事实。因此，大学生就需要正确认识和对待网络，加强对自身网络行为的调控能力，注意自身的上网行为，一旦发现有过度上网的行为习惯，就需要进行自我反省、自我调控，确保养成健康上网的好习惯。具体而言：首先，个体要有意识对自己的网络行为进行调控；其次，个体要明确自身的问题，探求问题发生的诱因，例如，是由于挫折压力所致，还是缺乏生活目

标，或是不想面对现实问题等。最后，运用心理学的行为控制技术，制订计划，消除这种不良行为。

案例聚焦

巧设三十六计　马云助儿戒网瘾。

从一家小小的翻译社起步，到如今拥有市值 40 亿美元的阿里巴巴，旗下有淘宝、支付宝、一淘、天猫、聚划算等数个网络运营大鳄，马云经历了一个励志而艰辛的过程，付出了常人难以想象的牺牲，其中最大的牺牲品便是儿子马超——因创业初期太忙，他和妻子没时间管束儿子，一天天长大的儿子慢慢染上了网瘾，经常几天几夜在网吧里打游戏。不过，喜欢研究古代兵书的马云并没有慌，他将三十六计从商界搬到了家庭教育上，让儿子走上了正确的道路。

欲擒故纵，巧妙戒除儿子网瘾

2000 年，经过不懈努力，马云夫妇实现了他们的财富梦想，然而在这个时候，后院起火了——儿子管不住了。马云的儿子马超，是马云事业的“牺牲品”。自从妻子张瑛也辞职下海陪马云一起打拼后，两人便越来越忙。儿子 4 岁入托，一扔就是 5 天，周末才接回家来。由于亲情长期缺失，马超的逆反心理非常大，有人问他：“你父母是干什么的?”马超居然答道：“他们是通缉犯，不知道去哪了。”

或许是遗传，马超刚满 12 岁便对网络格外有兴趣，很快迷上了网络游戏，跟着同学泡在网吧舍不得回家。见年幼的马超根本不能抵制网络游戏的诱惑，马云开始重视起这个问题来。那时正是网络游戏圈钱的时候，盛大、网易都推出了新游戏，按照马云的作风，他是不会放过任何赚钱的机会的。但是他硬是没有去做网络游戏，他在董事会上这么说：“饿死也不做游戏，我不会在网络游戏投一分钱，我不想看到我的儿子在我做的游戏里面沉迷!”

有一天，马云很晚才回到家，没想到的是儿子比他回来的还要晚。马云当时很生气，对儿子展开了说教，可在儿子面前，能言善辩的他却因为儿子的一句话败下阵来：“你们都不在家，我回来了也是一个人无聊，还不如待在网吧里!”

一肚子怒火的马云顿时愧疚无比，如果他能经常陪在儿子身边，儿子染上网瘾的概率一定小多了。马云觉得欠儿子太多。但如今后悔无用，马云当务之急是帮儿子改掉恶习。

“聪明”的马超知道父亲对他有愧疚之情，总以此为挡箭牌。有次，马云实在看不惯儿子的恶习，史无前例地大骂了他一通，并用一只茶杯朝他砸去，差点砸在他身上。马超吓了一跳，转身就往外跑，离家出走一天一夜，把马云吓得赶紧报了警，最后在一个天桥底下找到了满脸泪痕的马超。自此后，马云再也不敢碰儿子一下了。

不过，商业怪才马云并没有气馁，他思来想去，决定不跟儿子硬碰硬，而是来了一招“欲擒故纵”之计。那时正是暑假，他给儿子 200 块钱，然后对他说：“我现在允许你和同学玩游戏，玩上三天三夜再回来，但回来的时候必须回答一个问题——找出一个玩游戏的好处。”听完这句话，马超顿时欢呼雀跃。过了三天，马超回来了，猛吃了一顿又大睡一觉，这才向马云汇报心得：“又累又困又饿，身上哪儿都不舒服，钱花光了，但是没想到什么好处。”马云听完，立刻将计就计：“那你还玩得舍不得回家?”马超这下终于没话说了。

接下来，为让儿子真正远离网络，马云跟妻子商量：“你辞职吧，家现在比公司更需要你。你离开公司，少的只是你一份薪水；可你不回家，儿子将来变坏了，多少钱都拉不回来。儿子跟我，挑一样，你要哪个?”妻子辞职，对于公司来说可并不是小事，但为了挽救儿子，马云别无选择。

不过，幸运的是，有了母亲的监督，马超慢慢将网瘾戒掉了，与父母也亲密起来。

釜底抽薪，自食其力现奇效

2008年，马超进入大学。在外界看来，马云应该训练儿子往接班人的方向发展，但他并没有这么做。相反，他选择了以开明的态度，让马超自己选择专业。马超根据自己的兴趣，选择计算机专业。

不过，新的问题又出现了。荷尔蒙大量释放的年龄，马超对异性的追求越来越强烈。一个学期里，他追求了不下5个女生，为了夺得英语系系花的芳心，他还花大手笔给人家送去了9 999朵蓝色妖姬。一时间，马超“花花公子”的名声在外。他认为，父亲身家几十亿的财产，以后迟早要归他，他一辈子也花不完。

马云听闻儿子“风流韵事”之后，心里很不是滋味。每个月丰厚的零花钱是马云用来“补偿”儿子的，既然如今我儿子如此堕落，那么他只有来一招“釜底抽薪”了。马云把马超叫到跟前：“马超，如今你是成年人，你有几个女朋友我也不管，你花天酒地我也不管，因为这是你自己的事。但是有一个问题我一定得说清楚，你必须得花你自己的钱去享受，而不是用我的。”从此以后，马云严格控制马超的花销，除了学习与生活的基本开销，他一分钱都不多给马超。

花钱大手大脚的习惯已经养成，没钱花真是难熬的慌，马超开始四处向同学借钱。有次，他听到有人议论他：“那人是个富二代，不过家产都被他败光了，只能四处借钱。”马超没想到自己竟是这样的不堪，暗暗说：“我要证明给你们看看，我才不是靠父母，我要通过自己的努力大赚一笔，到时想花就花，谁都管不了。”

有“骨气”的马超开始行动起来。好不容易同学给他介绍了一份发传单的兼职，100元一天。马超以为这个工作很轻松，但没想到那些传单背在身上重极了，忙完一天，除掉吃饭喝汽水的钱，只剩下了一半。更令他没想到的是，如此辛苦的工作不是天天都有的做，而这个时候，他以前的好哥们纷纷向他“逼债”，有人甚至难听地说：“我说哥们，你到底是不是马云的儿子，你不会是诓我们的吧?”

马超听后心里一阵凄凉，女朋友看他越来越寒酸，也离他而去……马超悲哀地总结道：原来有钱就是大爷，那些浮华的友谊和爱情全都是假的，一钱不值……

失意的马超为了还债，不得不开始省吃俭用，苦心寻思着如何赚大钱。有一天，他在宿舍做作业，一个舍友逛淘宝页面的时候，突然自言自语地说道：“为什么淘宝的页面没有游戏呢?”说者无心，听者有意。马超深知，淘宝之所以不做游戏是因他当初沉迷游戏所致。而现在父亲的公司还不做游戏，岂不亏大了!

接下来，他把目光瞄准了网游上，展开了深入调查研究，每天都是教室宿舍图书馆三点一线。经过一段时间苦学后，马超对父亲的公司推出网游胸有成竹，设计出了好几个游戏方案，马超将这个方案汇报给了父亲，马云听完分析，露出了赞许的眼神，他看得出儿子已经变成熟，而且是动过脑筋的。他早就想推出游戏，最近还在董事会提过几个方案，没想到儿子就来请缨了！马云喜出望外，大胆启用马超做为公司的网游顾问，为公司开发网游。

马超接过活，毫不客气地做起来。将自己所学成功地运用到工作中，迅速为淘宝开启了游戏联运平台，其中《神仙道》、《火影世界》等一炮打响！网游一经推出，利润马上就来了。马超也因此分得一份不小的利润，赚到了人生的第一桶金。但赚到钱的马超，并没像从前一样想着快快挥霍，因为他已经深知金钱的价值与意义，他向马云说道："我要拿着这些钱做投资，赚更多的钱，将来再慢慢花!"

在董事会上，马超还受到了董事们的一致表扬，并直夸马总调教有方，"有其父必有其子"。马云感慨万千，直言："教育子女是一门大学问，它需要头脑也需要策略，比经营事业更需要智慧和激情。"

心理测验

网络上瘾程度测试量表

本测试采用五级评分制，分别是几乎没有 1、偶尔 2、有时 3、经常 4、总是 5。请根据你自己的情况，将回答的数字填写在在括号中。

1. 你觉得上网的时间比你预期的要长吗？（　　）
   几乎没有　　偶尔　　有时　　经常　　总是
2. 你会因为上网忽略自己要做的事情吗？（　　）
   几乎没有　　偶尔　　有时　　经常　　总是
3. 你更愿意上网，而不是和亲密的朋友待在一起吗？（　　）
   几乎没有　　偶尔　　有时　　经常　　总是
4. 你经常在网上结交新朋友吗？（　　）
   几乎没有　　偶尔　　有时　　经常　　总是
5. 生活中朋友、家人会抱怨你上网时间太长吗？（　　）
   几乎没有　　偶尔　　有时　　经常　　总是
6. 你因为上网影响学习了吗？（　　）
   几乎没有　　偶尔　　有时　　经常　　总是
7. 你是否会不顾身边需要解决的一些问题而上网查电子邮件或看留言？（　　）
   几乎没有　　偶尔　　有时　　经常　　总是
8. 你因为上网影响到你的日常生活了吗？（　　）
   几乎没有　　偶尔　　有时　　经常　　总是
9. 你是否担心网上的隐私被人知道？（　　）
   几乎没有　　偶尔　　有时　　经常　　总是
10. 你会因为心情不好去上网吗？（　　）
   几乎没有　　偶尔　　有时　　经常　　总是

11. 你在一次上网后会渴望下一次上网吗？（　　）

几乎没有　　偶尔　　有时　　经常　　总是

12. 如果无法上网你会觉得生活空虚无聊吗？（　　）

几乎没有　　偶尔　　有时　　经常　　总是

13. 你会因为别人打搅你上网发脾气吗？（　　）

几乎没有　　偶尔　　有时　　经常　　总是

14. 你会上网到深夜不去睡觉吗？（　　）

几乎没有　　偶尔　　有时　　经常　　总是

15. 你在离开网络后会想着网上的事情吗？（　　）

几乎没有　　偶尔　　有时　　经常　　总是

16. 你在上网时会对自己说：“就再玩一会吗？”（　　）

几乎没有　　偶尔　　有时　　经常　　总是

17. 你会想方法减少上网时间而最终失败吗？（　　）

几乎没有　　偶尔　　有时　　经常　　总是

18. 你会对人隐瞒你上网多长时间吗？（　　）

几乎没有　　偶尔　　有时　　经常　　总是

19. 你宁愿上网而不愿意和朋友们出去玩吗？（　　）

几乎没有　　偶尔　　有时　　经常　　总是

20. 你会因为不能上网变得烦躁不安，喜怒无常，而一旦能上网就不会这样吗？（　　）

几乎没有　　偶尔　　有时　　经常　　总是

计算总分

40—60 分：轻度

60—80 分：中度

80—100 分：重度

感悟与思考

1. 大学生上网的心理需求有哪些？
2. 网络成瘾的危害有哪些？
3. 网络成瘾的标准是什么？

推荐书目

1. 帕特斯·沃雷思．互联网心理学．北京：中国轻工业出版社，2001.
2. 简·博克．拖延心理学．北京：中国人民大学出版社，2009.

参考文献

［1］孟娟，周华忠．自助与成长——大学生心理健康教育．北京：国家行政学院出版社，2013.

［2］沈德立．大学生心理健康．北京：高等教育出版社，2013.

［3］刘儒德．学习心理学．北京：高等教育出版社，2010.

［4］赵中利．现代秘书心理学．北京：高等教育出版社，2008.

［5］朗曼，阿特金森．大学生学习方法十二讲．北京：首都师范大学出版社，2005.

［6］露西·乔·帕拉迪诺．注意力曲线——打败分心与焦虑．北京：中国人民大学出版社，2009.

［7］辛德勒．破解情绪密码．刘杰译．北京：中国长安出版社，2009.

［8］威廉姆斯．改善情绪的正念疗法．谭洁清译．北京：中国人民大学出版社，2009.

［9］希克斯．E，希克斯．J．情绪的惊人力量．钟玉玲译．北京：中国城市出版社，2010.

［10］盖瑞·查普曼．道歉的五种语言．北京：中国电影出版社，2007.

［11］维茨金．学习的艺术．苏鸿雁，谢京秀译．北京：中国青年出版社，2008.

［12］约翰·格雷．男人来自火星，女人来自金星．于海生译．北京：吉林文史出版社，2005

［13］史蒂文·凯斯．抢在时间前面的 7 条捷径．张维迎译．北京：中国青年出版社，2007.

［14］拉金．如何掌握时间和生活．刘祥亚译．北京：金城出版社，2008.

［15］约瑟夫·墨菲．潜意识的力量．北京：中国城市出版社，2009.

［16］苏珊·海特乐．爱就是彼此珍惜．李淑烟译．南昌：江西人民出版社，2010.

［17］安东尼·罗宾．激发无限的潜能．杨茂蒙译．北京：中国城市出版社，2013.

［18］皮克林．从优秀到卓越的效率法则．西安：陕西师范大学出版社，2008.

［19］胜间和代．白骨精学习法．何鹏译．北京：中信出版社，2009.

［20］安东尼．21 天使你信心百倍：自信的秘密．卢晓兰译．天津：天津教育出版社，2009.

［21］保罗，埃尔德．思考的力量．丁薇译．上海：上海人民出版社，2006.

[22] 王灿明．高效能学习的78个金点子．1版．上海：华东师范大学出版社，2008.
[23] 吴淡如．校园恋爱学分．桂林：漓江出版社，2000.
[24] 杨冰阳．恋爱厚黑学．北京：新世界出版社，2009.
[25] 肖峰．做情绪的主人．北京：当代世界出版社，2008.
[26] 陈林．挫折是上帝掉下来的礼物．北京：北京航空航天大学出版社，2009.
[27] 常晓玲．做自己的心理咨询师．北京：西苑出版社，2010.
[28] 彭贤．人际关系心理学．北京：清华大学出版社·北方交通大学出版社，2008.
[29] 吴维库．情商影响力．北京：机械工业出版社，2009.
[30] 马喜亭．阳光伴我行：情绪管理．1版．北京：高等教育出版社，2008.
[31] 吉家文．新编大学心理健康教育——健康的心理．为你添上飞翔的翅膀. 天津：南开大学出版社，2012.
[32] 武继素，曾庆福．大学生心理健康教育指导教程．北京：中国人民大学出版社，2013.
[33] 聂振伟．心灵的距离——人际关系解码．北京：高等教育出版社；第1版，2008.
[34] 汪海燕，吴才智．活着没商量．北京：高等教育出版社，2008.
[35] 王东莉，黄超．我优秀我烦恼：优等生的心理困扰．北京：高等教育出版社，2008.
[36] 李笑来．把时间当作朋友．北京：电子工业出版社，2009.
[37] 武志红．心灵的七种武器．北京：世界图书出版公司北京公司，2008.
[38] 高效能学习研究机构．7S倍速考试法．西安：陕西师范大学出版社，2006.
[39] 古典．拆掉思维里的墙．北京：中国书店出版社，2010.
[40] 孟娟，周华忠．自助与成长——大学生心理健康教育．北京：国家行政学院出版社，2013.

图书在版编目（CIP）数据

大学生学习与心理指导/徐国立主编；中国高等教育学会组织编写. —北京：中国人民大学出版社，2014.7

普通高等教育“十二五”应用型本科规划教材·公共基础与素质教育系列

ISBN 978-7-300-19672-5

Ⅰ.①大… Ⅱ.①徐… ②中… Ⅲ.①大学生-学习心理学-高等学校-教材 Ⅳ.①G442

中国版本图书馆 CIP 数据核字（2014）第 155933 号

普通高等教育“十二五”应用型本科规划教材·公共基础与素质教育系列

大学生学习与心理指导

中国高等教育学会 组织编写

主 编 徐国立

副主编 连成叶 游容华 林巧明

Daxuesheng Xuexi yu Xinli Zhidao

出版发行	中国人民大学出版社		
社　址	北京市中关村大街 31 号	**邮政编码**	100080
电　话	010－62511242（总编室）		010－62511770（质管部）
	010－82501766（邮购部）		010－62514148（门市部）
	010－62515195（发行公司）		010－62515275（盗版举报）
网　址	http://www.crup.com.cn		
	http://www.ttrnet.com（人大教研网）		
经　销	新华书店		
印　刷	北京密兴印刷有限公司		
规　格	185mm×260mm 16 开本	**版　次**	2014 年 9 月第 1 版
印　张	11.25	**印　次**	2015 年 7 月第 3 次印刷
字　数	260 000	**本册定价**	24.50 元

教师信息反馈表

为了更好地为您服务，提高教学质量，中国人民大学出版社愿意为您提供全面的教学支持，期望与您建立更广泛的合作关系. 请您填好下表后以电子邮件或信件的形式反馈给我们.

您使用过或正在使用的我社教材名称		版次	
您希望获得哪些相关教学资料			
您对本书的建议（可附页）			
您的姓名			
您所在的学校、院系			
您所讲授的课程名称			
学生人数			
您的联系地址			
邮政编码		联系电话	
电子邮件（必填）			
您是否为人大社教研网会员	□ 是，会员卡号：____________ □ 不是，现在申请		
您在相关专业是否有主编或参编教材意向	□ 是　　□ 否 □ 不一定		
您所希望参编或主编的教材的基本情况（包括内容、框架结构、特色等，可附页）			

我们的联系方式：北京市西城区马连道南街 12 号
中国人民大学出版社应用技术分社
邮政编码：100055
电话：010-63311862
网址：http://www.crup.com.cn
E-mail：smooth.wind@163.com